2019 개정 누리과정

영유아 문제행동의 이해와 지도

2019 개정 누리과정

영유아 문제행동의 이해와 지도

태진미 · 이혜경 · 이숙영 · 홍인혜 · 신은숙 · 양현숙 공저

이 책은 정부(교육부)의 재원으로 한국연구재단의 지원을 받아
수행된 연구물(NRF-2016S1A5A8019040)의 일부입니다.

동 문 사

머리말

문제행동을 보이는 영유아를 지도하고 학부모들과 해당 문제행동에 대해 잘 소통하고 협력하는 일은 생각보다 쉽지 않은 일입니다. 유아교사들을 대상으로 실시한 많은 설문조사에서 그들의 정서적 소진과 스트레스 발원의 대표적 주범이 바로 영유아의 문제행동지도라는 점은 이러한 실태를 잘 보여주고 있습니다. 한편 문제행동에 대한 대응은 때때로 개별 유아의 생활지도 수준을 넘어 기관 전체의 교육 근간을 흔드는 큰 문제로 확대되는 경우도 많이 있습니다. 종종 유아교육기관의 문제 상황을 담은 CCTV 영상의 공개와 함께 온 나라를 들썩이게 보도되는 뉴스 헤드라인의 기사 내용 역시 알고 보면 그 문제의 발단이 영유아의 사소한 문제행동지도와 관련 있는 경우가 많이 있습니다. 따라서 유아교사 및 기관 운영자에게 영유아 문제행동에 대한 올바른 이해와 전문적 지도역량은 매우 중요하지 않을 수 없습니다.

한편 유아교육 관계자들이 흔히 '문제'라고 인식하는 영유아들의 행동들을 자세히 살펴보면 그 연령대에 충분히 벌어질 수 있는 행동인 경우가 적지 않습니다. 그럼에도 불구하고 반복되는 영유아의 문제행동을 예방하고 감소시키며, 피해를 입은 유아 및 그들의 부모들에게 어떻게 이를 알리고 효과적으로 지도해야 할 것인지 상담하고 문제를 해결해가는 과정은 정말 복합적인 지식과 전문성을 필요로 합니다. 어려움에 봉착한 유아교사를 위한 인적·물적 자원의 지원 시스템이 아직까지 충분히 체계화되지 못한 만큼 유아교사 자신이 영유아기의 다양한 문제행동에 대해 보다 전문적으로 이해하고 대응할 수 있는 역량을 강화할 필요가 있습니다.

문제행동에 대한 대응과 관련해 유아교사가 자신의 학급 내에서 일어나는 문제행동을 '빠르게 제거해야 할 문제적 행위'로만 인식하는 것은 매우 위험할 뿐만 아니라 근본적인 해결책이 될 수 없습니다. 영유아가 보이는 행동을 잘 관찰해 민감하게 반응하고 영유아의 행동들을 그대로 수용하되 진짜 근원적인 원인을 파악하여 다각도의 총체적 지원을 제공하기 위한 마음가짐이 중요합니다. 나타나는 문제행동의 결과에만 함몰되기보다는 그 문제행동을 초래하는 '원인' 및 문제행동의 '기능'에 초점을 맞추어 문제행동을 평가하고 다양한 환경적인 변인들을 수정하고 변화시킴으로써 문제행동의 발생을 미연에 방지하고, 긍정적인 생활양식을 형성해가도록 지도해야 합니다.

따라서 이 책에서는 영유아기의 문제행동을 이해하고 긍정적으로 지도하는 능력을 기르는데 중점을 두고 심리학적 기초가 되는 이론 및 지식뿐만 아니라, 문제행동의 실질적 지도기술과 지도사례 등을 소개하였습니다. 이 책의 내용은 크게 3개의 부와 14장으로 구성되어 있으며, 세부 구성은 다음과 같습니다.

제1부에서는 영유아의 문제행동을 이해하는데 필요한 이론적 기초로서, 심리학 이론으로 이해하는 영유아 문제행동, 영유아기의 발달 특성 및 영유아 교육과정의 구성 및 내용, 문제행동의 개념 및 인식, 유아교육기관에서 발생하는 다양한 문제행동의 요인을 소개하였습니다.

제2부에서는 영유아 문제행동의 지도를 위한 구체적 전략으로 유아교육기관 차원의 긍정적 행동지원, 개별적 문제행동의 긍정적 행동지원, 교직원의 협력 및 가정연계 전략을 담았습니다.

제3부에서는 영유아 문제행동지도의 실제로 유아교육기관에서 가장 보편적으로 접하게 되는 문제행동의 대표적 유형인 불안한 유아, 산만한 유아, 과

잉행동 유아, 관심 끌기 행동으로 수업을 방해하는 유아, 공격성 및 과격한 유아지도의 실제 사례를 소개하였고, 마지막 14장에서는 그간의 이론을 적용해 '잘 먹지 않는 유아'를 위한 지도계획을 수립해보도록 실습활동을 제안하였습니다.

이 책은 평소 유아현장을 사랑하며 진심으로 유아와 그들의 부모, 교사와 기관장이 서로의 성장을 지원하는 협력적 파트너십을 발휘할 수 있도록 돕고 싶어 하는 다양한 분야의 전문가들이 모여 집필하였습니다. 유아교육 분야의 교수, 원장, 심리상담센터의 임상전문가, 법원의 이혼가정 및 아동학대 사례 가사전문상담위원 등 다양한 전문가들이 함께 모여 영유아 문제행동을 연구하고 중재 방안에 대해 토의하는 과정은 그 자체로 정말 뜻깊은 시간이 되었습니다.

갈수록 교육관계자들이 서로가 서로를 신뢰하지 못하고 경계심이 높아져가는 유아교육현장에 대한 진심 어린 염려에서 출발해 건강하고 행복한 역량이 있는 유아교사의 전문성에 일조하고 싶다는 바람에서 많은 시간의 집필회의와 연구모임을 지속하며, 비로소 이 책을 완성하게 되어 더욱 감회가 새롭습니다. 모쪼록 이 책이 많은 유아들의 건강하고 행복한 유아기를 지원하기 위해 고군분투하는 교육관계자들에게 유용한 자료가 되기를 소망합니다. 이 책이 나오기까지 오랜 시간을 기꺼이 기다려주시고 세심하게 도움주신 동문사 여러분께 깊은 감사를 드립니다.

2020년 2월
저자 일동

목차

제1부

영유아 문제행동 이해를 위한 이론적 기초

1장

심리학 이론으로 이해하는 영유아 문제행동

문제행동은 한 가지 차원이 아닌, 개인의 타고난 특성, 발달과 성장, 환경 등을 종합적으로 고려해 이해할 필요가 있다. 따라서 이 장에서는 영유아 문제행동의 이해를 위한 주요 이론적 모델로 신체생리학 · 심리역동 · 인지 · 행동주의 · 생태학 모델을 소개함으로써 생애 초기 단계인 영유아들이 유아교육기관에서 보이는 다양한 부적응 문제들을 부정적 시선에서 접근하기보다는 문제가 되는 행동의 다양한 원인을 올바르게 이해함으로써 부모나 교사가 영유아의 긍정적인 행동지원을 할 수 있도록 안내하고자 한다.

교육목표

1. 영유아 문제행동의 이해를 위한 주요 이론적 모델로 신체생리학·심리역동·인지·행동주의·생태학 모델의 개념을 설명할 수 있다.
2. 영유아기 문제행동의 원인을 바라보는 각 이론적 모델의 입장 및 치료적 접근 방식을 설명할 수 있다.

생각해 볼까요?

평강공주와 바보온달이라는 옛날이야기를 아시나요?

역사 속 인물인 평강공주는 고구려 평원왕의 딸로 전해지고 있습니다. 한편 어린 시절의 평강공주는 왜 이렇게 운 것일까요?

밤낮 울어대는 평강공주를 보며 주위 사람들은 '울보공주'라는 별명을 붙여주었지요.

아무리 말해도 듣지 않고 계속 울어대는 평강공주의 행동은 그야말로 문제행동이라고 볼 수 있는데요.

예를 들어, 평강공주가 보인 '우는 행동'에 대해 바라보는 관점이 매우 다양할 수 있습니다. 심리적으로 불안해서 울 수도 있고, 무엇인가를 얻기 위해 혹은 관심을 끌기 위해 우는 행동을 보였을 수도 있습니다. 어떤 행동에 대해 무조건 문제행동으로 치부하기보다는 그 원인을 이해함으로써 올바른 중재 방법을 모색하려는 노력이 중요하다고 볼 수 있습니다. 이러한 측면에서 영유아 문제행동의 이해를 위한 주요 이론적 모델을 살펴보는 것은 매우 중요합니다.

영유아기 문제행동의 원인은 매우 다양하다. 예를 들어, 유아가 공격적 행동을 보일 때, 이 문제행동의 원인이 '무의식 속의 억압된 욕구'인 경우가 있다. '열악한 환경 속에서 좋지 않은 행동을 보이는 주위 사람들을 보고 배웠거나 다양한 문제상황을 통해 경험적으로 학습되거나 강화된 행동'일 수 있으며 때로는 '특정 장애의 보편적 특성'인 경우도 있다. 이처럼 영유아들이 보이는 문제행동은 한 가지 차원이 아닌, 개인의 타고난 특성, 발달과 성장, 환경 등을 종합적으로 고려해 이해할 필요가 있다.

문제행동은 '자신이나 다른 사람에 대한 공격행동, 물리적 환경이나 물건에 손상을 일으키는 행동, 새로운 기술 획득에 방해되는 행동, 나아가 자신을 사회로부터 고립시키는 모든 행동'을 의미한다(국립정신건강센터, 2018). 일반적으로 아동기의 문제행동은 '부모나 교사의 일상적인 지도범위를 벗어나 어려움을 야기하고, 해당 연령에 기초한 규범적 행동으로 보기에 일탈된 행동이나 정상적인 적응능력을 갖추지 못한 행동' 등으로 보고 있다(네이버 백과사전, 2019). 약간씩 차이는 있을지라도 문제행동은 흔히 사회적 법이나 규범에 위배되는 범죄, 일탈 행위, 그 밖의 사회적 가치기준에 벗어난 이상행동, 환경에 적응하지 못하는 부적응행동 등으로 분류한다. 이 장에서는 생애 초기 단계인 영유아들이 유아교육기관에서 보이는 다양한 부적응 문제들을 '문제(problem)'라는 부정적 시선에서 접근하기보다는, 그들이 보이는 문제행동의 다양한 원인을 이해하고 부모나 교사가 긍정적인 행동지원을 할 수 있도록 안내하기 위하여 영유아기의 행동범위 내에서 문제행동을 다루고자 한다.

문제행동은 크게 '외현화 문제'와 '내재화 문제' 두 가지로 분류할 수 있다. 공격적이거나 타인에게 피해를 주는 경우를 외현화 문제라 하고, 남이 아닌 자신에게 해를 끼치거나 내면의 정서적 문제로 나타나는 경우를 내재화 문제라고 한다. 이승희(2017)는 공존장애로 합병 또는 동반 현상으로 외현화와 내재화 문제를 함께 보이는 동시발생 현상을 공존장애라 하였으며, 아동이나 청소년들에게 공존장애가 자주 나타난다고 하였다.

아동기에 일상에서 자주 관찰되는 문제행동을 살펴볼 때, 넓은 의미에서의 문제행동은 자기관리, 수용 및 표현 언어, 학습, 이동, 독립적인 생활능력, 경제적 자급자족 등 행동상의 문제들을 꼽을 수 있다. 좁은 의미에서의 문제행동은 물기, 때리기, 머리치기, 할퀴기와 같은 '위험 행동'과 울기, 소리 지르기, 말하기 거부, 자리 이탈하기와 같은 '방해 행동', 공공장소에서 반향어, 손뼉치기, 틱, 흔들기 등과 같은 '상동 행동'으로 분류할 수 있다(국립정신건강센터, 2018).

흔히 문제행동이라고 규정하는 상황은 아동이 보이는 정서와 행동이 아직까지는 별도의 의료적인 개입이나 전문적인 치료가 필요한 정도까지는 아니거나, 장애라고 보기는 어려운 상태인 경우를 말한다. 그럼에도 불구하고 방치할 경우 향후 자신이나 타인, 주변 환경에 위험을 초래하거나 이후 성장에 저해가 된다고 판단되는 경우를 의미한다. 예를 들어, 부모로부터 충분한 사랑을 받지 못하고 있거나 불안정한 양육 환경 속에서 출생 및 성장한다면 다양한 부적응을 초래할 수 있는 상태에 놓여 있다고 볼 수 있다. 따라서 이 장에서는 다양한 심리학 이론을 소개함으로써 영유아기의 문제행동을 심층적으로 이해할 수 있도록 살펴보고자 한다.

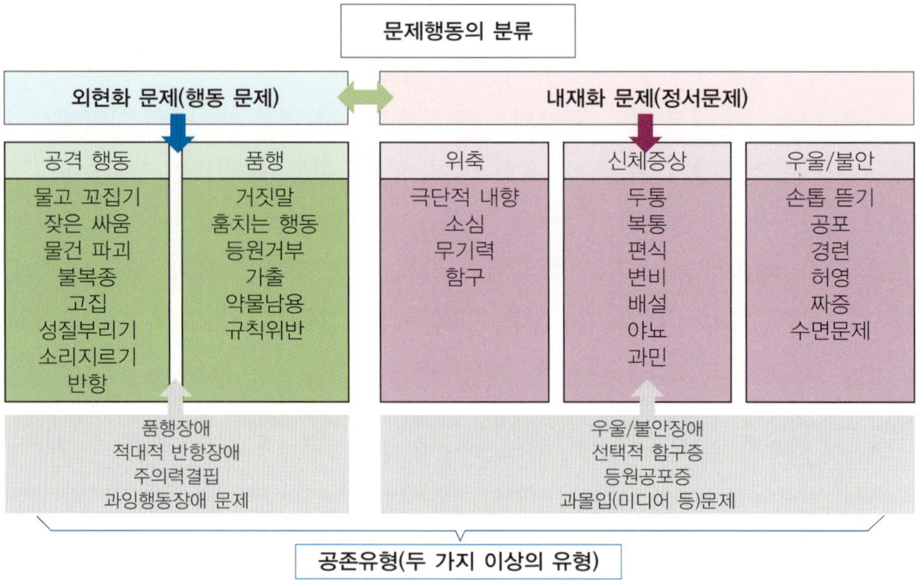

그림 1-1 영유아기 문제행동의 분류

영유아의 문제를 바라보는 견해는 문제행동을 표출하는 아동을 보다 깊이 이해하고, 아동에게 필요한 중재의 방향을 결정하는데 결정적으로 중요한 요소이다. 따라서 어떤 특정한 이론적 모델만을 고수하기보다는, 다양한 모델을 아동의 현재 상황에 맞게 효과적으로 적용하는 전문적 소양이 필요하다. 영유아 문제행동의 이해를 위한 주요 이론적 모델로는 신체생리학 · 심리역동 · 인지 · 행동주의 · 생태학 모델이 있다. 신체생리학 모델과 심리역동 모델, 인지 모델 등은 문제의 일차적 원인을 영유아의 '내적 상태'로 두고 평가와 치료를 '문제가 있는 개인'에게 초점을 맞춘다. 그에 비해 행동주의 모델과 생태학 모델은 문제를 '개인과 환경 간 상호작용의 기능'이라 전제하고 평가와 치료과정에서 개인적 요인뿐만 아니라 '환경'까지도 포함시킨다.

표 1-1 문제행동의 원인 및 치료에 대한 이론적 모델의 접근 방식

이론적 모델	문제의 원인	평가/치료 대상
신체생리학적 모델 심리역동적 모델 인지 모델	영유아의 내적 상태	문제가 있는 영유아 개인
행동주의적 모델 생태학 모델	개인과 환경 간 상호작용의 기능	문제가 있는 영유아 개인 + 환경

1. 신체생리학적 이론

1) 정서 및 행동장애의 촉발 요인

신체생리학 이론은 **문제행동을 신체 조직이나 기능에 관련되는 '생리적 이상'에서 기인한 것으로 본다.** 따라서 문제행동인지 아닌지에 대해서 의학적 건강 혹은 정신의학 전문가의 진단에 의해 판단한다. 신체생리학적 입장에서는 정서 및 행동장애의 촉발 요인을 **유전 · 신경학 · 기질 요인** 등 크게 세 가지의 부류로 나누고 있다.

(1) 유전 요인

병원에 가면 흔히 가족력을 묻는 경우가 있다. 유전에 의한 병인지를 확인하기 위함이다. 그간 많은 학자들은 장애가 유전적으로 세대 간에 전이되는지, 그렇지 않은지에 대해 지속적으로 의문을 가져왔다. 예를 들어, 정신분열증, 우울증 등을 진단하는 과정에서 '가족력이 있는지'를 묻거나 '누구를 닮아서 이 아이는 성격이 까다롭다'는 식의 성격 문제 등에 대한 유전적 관련성을 언급한다.

(2) 신경학 요인

'오늘은 어떤 기분일까?'라고 생각할 수 있는 것은 인간의 뇌에는 신경전달물질 중 도파민과 세로토닌이 인간의 뇌 안에서 작용하기 때문이다. 세로토닌은 수면, 운동 기능, 학습 등에 영향을 주는데, 자폐아동의 일부는 혈중 세로토닌이 높다는 보고가 있다. 따라서 세로토닌의 결핍 시 식욕 조절이 안 되어 비만 등 섭식 문제가 나타나거나, 신경 내분비 조절의 어려움으로 강박이나 불안과 공포, 폭력 등의 문제행동을 일으킬 수 있다. 예를 들어, ADHD(Attention Deficit Hyperactivity Disorder, 주의력결핍 과잉행동장애)와 자폐장애도 뇌의 이상과 관련이 있다고 보는데, 이렇듯 신경학적 요인 역시 신체생리학적 관점에서 문제행동을 야기하는 원인이 될 수 있다.

(3) 기질 요인

기질 연구는 토마스와 체스(Thomas & Chess)의 연구에서 시작되었다. 우리 주위에서 학부모들이 "큰 아이는 키우기 쉬웠는데 작은 아이는 키우기가 정말 힘들어요"라고 표현하는 경우를 본 적이 있을 것이다. 여기서 '그 사람만이 지닌 개성'을 기질(temperament)이라 하는데, 기질은 선천적 경향이며, 환경의 영향을 받는 것으로 보고되고 있다. 체스, 토마스와 비치(Chess, Thomas & Birch)는 미국 뉴욕에서 시행한 연구에서 심리적 특징을 9가지로 제시한 바 있다. 검사 내역은 얼마나 움직이는지에 대한 '활동 수준', 하루 동안 먹고 자고 배뇨하는 '규칙성', 새로운 물건이나 환경에 대한 '적응성', 얼마나 관심을 보이는지 '반응의 강도', 반응에 필요한 자극의 강한 정도인 '반응민감도', '기분의 질', '주의산만도', '지속성', '주의집중 시간' 등 9가지이다. 이를 바탕으로 양육하기 쉬운 순한 아이(40%), 키우기 어려운 까다로운 아이(10%), 천천히 시작하는 더딘 아이(15%) 등 세 가지 유형으로 기질을 분류하였다. 일반적으로 까다로운 유아가 조금 더 문제행동으로 발달될 가능성이 많을 것 같지만 반드시 그렇게 되는 것은 아니다. 유아의 기질과 함께 고려하는 것은 '부모와 유아 간의 애착'과 '상호작용'이다.

2) 발달심리 이론의 주요 논쟁

발달심리 이론가들은 인간의 성장에 영향을 미치는 세 가지 요소에 대해 많은 고민을 하는데, 그 요소는 유전과 환경, 안정성과 변화, 연속성과 불연속성에 대한 논쟁이다.

표 1-2 발달심리 이론의 주요 논쟁

구분	내용
유전과 환경 (Nature and nurture)	인간의 성장과 성숙이 타고난 유전적 정보에 의해 성숙해지는 것인가 아니면, 사람들 속에 살아가면서 자신이 속한 환경을 통해 학습되는 것인가에 대해 논쟁한다.
안정성과 변화 (stability and change)	인간은 '살아가는데 독립적인 기능을 지니고 있는 생물체'로 바라보며, 삶을 통해 지속적으로 변화해 간다고 보는 견해이다.
연속성과 불연속성 (continuity and discontinuity)	정상적인 발달인지 비정상적인 발달인지를 구분하기 위해 생애 동안의 적응과 부적응 현상을 살펴본다. 적응 과정에서 점진적이고 연속성이 있는지 또는 급격한 변화 및 불연속성을 보이는지를 살펴본다.

(1) 유전과 양육환경

인간의 행동이 유전에 의한 것인지 또는 환경 때문인지에 대해 의견이 다양하다. 유전(nature)은 유기체의 생물학적 상속(organism's biological inheritance)으로 임신의 순간에 부모로부터 받은 선천적인 생물학적 정보를 포함한다. 환경(nurture)은 출생 전후에 영향을 미치는 환경에 따른 경험(environmental experiences)으로 물리적 · 사회적 세계의 복잡한 요소를 포함한다.

유전을 강조하는 사람들은 문화 간 성장과 발전의 공통점이 있다고 주장한다. 사람들은 일반적으로 유년기에서 성인에 이르기까지 비슷한 단계의 발달 과정을 거치게 된다. 유전적 요인을 강조하는 학자들은 극한 환경이 발달을 지연시킬 수 있다는 사실을 알고 있지만, 기본적인 발달 패턴이 유전자로 인간에게 프로그래밍되어 있다고 주장한다. 발달이 늦거나 문제행동을 보이더라도 발달 시기가 되면 그 사람에게 내재된 유전적 프로그램에 의해 제 시기에 맞게 성장한다고 본다. 이를 믿는 부모들은 유아의 언어발달이 지체되어 다섯 살이 되어도 한 문장도 제대로 말하지 못할 때 "나 어릴 때도 늦었었는데, 앞으로 크면 다 할 수 있게 된다. 나도 초등학교 들어가서 비로소 말문이 터졌다."며 문제로 인식하지 않는다.

한편 최근 이론가들은 인간의 개인차는 양육 환경에 따라 영향을 받는다고 보고 있다. 이를 지지하는 부모들은 어린 나이부터 제공되는 좋은 교육 환경이 유아의 미래를 결정한다거나 영향을 준다고 본다. 즉, 현재는 환경과 유전적 요인이 서로 영향을 주고받으며 인간이 성장하고 발달한다고 보는 견해가 많아지고 있다.

(2) 안정성과 변화

인간은 현재의 상황을 유지하며 안정감(Stability)을 지니려고 한다. 예를 들어, 유아가 스스로 보행하기 시작하면서 보는 시각이 달라지고 세상을 탐험하려고 시도하게 된다. 이처럼 변화(Change)의 특성과 성격은 새로운 경험에 의해 변경된다. 만일 부모가 유아가 다칠 것을 우려하여 매일 평평한 길만 걷도록 안정감만을 고집한다면 유아는 미끄럼틀을 기어 올라갈 시도를 해 볼 수 없을 것이고, 앞으로도 도전을 통해 자신을 변화시키려 하지 않을 것이다. 유아는 자신을 잡아 주는 부모가 없을 때 잠깐 동안은 불안감을 느낄 수 있겠지만, 모험을 시도하는 과정에서 미끄럼틀을 혼자 타는 방법을 터득하게 될 것이다. 이런 현상을 변화라고 표현하는데, 변화는 긍정적인 결과를 통해 새로운 발전을 획득하게도 하지만, 때로는 부정적인 결과를 통해 불안과 두려움을 느끼게 되어 오히려 퇴행하는 행동을 초래할 수도 있다. 따라서 양육자나 교사는 유아를 관찰하며 변화를 시도하는지, 변화를 통해 어떤 결과를 얻고 그 결과로 인해 유아에게 어떤 행동이 초래되고 있는지를 면밀히 관찰해 적절한 도움을 제공하고 지원하는 것이 중요하다.

(3) 연속성과 불연속성

발달심리 이론가들은 인간발달은 일생을 통해 성장과 학습을 하면서 성숙의 변화과정을 거친다고 보고 있다. 불연속성은 인간발달이 양적인 것이 아니라 서로 다른 일련의 단계가 있고, 각 단계로의 순차적인 변화를 통해 불연속적으로 이루어진다고 보는 견해이다. 예를 들어, 숫자를 모르던 한 유아가 어느 날부터인가 셈하기를 할 수 있게 되고, 임신과 출산이 가능한 존재였던 성인이 점차로 나이가 들어가면서 임신을 할 수 없는 존재로 변하는데, 이런 현상을 두고 인간발달이 불연속적으로 일어난다고 보는 것이다. 반면 발달의 연속성은 인간발달을 임신과 출산에서 죽음에 이르기까지 연속적이고 점진적으로 획득해 가는 과정으로 보는 것이다.

유아가 문제행동을 보이는 출현 시기와 심리적 환경을 연령 시기로 구분하여 살펴보면 표 1-3과 같으며, 그 내용을 살펴볼 때 유아와 주양육자의 관계가 매우 중요함을 알 수 있다.

표 1-3 발달의 연속성에 따른 불안정한 심리적 환경과 영유아 문제 출현 시기

발달의 연속성	불안정한 심리적 환경	문제행동 출현 시기
영아기 (0~2세)	-생애 초기 결핍된 애착 형성 -부모의 갈등 노출로 불안감 조성 -유아의 비언어적 신호체계에 대한 반응 부재	■ **반응성 애착장애** 영아기부터 5세 이전 시기에 양육자 관계에서 애착문제로 다양한 발달을 지연시키는 장애임 ■ **분리불안장애** 생후 8~9개월부터 아동기 애착 대상으로부터 분리 시 불안을 느끼는 것임 ■ **언어발달장애** 보편적 언어발달 시기보다 말이 지나치게 늦거나 신경학적 손상으로 언어가 어려운 경우임 ■ **과잉행동장애** 어린 시기 3~5%의 발병률을 보이며, 영유아기에 많이 나타나는 장애로 성인기까지 나타나기도 함 주의력이 부족하고 산만하며 과잉행동을 함 ■ **적대적 반항장애** 소아기 20%의 발병률을 보이고 소아청소년기에 가장 많이 나타남 타인에게 순종하지 않고 반항적 행동을 보임 ■ **배설장애** 대소변 가리기를 제대로 못하는 장애 ■ **섭식장애** 먹는 것을 거부하거나 폭식하는 장애
유아기 (3~6세)	-지나치게 엄격한 배변훈련 -부모 대 유아 상호작용 부재 -부모의 양육 태도 갈등	
아동기 (7~12세)	-지나친 미디어 노출 -가족 간 의사소통 부재 -정서적 · 신체적 학대	■ **학습부진** 학습에 어려움을 초래함 ■ **불안장애** 병적인 불안과 공포로 일상생활이 어려움 ■ **품행장애** 사회적으로 용납되지 않는 행동을 지속하는 장애
성인기 이전 (모든 연령대)	-유전적 · 기질적 특성 -부모의 정신과적 문제	정신지체, 전반적 발달장애(자폐증, 아스퍼거장애, 불명의 전반적 발달장애, 아동기 붕괴성장애와 레트장애), 아동기 우울장애

이처럼 인간발달은 연속적인 과정으로 지속적인 발달하기도 하지만, 불연속적으로 지연되거나 지체 또는 장애가 나타나기도 한다. 영아기에 말을 배우기 시작하는 것은 연속적으로 몇 주 또는 몇 달간의 성장과 연습의 결과이고,

사춘기 역시 수년간에 걸쳐 일어나는 점진적 과정의 축적된 변화로 본다. 따라서 아동의 생득적인 유전과 부모 역할의 미숙으로 인해 다양한 문제행동이 나타날 경우 양육과정에서의 문제를 보완해 줄 수 있는 보조양육자(quasi-parent) 또는 전문가가 아동의 초기 발달 경험을 재구성할 수 있는 기회를 제공해 줄 수 있을 것이다.

2. 심리역동 이론

1) 정신분석 이론

정신분석 이론에서는 영유아 문제행동의 원인을 '영유아기에 겪은 외상경험'에 있다고 가정한다. 오스트리아 출신의 의사 프로이트(Sigmund Freud, 1856~1939)는 정신분석(psychoanalysis) 이론의 창시자로, 과거 어린 시기의 경험들이 현재의 생각과 행동, 정서반응에 영향을 준다고 주장하였다. 외상은 아동기의 무의식에 묻히게 되고, 개인의 성격과 정신 기능에 영향을 준다. 따라서 정신분석 이론에서는 '일생 중 가장 중요한 발달 시기인 영유아기를 어떻게 보냈는지'가 중요한 이슈이다. 프로이트는 생리학과 신경학에 많은 영향을 받았고, 물리학과 생물학의 개념과 용어들을 도입하여 정신분석 이론을 다음 같이 3시기로 나누어 설명하였다. 제1기는 외상-감정 이론(affecttrauma theory)이며, 시기적으로는 1897년까지이고 '정신분석의 탄생' 시기이다. 제2기는 지형학적 이론(topographical theory)으로써 시기적으로는 1923년에 'The ego and the id'라는 논문이 나올 때까지의 '이드심리학' 시기이다. 제3기는 구조 이론(structural theory)으로서 시기적으로는 1939년에 프로이트가 사망할 때까지의 '자아심리학' 시기이다.

(1) 무의식의 발견

정신분석 이론의 핵심은 무의식이다. 프로이트 이론에 의하면 생애 초기 영아가 젖을 달라고 울 때 어머니의 반응 행동에 따라 성격이 다르게 형성된다. 예를 들어, A라는 아기가 젖을 달라고 울 때 A의 어머니는 인터넷 육아 정보에서 본 것처럼 3시간마다 규칙적으로 젖을 주었다. A가 아무리 울더라도 A의 엄마는 정해진 시간에 젖을 주는 것이 좋다고 생각했기 때문에 젖을 주지 않는 대신 놀아 주거나 달랬다. B라는 아기의 어머니는 젖 먹이는 시간을 정하지 않고 B가 울 때마다 젖을 주었다. 즉, B는 울 때마다 젖을 먹는 경험을 하게 된 것이다. 이 두 아이는 성장하면서 어떻게 성격 차이를 보일까? 프로이트는 정신결정론(psychic determinism)을 통해 생애 초기 6년 동안의 경험이 무의식으로 작용하여 성장하면서 성격 차이를 만든다고 보았다. 일정한 시간이 되어야 젖을 먹었던 아이는 자기의 욕구를 지연시키는 힘을 기르게 되었을 것이다. 반면에 원하면 바로 바로 젖을 먹는 방식으로 욕구를 해결한 아이는 내가 원하면 된다는 자기중심적 사고를 형성하게 됨으로써 상대방의 감정을 수용하는 데 어려움이 생길 수 있다는 것이다. 한편 경우에 따라서는 다른 형태로 성격이 형성될 수도 있다. 예를 들어, 원하는 대로 젖을 먹지 못했던 아이는 정확한 것을 좋아하는 성격을 형성할 수 있고, 원하는 대로 젖을 먹었던 아이는 만족감에 대한 경험을 늘 했기 때문에 우유부단한 성격을 형성하게 될 수도 있다.

프로이트는 1900년대 출간한 『꿈의 해석』에서 정신과정을 밝히고 신경증과 정신 질환을 치료하는 길을 찾으려 했는데, 이 책에서 그는 무의식의 쾌락원리와 의식적인 현실 원리를 제시하였다. 쾌락원리는 일차적 본능으로 생득적이고 본능에 충실하려는 것으로 밥을 먹거나, 배설, 잠을 자는 것 등으로 이 욕구를 해소하기 위해 생리적 반응이 나타난다. 현실원리는 쾌락충족을 지연시키는 것으로 프로이트는 자아가 작용하는 원리라고 하였다.

(2) 성격의 구조

① 리비도

리비도(libido)는 프로이트가 심리적 에너지라는 용어로 설명한다. 물리학 용어에서 빌려온 것으로 성적 충동을 의미한다. 프로이트의 리비도 이론에 의하면 식욕과 성욕은 가장 큰 본능의 욕구이다. 리비도는 일반적인 성적인 욕망과 다른 개념으로 리비도가 충족되지 않을 때는 불안으로 변하기도 한다. 또한 승화되어 정신활동의 에너지가 되기도 한다. 구강기를 통해 5세경 절정을 이루다가 잠재기에 억압을 받다가 사춘기에 다시 성욕으로 나타난다. 이러한 리비도를 대상 리비도라고 한다. 친구 간의 우정, 부모-자녀 간의 정, 연애의 감정 같은 것이 이에 속한다. 리비도가 자기 자신의 내부에 표출되는 것을 자기애(narcissism)라 하고, 유아기에 남아 성장하지 않는 것을 고착(fixation)이라고 한다.

② 지형학적 구조

프로이트는『꿈의 해석』에서 성격을 이해하는 틀로 지형 구조를 이용하여 의식-전의식-무의식으로 구성되어 있다는 개념을 처음으로 제시하고 지형학적 이론(topographical theory)이라고 하였다. 이를 빙하 덩어리에 비교할 경우 가장 깊이 물에 잠긴 의식되지 않은 '무의식'과 물 위로 나올 듯 말 듯한 중간 부분을 의식되기 이전의 '전의식', 물 위에 나와 있는 제일 작은 부분은 '의식'에 해당된다.

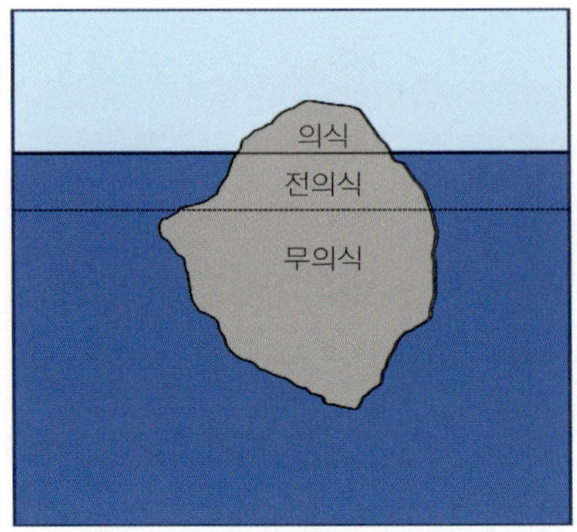

그림 1-2 프로이트의 지형학적 이론: 무의식, 전의식, 의식

의식(conscious)은 넓은 의미에서 대상에 관한 '경험'으로 사고하고 인식하는 영역이다.

전의식(preconscious)은 '저장된 기억'으로 이용 가능한 쉽게 의식화될 수 있는 첫사랑에 대한 기억으로 의식과 무의식을 연결한다.

무의식(unconscious)은 자신의 행위에 자각이 없는 상태이다. 공포, 용납되지 않는 성적 욕망, 비이성적 소망, 파괴적 충동, 비도덕적 충동, 이기적인 욕망, 심리적 상처의 기억들이다. 예를 들어, 자전거를 배우고 난 후 처음에는 의식적으로 타다가 나중에는 자동화하는 것과 위험에 대해 자신도 모르게 피하는 행동이다.

③ 구조 이론

구조 이론(structural theory)은 지형학적 이론인 무의식, 전의식, 의식으로 구분한 것을 성격의 기능적 구조에 따라 구분한다. 원초아(id)는 무의식 영역이며, 원초아와 초자아를 중재한다. 자아(ego)는 현실 세계에서 생활하는 것을 도와주고 초자아(super-ego)는 양심이나 도덕 등을 맡아 관리한다.

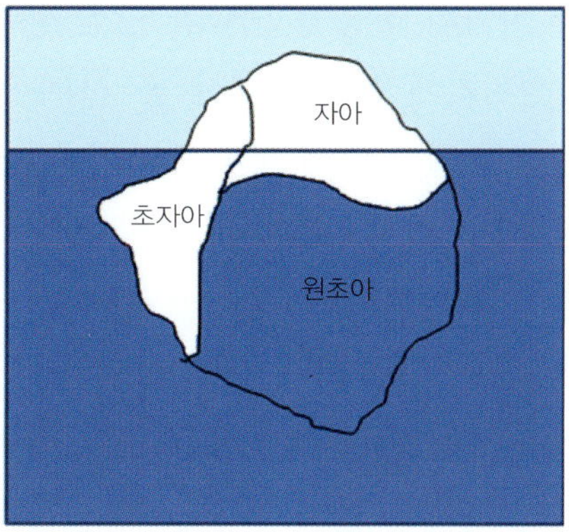

그림 1-3 프로이트의 성격 구조 이론: 원초아, 자아, 초자아

원초아는 생물학적 요소이며, 자아는 심리적 요소, 초자아는 사회적 구성 요소로 **세 가지 구성 요소 중 어느 것이 더 통제력을 가지는가에 따라 인간행동 특성이 결정**된다.

원초아(id)는 무의식 영역에 잠재하는 본능적 에너지의 원천으로 쾌락원리에 지배되며 식욕, 성욕, 공격욕이 해당된다. 또한 만족감을 주는 원천이며 긴장과 고통을 피하고 즐거운 감각만을 추구하는 1차적 과정의 사고를 한다. 정신 에너지의 원천으로 부정적인 면만 있지 않고 자아와 초자아의 통제를 받는다.

자아(ego)는 인간의 행동을 현실에 적응시키는 생각, 감정 등 의식 부분인 '나 자신' 이다. 인간의 자아는 15개월경부터 나타나 자신의 이름을 통해 자신을 알게 된다. 이 시기 영아가 '내 것'을 주장하는 이유이다. 자아는 원초아의 쾌락 욕구와 도덕과 양심 역할을 하는 초자아를 끊임없이 중재하는 의식적인 조절 기능을 담당한다. 건강한 자아는 내부 또는 외부의 스트레스를 효과적으로 처리한다. 자아는 청년기에 확립된다.

초자아(super-ego)는 선악을 판단하고 자신의 행동이 옳고 그른지 가늠하면서 완벽함을 추구한다. 또한 자신을 비판적으로 감시하는 역할을 한다. 원초아에서 오는 충동이나 자아의 작용을 도덕과 양심 등으로 억압하는 것이다. 초자아는 프로이트의 성기기에 부모에 대한 동일시로 사회적 실체를 받아들임으로써 부모가 주는 상과 벌을 통해 점차 발달되어 간다.

한편 정신적으로 건강한 사람은 위의 세 가지 체계가 조화를 이루어 다양한 사람들과의 관계 및 상황, 환경에 적응하고 효과적으로 대처할 수 있다. 자아는 원초아의 욕구와 초자아 사이에서 현실에 맞게 조정하며 적절히 유지시키는 기능을 한다. 프로이트는 "원초아가 있는 곳에 자아가 있게 하라(where the id was, the ego shall be)"라는 명언을 통해 이성을 계속 발달시킴으로써 무의식적 본능인 원초아(id)를 통제하는 삶을 살 것을 강조하였다.

④ 방어기제

정신 역동 모형에서 자아(ego)가 생각, 감정 등으로 인해 스트레스를 받으면 문제가 생길 수 있다. 자아가 위협을 받는다고 느끼게 되면 자신을 보호하려고 긴장을 완화시키기 위한 기술을 배우게 된다. 이렇게 자아가 불안으로부터 스스로를 지키려는 심리적 수단을 방어기제(defense mechanism)라고 한다. 방어기제의 종류에는 억압, 부인, 합리화, 왜곡 등이 있다. 방어기제는 자아를 손상시키기 쉬운 불안과 우울증 등의 위협으로부터 자아를 지켜내기 위한 '방어'에 목적이 있는 것으므로 병적이라고 볼 수만은 없다. 또한 방어기제는 무의식 속에서 억압과 같은 특정 한 가지의 방어기제만을 사용하지 않고 억압과 부인을 동시에 사용하는 등 몇 가지의 방어기제를 섞어 사용하는 경우가 많다.

⑤ 심리성적 성격 발달 단계

프로이트는 심리성적 발달 이론(psychosexual development theory)을 5단계로 구분하였다. 첫 번째 단계를 구강기와 항문기, 남근기 세 단계로 구분하고 이 단계는 유아 성욕기이다. 유아 성욕의 절정기는 3~5세 오이디푸스 갈등에서 절정을 이룬다. 두 번째 단계는 잠복기이며, 세 번째 단계는 성기기이다.

– 구강기(출생부터 1세)

구강기는 프로이트가 제시한 발달 단계 중 첫 단계로 영아가 쾌감을 입, 입술, 혀, 잇몸과 같은 구강 주위의 자극으로부터 느끼는 시기를 말한다. 빨기를 통해 쾌감을 얻기 때문에 배고프지 않아도 가짜 젖꼭지나 손가락을 빤다. 이 시기에 성격 발달이 고착되면 정신병 등의 원인이 되기도 한다.

구강기의 병리적 특성은 수유를 제대로 하지 않았을 때나 너무 오랜 기간 수유를 하여 지나치게 만족을 누린 경우에 나타난다. 구강기 고착이란 특정 시기에 성장이 머무는 것을 말한다. 예를 들어, 구강기 의존성은 받으려고만 하고 주지는 못하며 질투와 시기심으로 발전한다. 문제행동으로는 빈정거림, 논쟁적, 탐욕적, 욕심스러움, 과잉의존, 긴밀한 관계 형성에 대한 불안이나 공포 등이 있다. 구강기의 성공은 타인과의 관계 능력 형성 및 자기 신뢰를 통해 타인에게 건강하게 의지할 수 있는 능력으로 이어진다.

구강기 고착 성격 사례

정이는 열두 살(만 11세) 여아입니다. 원하는 것이 있으면 짜증을 내거나 안절부절하지 못합니다. 사소한 결정을 하지 못하고 남에게 의존하려고 합니다. 어머니는 정이가 여섯 살이 되도록 원하면 아무 장소에서나 젖을 물리며 수유를 하였습니다. 어머니는 정이가 젖을 빨고 싶지 않을 때까지 수유를 하는 것이 양육을 잘 하는 거라고 믿고 있었습니다.

– 항문기(2~3세)

항문기는 배변 조절을 통해 성격이 발달되는 시기이다. 생후 18개월에서 3년에 걸쳐 괄약근 조절 능력이 생겨 배뇨와 배변을 조절한다. 자신이 원하는 대로 배설하거나 보유하는 능력은 양육자(대부분 어머니)에 의해 통제되는데 현실을 수용하는 능력을 통해 자아가 발달한다.

항문기의 병리적 특성은 부모가 지나치게 엄격하게 또는 이른 시기에 대소변 훈련을 시키는 경우에 나타난다. 강박하고 인색하며 극도의 절약 생활을 보이거나 반대로 지저분하거나 반항적이고 가학[1]과 피학성[2]을 보일 수 있다. 죄책감과 양가감정이 나타나고 지나친 고집을 부리며, 자기비하가 발생하여 협력적 태도가 낮아질 수 있다. 문제행동으로는 분노, 울화와 같은 정서적 발작, 강박적 질서정연, 과잉통제된 행동, 인색 등으로 나타난다. 성공적으로 해소할 경우 자율성을 획득하고 독립적 능력이 생기며 주도적인 능력을 지니게 된다.

항문기 고착 성격 사례

철이는 열 살(만 9세)인데 변비가 무척 심합니다. 영유아기부터 변을 보지 않으려 하다 보니 배변이 불규칙하게 되었고, 막상 배변을 시도하면 변비로 고통을 호소하였습니다. 어머니는 철이에게 이른 시기부터 배변 훈련을 시켰습니다. 어머니는 배변 훈련 기간을 7주로 정해 놓고 실수하면 야단을 쳤고 수치심을 주었습니다.

– 남근기(3~5세)

남근기는 리비도가 성기 부분에 집중되며 성기의 자극으로 쾌감을 얻는 시기이다. 남자 아동에게는 거세 공포(성기를 빼앗기는 것에 대한 두려움)가 여자 아동에게는 남근선망(남자형제나 남자친구에게는 있는 남근이 자신에게는 없음을 알게 되어 실망하고 남근을 갖기 원하는 것을 의미함)이 오이디푸스 갈등과 연관된다. 그리스 신화에서 신탁의 예언대로 주인공 오이디푸스가 왕인 아버지를 죽이고, 왕의 부인을 자신의 어머니인줄 모르고 부인으로 맞이한 것처럼 오이디푸스 콤플렉스는 남아가 어머니에게 성애적 사랑을 느끼고 아버지에게 시기심과 적개심을 나타내는 것이다. 이 시기 여아는 엘렉트라 콤플렉스 시기로 어머니와

---

1 가학성(sadism): 성적 대상에게 육체적, 정신적 고통을 줌으로써 성적 쾌락을 얻는 경향

2 피학성(masochism): 신체적으로나 정신적으로 고통받을 기회를 추구하는 의식적 또는 무의식적인 경향

애착을 가지고 있으나, 남근이 없음에 대한 열등감을 가진다. 남근을 주지 않은 어머니를 원망하며 남근이 있는 아버지에 대해 애정을 갈망한다. 어머니가 아버지와 가까이 있으면 아버지를 질투하고 비집고 중간에 있으려는 심리도 있어 오늘날 이에 대한 논쟁은 다양하다.

남근기의 병리적 특성은 다음과 같다. 오이디푸스 시기 병리는 거의 모든 신경증 발달과 연관된다. 남아는 아버지상에 해당되는 상급자를 보면 주눅이 들거나 불안해하며 거세 공포를 느낀다. 여아는 히스테리가 나타난다. 연극적이고 과장된 표현과 남의 관심을 끄는 유혹적인 행동을 하려고 한다. 문제행동으로는 정체성 확인과 관련된 문제, 부적절한 성적 태도, 지나친 과시욕이다. 성공적 해소 시에는 성 주체성이 굳건해지고 지적 욕구발달을 하게 된다. 충동을 조절하고 건전하고 강력한 초자아가 탄생한다.

남근기고착 성격 사례

송이는 열한 살(만 10세) 외동딸로 엄마 대신 아빠의 옷을 골라주거나 아빠와 잠을 자고 싶어 합니다. 아빠는 자신을 잘 따르는 송이를 예뻐해 주었습니다. 엄마가 아빠 옆에 가려고 하면 송이는 부모님의 사이를 비집고 들어가려고 했습니다. 엄마는 딸이 남편을 좋아하는 것을 좋아하면서도 매사에 아내처럼 행동하는 딸이 걱정이 되었지만 나무라지 않았습니다.
송이는 태권도 학원 관장님을 무척 따릅니다. 친구들과 어울리기보다는 아빠 나이 또래의 남자 어른을 보면 친근감을 느끼고 거리낌 없이 다가갑니다. 관장님이 다른 친구를 예뻐하면 질투를 하고 화를 냅니다.

– 잠복기(5~6세부터 11~12세)

잠복기는 성적 욕망이 억눌리고 지적 호기심과 친구관계의 활동이 활발해지는 시기이다. 프로이트는 잠복기에 본능적 충동을 조절할 수 있게 되어 성적 흥미나 관심도가 줄어드는 조용한 시기로 보았다. 성적 리비도 에너지와 공격적 에너지가 운동이나 게임, 학습으로 승화되어 사회적 기술을 습득하고, 지적 기술을 습득하는 데 집중하며, 오이디푸스 동일시를 확대해 간다.

잠복기의 병리적 특성은 내부적 욕동 조절이 결핍되면 기술 습득에 실패하고, 지나치게 욕동[3]을 조절하다 보면 강박적인 성향이 된다. 문제행동으로는 열등감 형성, 소극적이고 회피적인 성격이다. 성공적 해소가 된 경우는 승화를 통해 얻은 에너지를 학업과 기술 습득, 자아발전에 사용한다.

– 성기기(12세부터 성인기 이전)

성기기는 신체적 성숙으로 진정되었던 성욕이 나타나는 시기로 사춘기와 성적 성숙이 도래하는 시기이다. 성기의 성숙과 내분비선에서 호르몬이 분비되는 등 2차 성징이 나타난다. 2차 성징(secondary sexual character) 시기 초자아의 병리적 특성은 부모의 의존에서 벗어나지 못하고 독립을 이루지 못한다. 성에 대한 정체성 혼란을 겪기도 한다. 문제행동으로는 나르시시즘, 지나친 자기애(self-love)로 나타난다. 성기기의 성공적 해소는 책임 있는 사회적 성적 관계를 유지하고 이성과의 사랑에서 만족감을 지닌다. 또한 성적 욕구를 다스리는 능력과 성숙한 대상관계를 형성한다.

2) 대상관계 이론

대상관계 이론(object relations theory)은 정신분석 이론의 한 형태로 프로이트의 이론을 기반으로 시작되었다. 프로이트에게 영향을 받고 프로이트 이론을 수용하면서 자기만의 영역을 개척한 사람들을 신프로이트학파라고 한다. 그중 프로이트의 막내딸인 안나 프로이트에 의해 창시된 자아심리학파와 생애 초기 대상관계의 중요성을 강조하는 대상관계학파로 구분할 수 있다.

대상관계 이론은 여러 학자들에 의해 다양하게 발전하고 있으며, 서로 공유하기도 하지만 상충하기도 하여 통일된 이론은 아직 없는 상태이다. 프로이트는 유아가 성감대를 통해 다양한 감각적 쾌락을 추구한다고 보았지만, 대상관

---

3 욕동: 사고와 감정을 유발하는 원동력

계 이론가들은 유아가 타인과의 관계 및 상호작용을 추구한다고 보았다. 즉, 여기에서의 대상이란 자신 이외의 사람을 말하는데, 유아기의 대상은 어머니를 가리킨다. 따라서 기본적으로 유아와 어머니 간의 내적·심리적 관계를 대상관계라고 볼 수 있다. 클라인(Klein), 말러(Mahler)와 자콥슨(Jacobson) 등은 프로이트(Freud)의 욕동 이론과 대상관계 이론을 결합한 대표적인 이론가이다.

(1) 클라인(Klein)의 좋은 젖가슴과 나쁜 젖가슴

시걸(Hanna Segal, 1999)은 클라인의 정신분석학을 소개한 책에서 멜라니 클라인은 초기부터 아이는 환상 속에서 젖가슴을 내사하고 끊임없이 좋고 나쁜 것으로 분리하여, 좋은 젖가슴은 받아들이고 나쁜 젖가슴은 내보내거나 없애버리려 한다고 적었다.

멜라니 클라인은 대상관계 이론의 흐름을 창시한 사람으로 평가된다(최영민, 2010). 클라인은 아동의 심리치료에 정신분석적 원리와 기법을 적용하였다. 그중 가장 중요한 요소로 공격성을 꼽을 수 있는데, 원시적 파괴성에 의한 불안은 공격성의 투사로 이어지고 편집증적 불안이 된다고 보았다. 예를 들어, 유아가 생애 첫 1년간 외부 대상과 관계하는 경험을 자리(position)라는 용어를 사용하여 편집분열자리(paranoid-schizoid position)와 우울자리(depressive position)라고 표현하였다.

편집자리는 태어나면서부터 시작해 6개월까지의 시기로 신생아는 타고난 파괴적 공격성을 느끼며, 멸절의 불안을 느낀다. 멸절불안은 두려움이나 죽음의 공포를 느끼는 것을 의미하는데, 유아는 생애 초기 4개월 동안 분리된 '부분 대상관계'를 맺는다. 즉, 유아는 죽음에 대한 본능적 위협을 외부 대상(타인)에게 투사하고 나쁜 대상(망상)을 만들어 내는데, 이것이 바로 편집자리이다. 편집분열자리로 성장한 성인의 병적인 특징은 정서적 미성숙으로 퇴행한 편집자리 양상으로, 지나친 투사로 인해 망상이 생기고 현실을 부정한다. 자신을 박해하는 대상을 자신의 신체에 투사하여 건강염려증이 생기기도 한다.

성인이 편집자리로 퇴행한 사례

가게를 운영하던 김씨는 마흔 살로 어릴 적 부모로부터 애정을 받지 못하였습니다. 부모는 돈을 버느라 김씨를 제대로 돌보지 못하였고 김씨가 학교에 적응하지 못하자 이러한 문제를 금품을 제공하는 방식으로 해결하였습니다. 그럼에도 불구하고 김씨가 학교에서 계속 문제행동을 보이자 김씨의 아버지는 김씨에게 폭력을 휘둘렀습니다. 김씨는 성인이 되어 결혼을 하고 자녀를 출산했지만, 경제적 지원은 아버지에게 의존하였습니다. 한편 김씨가 운영하는 사업이 실패하자 그 원인을 김씨는 아내와 장모에게 투사하였습니다. 아내와 장모가 돈을 아끼지 않고 써서 망했다며 폭언을 퍼부었습니다. 마침내는 자녀들까지도 폭행하였는데, 김씨는 아버지처럼 자녀들을 때렸습니다. 이처럼 김씨는 내면의 파괴적 공격성을 자녀와 아내에게 투사하였습니다.

우울자리는 생후 6개월부터 1년 사이에 형성되는 것으로, 자신이 공격하고 파괴한 대상(나쁜 젖가슴)이 바로 자신이 사랑하는 대상(주로 어머니)이라는 것에 대한 갈등과 불안이다. 불안의 정도가 심한 경우 편집분열적 자리로 퇴행하기도 한다. 이때 어머니의 사랑(좋은 젖가슴)은 유아에게 좋은 대상을 강화하고, 분열을 약화시키며 투사를 감소시켜 자아를 응집력 있게 한다.

클라인은 투사적 동일시(projective identification) 개념을 제시하였는데, 원하지 않는 감정이나 대상을 분리시켜 투사하고 해를 입히려 하고 조정하고 소유하려는 것이다.

투사적 동일시의 심리적 의미를 다음과 같이 요약할 수 있다.

① 방어기제의 기능을 한다(투사)

위험하다고 판단하는 자기의 일부를 투사하여 다른 사람 안에 존재하게 한다.

② 소통의 역할을 한다(유지하는 단계)

자신의 느낌을 투사 받은 사람도 동일하게 느껴 자신에 대해 이해받거나 자신과 하나가 되는 느낌을 갖는다.

③ 초기 단계의 대상관계 의미를 갖는다(조종하는 단계)

자기와 대상이 별개라고 알지만, 자기와 대상의 분화가 충분하지 않은 상태라 자신과 동일한 느낌을 공유한다고 느낀다.

④ 심리적 변화의 통로 역할을 한다(투사한 내용대로 반응하는 단계, 재내면화 단계)

투사된 원하지 않는 자기 부분은 투사된 수용자(타인)의 심리적 과정을 거치면서 변형되고 자신에게 재내재화 되어 심리적 변화를 가져온다.

투사적 동일시 사례

연아는 다섯 살(만 3세)이며 엄마에게 자주 짜증을 내고 울면 쉽게 진정되지 않습니다. 연아는 엄마가 자신에게 와서 달래주지 않아 그치지 않고 웁니다(**투사**). 엄마는 달래지 않는 자신을 공격하는 것 같아 짜증이 나고 괴로워집니다(**유지하는 단계**). 연아가 느끼는 감정과 엄마의 감정이 똑같은 감정이 됩니다(**조종하는 단계**). 화가 난 엄마는 '왜 울어. 한 번 울면 그치질 않아, 안 그쳐'하고 엉덩이를 한 대 쳤습니다(**투사한 내용대로 반응하는 단계**). 연아는 엄마가 자신을 달래주지 않으니 엄마에게 공감받지 못한다고 생각하고 거기에 엉덩이까지 맞게 되니 괴로운 감정에 더 크게 웁니다(**재내면화 단계**).

이 사례 속 연아의 문제행동은 사실 출생 후 36개월 동안 이어져 온 경험과 관련이 있다. 연아가 짜증을 내기 전에 엄마가 연아의 마음을 알고 달래주는 경험을 하게 될 경우 연아는 굳이 짜증을 내지 않아도 엄마의 사랑과 위로를 받을 수 있다는 무의식적 표상을 가질 수 있을 것이다. 즉, 현재 계속 어그러지는 연아와 엄마의 부정적 패턴을 성공적 경험을 통해 다시 재형성 시켜줄 수 있도록 유능한 성인(상담 전문가)의 도움(개입 혹은 중재)이 필요할 수 있다. 연아의 마음속에 어머니에 대한 좋은 이미지(내적 표상)가 새롭게 저장될 때 이후 건강한 삶을 살 수 있기 때문이다.

(2) 말러의 유아와 어머니의 분리 -개별화과정 이해하기

대상관계 이론가인 마가렛 말러(Margaret S. Mahler, 1897~1985)의 분리-개별화(separation-individulation) 이론은 유아가 대상(나와 다른 타인)과의 관계를 맺기 위한 발달과정을 정신분석적으로 이해하는 데 중요한 공헌을 하였다. 그녀의 이론에 의하면 모든 아기는 태어날 외부 세계에 대해 알지 못하는 자폐 상태로 태어난다. 출생하여 배고픔을 느낄 때 어머니의 젖가슴을 통해 젖을 공급받거나 축축하게 젖은 상태의 기저귀가 뽀송뽀송한 새기저귀로 바뀌는 경험을 하면서 아이는 '나는 마술적인 힘이 있구나'라고 생각한다. 모든 것이 본인이 원하는 데로 이루어진다고 느끼게 되는데, 이러한 느낌을 '전능감'이라 표현한다. 한편 아기들은 100일 즈음이 되면서 자폐의 껍질을 벗고 외부 세계(주로 돌보는 어머니)를 인지하게 되는데, 이때부터 아기들은 어머니와 자신을 분리하기 시작하고 이러한 과정을 '분리-개별화' 과정이라 한다.

분리-개별화 이론은 마가렛 말러(Margaret S. Mahler, 1897~1985)가 연구한 생애 초기 유아가 어머니와 분리되는 과정이다. 말러는 1950년대 후반 뉴욕의 매스터스아동 센터에서 "Natural History of Symbiotic Child Psychosis"에 관한 연구를 시작하였는데, 관찰 연구(1962~1968년)의 대상자들은 어머니와 유아였다. 만 1세(말하기 전 단계의 유아) 유아의 몸짓 및 행동에 대한 어머니의 신체 · 감각적 공감(coenesthetic empathy)이 정신내적 사건과 어떠한 연관성이 있는지에 대해 탐구하였다.

유아와 어머니의 심리적인 분리과정은 정상적인 자폐기(normal autistic phase)와 공생기(symbiotic phase) 이후에 시작된다. 이 시기의 유아는 어머니와 정서적으로 유대감을 유지하면서(emotional availability) 점차로 어머니와 분리된다. 분리-개별화는 어머니와 분리되어 놀잇감을 가지고 놀다가 어머니와 분리됨을 알고 놀라 다시 찾아가는 연습기(practising subphase)를 거치며 이루어진다. 한편 연습기를 통해 유아는 어머니와 분리가 가능함을 알게 되지만 어머니에게 다시 향하게 되는 재접근기(rapproachment subphase)를 거치게 된다고 한다. 이러한 과정이 반복되면서 유아들은 마침내 어머니와 분리되어도 견딜 수 있는 '자아 정체감'을 형성하게 되며, 어머니에 대한 '정서적 대상 항상성(emotional object constancy)'을 형성하게 되는 것이다. 말러는 분리-개별화를 통해 유아가 '심리적인 탄생'을 하게 된다고 보았다. 이러한 과정에서의 행동 특성을 정리하면 표 1-4와 같다.

표 1-4 말러의 유아의 심리적 발달 단계별 행동 특징

시기	발달 단계	유아행동 특징
생후 몇 주	정상적 자폐 단계	• 유아는 돌보는 사람을 자각하지 못한다. • 젖가슴(젖꼭지)을 향해 고개를 돌려 원초적인 체감적 교류를 한다.
생후 2개월~	공생 단계	• 어머니와 '나'가 분리되지 않고 융합된 상태이다. 불특정한 미소반응을 한다.
생후 5개월~	분화(분리-개별화를 위한 첫 번째 발달 단계)	• 분화 및 신체 이미지의 발달이 이루어진다. • 어머니의 머리, 코 등을 잡아당긴다. • 어머니 입에 음식을 넣는다. • 어머니와 어머니 아닌 사람을 인식한다. • 낯가림이 나타난다(7~9개월).
10~15개월	연습기(분리-개별화를 위한 두 번째 발달 단계) -초기 연습 단계 -본 연습 단계	• 중간대상이 생긴다(장난감, 담요 등). • 돌보아주고 노래를 불러주거나 달래주는 것을 좋아한다. • 어머니 이외의 다른 사람을 받아들인다. • 어머니가 정서적 재충전 욕구를 충족시켜 주는 안식처가 된다. • 좌절에 개의치 않는다(넘어지는 것, 장난감 뺏기는 것 등). • 어머니가 잡을 때까지 도망가기 놀이를 통해 탈출과 융합을 경험한다.

시기	발달 단계	유아행동 특징
15개월 경 ~22개월	재접근 단계(분리-개별화를 위한 세 번째 발달 단계) -초기 재접근(15개월 이후) -재접근 위기(18~24개월 까지)와 그 이후 -재접근 위기 동안의 분리반응(18~21개월)	• 걸음마를 하면서 신체적 분리를 더 많이 사용한다. • 어머니를 확인하고 적극적으로 재접근한다. • 어머니에게 재접근 확신을 느끼지 못하면 절박감을 느끼고 돌아가려고 한다(엄마 확인하기, 따라 다니기, 넘어지기, 과자 쏟고 분풀이하기, 책 읽어 달라고 조르기, 애절한 눈으로 바라보기, 대소변 훈련 거부하기). • 양가감정이 생긴다(좋은 사람, 나쁜 사람). • 낯선 사람반응이 다시 나타난다. • 좁은 공간에 들어간다(안겨지기). • 혼잣말하기, 인형놀이로 공상 세계에 몰두한다(무생물로부터 신체적 친밀감 욕구 충족). • 18~20개월에 대상영속성을 획득한다(Piaget, 1937). • 해부학적인 성적 차이를 발견한다.
22-36개월	개별성의 응집화와 정서적 대상-항상성의 시작(분리-개별화를 위한 네 번째 발달 단계)	• 3세 정상아는 대상항상성을 획득한다(Anna Freud, 1963) • 어머니가 없는 동안에도 좋은 어머니에 대한 상(정신적 표상)에 의존하여 잘 논다.

말러는 분리-개별화의 최적의 상황에 대해 "유아가 어머니로부터 신뢰감을 갖고 분화와 관련된 자각과 독립적인 자율적 기능의 발달이 나란히 잘 진행되는 것"이라고 하였다. 만일 유아가 출생부터 만 5세인 60개월까지 5년간 별다른 문제없이 잘 지냈다면 정신적·육체적으로 건강하게 성장할 수 있다. 즉, 자폐스펙트럼과 아동기 정신분열증, 애착장애, 우울증, 경계성 증후군과 같은 증상의 잠재적인 요인을 만드는 36개월을 건강하게 잘 보내기 위해 초기 단계 유아와 양육자와의 분리-개별화가 잘 이루어져야 한다.

3) 애착 이론

애착 이론은 정신분석학의 대상관계 이론에서 나온 것이다. 프로이트의 정신분석 이론과 다윈의 진화론적 관점으로 애착현상을 동물행동학, 발달심리학, 인지과학 등으로 설명하려는 이론이라고 말할 수 있다. 볼비(John Bowlby, 1907~1990)는 영국의 정신분석가이자 정신과의사로 동물심리학 연구를 통해 애착 이론(attachment theory)을 설명하였다. 최근에는 영유아를 양육하는 부모나 교사들 중 애착이라는 용어를 모르는 이가 없을 정도로 보편적으로 사용하고 있는데, '애착(attachment)'이란 한 개인이 생애 초기 단계에 자신을 돌봐주는 사람에 대해 느끼는 정서적 유대감을 말한다.

애착 이론과 관련해 할로우(Harlow, 1961)는 붉은털 원숭이의 애착행동을 관찰하였다. 실험에서 아기 원숭이는 배고픔을 해결하기 위해 젖을 들고 있는 철사 모형의 어미모형에게 다가가지만 1시간 혹은 2시간 이상의 시간을 보내지 않았다. 배고픈 욕구를 충족한 후에는 이내 포근한 느낌을 주는 천 모형의 어미 원숭이에게 매달려 있는 모습을 보였다. 즉, 이 실험은 생애초기에 먹을 것에 대한 욕구 외에도 어미로부터 정서적인 안정을 찾고자 하는 욕구가 있음을 보여준다. 생애 초기 6주간 어미의 털가죽에 매달리고 어미와 계속 배가 닿는 상태로 지내는 행동을 보였다. 이러한 모습은 생애 초기 모성이 결핍된 환경에서 유아가 고무젖꼭지나 자신의 손가락을 빠는 현상 및 어머니의 몸, 머리카락이나 담요, 털이 있는 동물 인형에 매달리는 현상과 연결 지어 볼 수 있다. 볼비는 이러한 것들을 '대체 대상'이라 하였고, 위니컷은 이것을 '중간 대상'이라는 개념을 통해 설명하였다.

한편 로렌츠의 『각인(imprinting)』이 1935년에 출판되었는데, 이 이론도 20여 년이 지난 후에 심리학에 큰 영향을 미쳤다. 우리에게 아주 많이 알려진 실험 중의 하나인데, 예를 들어, 오리나 거위 새끼가 알에서 깨어나 몇 시간이 지난 후 움직이는 대상을 보면 그것이 동물이든 사람이든 풍선이든 상관없이 따라가려는 경향이다. 이러한 과정을 각인이라 하는데, 이 이론 역시 생애 초기 경험이 얼마나 중요한지를 보여준다. 유사한 예로 볼비(1982)는 이스라엘의 키브츠를 예로 들어 사람의 각인에 대해 설명하였다. 키브츠에서는 태어난 아기의 양육을 공동체로 하는데, 안식일을 제외하고는 대체로 부모가 하루 1~2시간만 돌보고 하루 종일 양육활동을 보모가 담당한다. 그럼에도 불구하고 키브츠에서 아이에게 부모는 가장 중요한 애착 인물이 된다. 그 이유가 바로 생애 초기 부모와의 각인 때문이라고 본 것이다.

(1) 볼비의 애착발달 단계

볼비는 인간의 애착은 일생동안 발달한다고 보았다. 예를 들어 부모들은 모유 수유와 우유 수유가 어떤 차이가 있고 둘 중 무엇이 더 좋은지를 고민한다. 또한 조기 이유와 만기 이유 중 어느 것이 더 좋은가를 고민하는데, 이보다 더 중요한 것이 바로 양육자의 민감성이라고 보았다. 유아의 신호에 따라 수유 상황을 민감하게 인지하고 유아의 리듬에 맞춰 조절해주는 엄마의 민감한 능력, 유아의 사회적 주도성에 관심을 기울이는 엄마의 의지 등이 엄마와 유아의 사회적 상호작용의 발달 방향을 결정하는 데 중요하다고 하였다. 볼비가 밝힌 유아들의 애착행동 발달의 네 단계를 살펴보면 다음과 같다.

■ **1단계**(출생-8~12주): 인물을 제한적으로 구별하는 사회적 반응 단계

영아는 아직 시각이 발달하지 않아 후각과 청각으로 다른 사람을 구분한다. 영아는 미소를 보이거나 울기 또는 눈으로 응시하거나 손으로 붙잡기 등의 다양한 비언어적 신호체계로 사람들에게 친밀한 관계를 유지하려고 한다. 주로 돌보는 양육자의 냄새, 목소리, 얼굴 등을 감각적으로 인식한다.

■ **2단계**(3개월-6~7개월): 한 사람(혹은 그 이상)을 분별적으로 구별하는 사회적 반응 단계

이 시기의 영아는 친숙한 양육자와 낯선 사람에 대해 다르게 반응한다. 영아는 자신의 행동이 주위 사람의 행동에 영향을 미친다는 것을 알고 자신의 신호에 반응해 줄 것을 기대한다. 이때 민감한 양육자의 적절한 반응은 신뢰

감 형성에 도움을 준다. 아직은 애착이 형성되지 않아 분리불안을 보이지는 않는다.

■ **3단계**(6~7개월-2~3세): 구별된 인물에 접근성 유지 단계

이 시기의 영아는 주로 돌보는 양육자에 대한 능동적인 접근과 접촉추구 등의 애착행동을 나타낸다. 예를 들어, 어머니와 분리 시 분리불안을 보임으로써 영아에게 애착이 형성되었음을 보여 준다. 영아는 어머니를 안정감을 회복시켜 주는 존재로, 힘들 때 달래주는 안전기지(secure base)로 여기고 환경을 탐색한다. 주양육자를 구분하는 영아는 모든 사람에게 동일한 애착반응을 보이지 않는다. 즉, 주양육자에 대한 애착이 강해질수록 다른 사람들을 낯가림하며 아직은 대상영속성 개념이 완전히 획득되지 않아 분리불안이 나타날 수 있는 시기이다.

■ **4단계**(2~3세-아동기 말): 목표수정적인 동반자 관계의 형성

유아는 원시적인 인지 지도에 의해 애착 인물에 대한 근접성을 유지한다. 엄마에 대한 영속성 개념을 획득했어도 엄마의 행동 및 그 행동에 미치는 영향을 관찰한다. 엄마가 세운 계획을 추론하며 보이지 않을 때에도 그 이전에 비해 불안해하거나 울고 스트레스적인 행동을 보이지 않는다. 이 시기의 유아들은 엄마의 의도나 동기에 대해 통찰력을 획득한다고 보았다. 따라서 볼비는 유아가 만 3세 이후가 되면서 이전보다 애착행동이 덜 다급하게 나타나지만 아직까지도 여전히 중요하다고 보았다.

유아들은 외출할 때 부모의 손을 꼭 잡고 걸으려고 하거나 무언가 놀라게 되면 부모와 접촉하려고 한다. 한편 청소년기와 성인기에는 가족 외의 대상이 애착 인물이 되기도 한다. 친구들과의 애정, 학교에 대한 애교심, 회사에 대한 애사심, 국가에 대한 애국심 등이 이런 애착에서 발전한 것이다. 이러한 측면에서 볼 때 성인기의 애착행동은 유아기의 애착행동과 직접적으로 연결되어 있다고 볼 수 있다. 성인들이 갑작스러운 위험이나 재난, 가족과의 뜻하지 않

은 이별과 만남 등을 겪으며 친밀한 사람과 가까이 있고 싶어 하는 것에 대해 단순히 어린아이와 같은 퇴행행동으로 치부하는 것은 바람직하지 않다. 이러한 인식은 애착이 일생동안 인간의 삶에서 존재하고 발전하는 것임을 간과한 것이기 때문이다. 따라서 애착은 생애 초기에 형성되어 생을 마감하기까지 인간의 삶에서 지속적으로 함께하는 것임을 기억할 필요가 있다.

(2) 에인스워스(Ainsworth)의 낯선 상황 실험과 애착 유형

아이가 낯선 사람에 대한 두려움을 느끼는 것에 대해 볼비는 프로이트와 입장 차이가 있다. 한편 에인스워스(M. Ainsworth)와 그의 동료들(1978)은 볼비의 애착 이론을 생애 초기 아동과 어머니를 대상으로 '낯선 상황 실험'으로 더욱 발전시켰다. 에인스워스는 우간다 부족의 생후 10개월에서 12개월 사이 유아들의 애착행동을 관찰하였다. 연구는 어머니 25명과 27명의 유아를 대상으로 시행하였고, 27명 중 23명의 유아들은 혼동이 없는 애착행동을 보였지만 4명의 유아들은 어떤 애착행동도 보이지 않았다.

표 1-5 낯선 상황실험(Ainsworth, Blehar, Water & Wall, 1978) 요약

안정애착 유형	불안정애착 유형	
	불안정회피애착 유형	불안정저항애착 유형
• 어머니가 있으면 낯선 상황에서도 재밌게 놀이한다. • 어머니가 떠나면 찾으며 불안을 보인다. • 어머니와 재회하면 쉽게 안정을 찾는다.	• 어머니가 떠나도 동요하지 않는다. • 어머니와 재회해도 다가가지 않고 무시한다. • 어머니는 아동의 요구에 무감각하고 아동과 신체접촉을 적게 하며 거부적으로 다룬다.	• 어머니가 있어도 잘 탐색하지 않는다. • 어머니가 떠나면 극심한 불안을 보인다. • 어머니와 재회하면 화를 낸다. • 어머니에게 다가가지 않고 안으려고 하면 저항한다.

유아와의 상호작용을 점수화하여 애착 유형을 안정애착(secure attachment: B 유

형), 불안정애착을 회피애착(avoidant attachment: A 유형), 저항애착(resistant/ambivalent attachment: C 유형)으로 분류하였다.

① 안정애착(B 유형)

안정애착은 연구 대상의 65%의 유아에게서 찾아볼 수 있었는데, 이 유아들은 어머니에게 안정적으로 애착을 형성한 유형이다. 주요 특징은 활발하게 논다는 것이다. 엄마와 짧은 시간 분리되면 울거나 적극적으로 찾으며, 엄마와 만난 후에는 곧바로 안정을 되찾으며 놀이에 몰두한다.

② 회피애착(A 유형)

회피애착은 연구 대상의 약 20%의 유아에게서 찾아볼 수 있었는데, 이 유아들은 엄마에게 불안하게 애착을 형성하여 엄마를 회피하는 반응을 보인 유형이다. 이 유형의 유아들은 엄마와 재회 시 엄마를 피하며 엄마와 두 번째의 짧은 이별 후에도 그런 반응을 보인다. 다수는 자신의 엄마보다 낯선 사람에게 더 친근감 있게 대하기도 하였다.

③ 저항애착(C 유형)

연구 대상의 약 10~15%의 유아에게서 찾아볼 수 있었는데, 이 유아들 역시 엄마에게 불안하게 애착을 형성하여 엄마가 돌아왔을 때 저항하는 반응을 보인 유형이다. 이 유형의 유아들은 엄마와 가까이 있고 싶어 하고 안기려는 마음과 엄마와의 신체접촉이나 놀이 등 상호작용을 거부하려는 마음 사이에서 갈등한다. 이런 양면성을 보이며 쉽게 안정감을 찾지 못한다. 이 유형에 속하는 유아들은 다른 유아들에 비하여 눈에 띄게 더 화가 나 있는 것이 관찰되었으며, 이들 중 소수의 유아들은 좀 더 수동적인 모습을 보이기도 하였다.

(3) 메인과 솔로몬(Main & Solomon)의 애착 D 유형

메인과 솔로몬(Main & Solomon, 1986)은 에인즈워스가 제시한 세 가지 유형에 속하지 않는 혼란애착(D 유형)을 분류하였다. 이 유형은 연구 대상 유아들의 5~10%로 불안정-혼란애착 유아들로 분류하였는데, 이들의 반응은 비조직적이며, 혼란되고 방향성이 없는 비정상적인 행동 패턴을 나타낸다. 즉, 이 유형의 유아들은 엄마가 접근하면 고개를 돌리거나 강한 저항을 보이는 모순된 행동과 침울하고 얼떨떨한 모습을 보인다. 자신의 불안한 마음을 어떻게 표현해야하는지 혼란스러워하는 심리상태의 유아들이다.

<부모가 야생아로 만들 수 있다>

2006년 12월 10일 SBS 스페셜 66회에 방영된 "부모가 야생의 아이들을 만들 수 있다" 프로그램에서는 생애 초기 부모의 돌봄을 제대로 받지 못하고 자란 아동의 사례를 보여주었습니다.

1991년 우크라이나에 사는 옥산나는 당시 8세 여아로 가족이 아닌 들개들과 지내는 것이 발견되었습니다. 엄마는 알코올 중독자로 3세인 옥산나에게 먹을 것을 주지 않고 방치하여 돌아다니다가 인근의 야생 들개들과 5년 동안 함께 생활했습니다. 사람들에게 발견되었을 당시의 옥산나는 사람처럼 걷지 못하고 개처럼 짖거나 네발로 뛰어다녔고 야생의 습성을 보여 주었습니다. 구조가 되어 인간사회로 돌아왔지만 15년 후 23세가 된 옥산

나는 인간의 모습을 되찾은 듯 보였지만, 자신의 이름만 겨우 쓰고 간단한 수세기도 할 줄 몰랐습니다. 옥산나가 하루 종일 하는 것은 음악을 듣거나 춤을 추는 것이었고, 그녀는 유아처럼 아기 인형을 가지고 노는 것을 좋아했습니다. 한편 가끔씩 사람들의 눈을 피해 들판에 가서 네발로 뛰고 짖는 등 개의 습성을 보이기도 하였습니다. 언어가 습득되고 습관이 형성되는 어린 시기에 버려져 개와 함께 생활하면서 동물의 생활습관이 형성되어 결국 인간세계에 제대로 적응하지 못하게 됨을 보여주는 사례였습니다.

출처: SBS 스페셜 66회 "부모가 야생의 아이들을 만들 수 있다"(2006년 12월 10일 방영분)

(4) 애착과 뇌 발달

생애 초기 인간의 뇌의 발달과정은 인간의 삶 전체에 영향을 미친다. 만성적인 부모의 언어적 학대나 가정폭력 목격 등의 정서적 학대 경험은 뇌신경회로발달에 이상을 만들 수 있다. 애착 이론가들은 아이가 태어날 때 백지상태(tabula rosa)가 아니라고 본다. 예를 들어 아이가 엄마가 떠나는 상황을 경험하거나 뭔가에 놀라 뇌가 흥분된 상태에 있을 때 엄마의 모습을 보여주거나 부드러운 신체 접촉인 안아주기, 쓰다듬어주기 등을 해 줌으로써 흥분된 뇌를 안정시킬 수 있다. 특히 만 3세가 될 무렵까지 이 체계는 잘 작동된다. 아이에게 엄마의 이미지가 기억되어 생애 동안 유지되는데, 예를 들어, 아이가 엄마와 떨어져 있어도 불안을 참고 기다릴 수 있는 것은 애착을 형성한 엄마를 뇌 속에 기억하는 내적 작동 모델(internal working model) 혹은 정신적 표상(mental representation)이 기능하기 때문이다. 유아교육기관에서 엄마와 분리되어 우는 아이가 엄마가 되돌아오는 모습을 머리에 그리면서 울음을 참는 것은 아이에게 좋은 엄마의 내적 작동 모델이 활성화되기 때문인 것이다.

애착 이론은 오늘날 인간의 애착형성 속에 일어나는 역동을 인지과학 및 뇌 과학의 관점에서 연구하는 방식으로 이어지고 있다. 동물의 행동 시스템은 일종의 인공두뇌학적으로 통제된다는 개념을 통해 환경에 따라 자신의 행동 방식을 변화시키고 조절해 갈 수 있다고 본다. 생애 초기인 3~4세 시기는 유아 두뇌의 90% 정도가 완성되는 결정적인 시기로, 특히 감정과 정서를 관장하는 우뇌가 성장한다. 따라서 이 시기에 아이의 성격과 감성, 정서의 바탕이 결정된다는 것이다.

한편 뇌 발달과 아동의 양육 환경은 밀접한 관련성이 있다. 3세 미만의 영아기 때 보호자 없이 장시간 TV를 보게 하거나 방임 또는 무관심으로 정서적 학대 등이 유발되면 뇌발달 장애의 요인이 된다. 이 중요한 시기의 방임으로 인해 아동은 성장하면서 감정 조절이 어려운 폭력성과 충동성을 지닌 반항적인 성향이 될 수 있다. 초등학교 시기는 뇌의 회로망이 완성되는 시기로 언어와 기억능력을 관장하는 뇌인 측두엽과 공감각 등을 지각하는 두정엽이 활발히 발달하는 시기이다. 따라서 이 시기 주위 사람들로부터 충분한 사랑과 관심을 받지 못하고 지나친 억압과 아동 학대 등이 이어지면 아동은 학습장애와 공포증, 불안을 지니고 학교 부적응과 집단 따돌림의 대상이 될 수 있다.

최근 등장해서 활발하게 연구되고 있는 다미주신경 이론(polyvagal theory, 폴리바갈 이론)을 제안한 스티븐 포지스(Stephen W. Porges)는 미국 미주신경 이론의 창시자이다. 이 이론은 신경계와 중추신경계 사이의 상호관계에 초점을 맞추었는데, 포지스는 1994년 포유류 자율신경계의 진화를 사회적 행동과 연계시키고 행동문제와 정신장애의 표현에서 생리적 상태의 중요성을 강조하였다. 인간의 신경계는 다른 포유류와 유사하게 안전한 환경에서 생존할 뿐만 아니라 위험하고 생명을 위협하는 상황에서 생존을 촉진하기 위해 진화하게 된다. 예를 들어, 셧다운 모드(shut down, 정서적 패닉상태)를 벗어나기 위해서는 사회개입시스템(Social Engagemant System, SES)이 무의식적으로 작동함으로써 진정할 수 있게 되는 것이다. 긍정적인 사회개입시스템은 스트레스 호르몬의 방출을 억제하고 옥시토신 호르몬의 수준을 높이기 때문인데, 이를 가능하게 하는 것이 바로 심리적으로 진정시킬 수 있는 안전한 대상(안정감을 주는 부모 또는 보호자)인 것이다.

예를 들어, 불행을 경험한 아동의 불안을 통제할 수 있는 것은 사회개입시스템으로 무의식적으로 안정감을 주는 부모 또는 보호자를 기억하도록 연결하면 불안이 줄어든다는 것이다. 아동이 정서적 상처를 입으면 방어행동에서 사회개입시스템이 위험을 평가하고 환경이 안전하다고 판단되면 스트레스를 통제하는 변연계 구조가 정지된다.

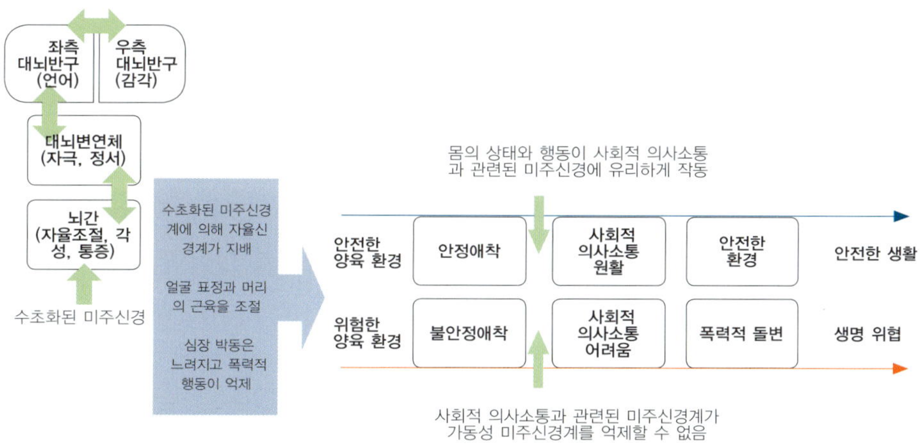

그림 1-4 다미주신경 이론의 사회개입시스템과 애착 관계

부모님이 싸울 때 아동이 방 안에서 혼자 있거나 거실 구석에서 그 모습을 지켜보면서 고함을 듣고 도망갈 곳이 없었으며, 싸움을 말릴 힘도 없는 상황에 처하게 되면, 들어도 듣지 않은 것처럼, 느껴도 느끼지 않은 것처럼 자신을 속이는 것만이 사는 방법이 된다. 따라서 스트레스나 트라우마를 경험했을 때 방어반응에는 투쟁-도피의 반응 외에 얼음, 부동, 셧다운 등의 현상을 보이게 된다.

이상의 내용을 종합해 볼 때, 어린 시절 친숙한 개인(애착대상 부모 또는 보호자)으로부터 적절하게 긍정적 반응을 따뜻한 음성이나 표정으로 접하게 되면 신경 인식은 안정 감각을 촉진하는 사회개입시스템으로 변환됨을 알 수 있다. 타인과의 친근한 눈맞춤, 목소리의 톤과 음율의 조절, 몸의 움직임, 호흡이 상호적으로 조화를 이루며 애착 관계를 맺고, 혼자가 아니라고 인식하며, 소통함으로써 사회참여체계가 잘 발달하게 되어 이후 타인과의 상호작용에 긍정적으로 영향을 미치게 되는 것이다.

(5) 애착과 정신병리

루마니아에서 약 20여 년 동안 독재정치를 해 온 니콜라에 차우셰스쿠(1918~1984)는 1965년 인구가 많을수록 국력이 신장된다고 생각하여, 1966년부터 1989년까지 가임여성은 피임과 낙태를 금지하고 무조건 네 명 이상의 자녀를 출산하도록 자녀할당제를 시행했다. 만약 출산을 하지 않으면 금욕세를 매겼다. 이로 인해 출산율은 급격히 높아졌지만, 자녀를 양육할 능력이 없는 국민들은 아이를 버리기 시작하였고, 버려진 아이들은 거리의 부랑자가 되거나 고아원에서 자라게 되었다. 한편 이 과정에서 보모 한 명이 수십 명의 아이를 돌보게 되니 부족한 일손으로 인해 생후 1년 미만의 영아들은 기둥에 우유병을 매단 채 수유를 하기도 했다. 이 시기에 출생한 차우셰스쿠의 아이들은 폭발적인 인구 증가로 제대로 된 복지와 교육 혜택을 수혜하지 못했다. 특히 고아원 시설에서 자란 아이들은 신체발달과 정신기능이 지체되었는데, 이때 등장한 병이 바로 시설병(hospitalism)이며, 시설병은 시설에 오래 생활함으로써 발생하는 부작용을 말한다.

볼비는 어린 시절의 애착문제와 부모의 우울증, 정신장애가 서로 연관성이 있을 것으로 예측했다. 어린 시기 부모와 불안정애착을 형성하거나 부모와 오랜 기간 분리되거나 버림받으며, 시설에서 방치되어 양육적 돌봄을 받지 못할 경우 불안정애착이 형성되어 발달상의 문제와 성인 정신질환의 전조가 될 수 있다고 보았다.

부모로부터 유기된 아동 사례

민이는 열 살(만 9세) 여아로 부모의 갈등으로 서로 양육을 포기하자 유기 불안이 나타났습니다. 불안한 민이는 털이 있는 강아지 인형을 꼭 끌어안으며 낮은 소리로 울었습니다. 민이는 신체적 발달은 건강하지만, 지적장애로 학습능력이 낮습니다. 한편 민이는 울다가 울음을 그치더니 낯선 선생님에게 거리낌 없이 다가가서는 안고 있던 강아지 인형을 가지고 싶다며 달라고 졸랐습니다.

4) 심리사회적 이론

에릭슨(Erikson, 1902~1994)은 미국의 발달심리학자이자 정신분석학자이다. 프로이트의 이론이 성적 욕구를 지나치게 강조한 것에 대해 비판하였으며, 어린 시기만이 아닌 전 생애로 발달을 확장시키며 각 단계에서 성공적인 발달을 못하면 정신적·신체적 발달이 지체된다고 하였다. 에릭슨은 자기 인식과 자아 정체성의 원천은 어린 시절의 성장 환경이라고 주장하였다. 에릭슨은 인간이 태어나서 사망하기까지의 심리사회적 발달 8단계를 통해 각 단계별 위기

개념을 도입함으로써 위기 극복의 중요성을 강조하였다.

표 1-6 에릭슨의 심리사회적 발달 8단계

발달 시기	발달 단계	발달 주요 특징	적응상의 문제
영아기(Infant: 0~1세)	신뢰 대 불신(trust vs. mistrust)	• 어머니와 신뢰감 형성이 사회적 관계로 연결 • 어느 정도 불신감 경험도 중요	• 타인에 대한 불신
걸음마기(Toddier: 1~3세)	자율성 대 수치와 의심(autonomy vs. shame and doubt)	• 대소변의 통제가 가능 • '나', '내 것', '안 해'로 자기 주장을 표현	• 자신의 능력에 대한 수치와 의심, 환경에 대한 불신
초기 아동기 (Pre-schooler: 3~6세)	주도성 대 죄책감 (initiative vs. guilt)	• 성공적 발달은 목표를 설정하는 것 • 자신과 자기 세계를 구축하는 것에 책임의식	• 독립적 행동을 저해하는 과도한 자의식, 지나친 죄책감
중기 아동기 (Grade-schooler: 6~12세)	근면성 대 열등감 (industry vs. inferiority)	• 자아성장의 결정적인 시기 • 3R'S 획득 등 인지적 기술 획득	• 부정적 자아개념, 자신의 능력에 대한 의심, 사회적 관계에서 열등감, 의존성
청소년기 (Teenager: 12~18세)	정체성 대 역할혼미(identity vs. role confuison)	• 자기 존재에 대한 경험과 탐색 • 성적 정체감 형성	• 성적 · 윤리적 · 직업적 정체성에 대한 혼란-양성 혼란
성인 초기(Young Adult: 18~40세)	친밀감 대 고립감 (intimacy vs. isolation)	• 성인생활의 시작-배우자 직업 • 타인과의 관계에서 친밀감이 주요 과업	• 두려움으로 성인 시기를 맞이할 경우 직업적 · 감정적 · 정치적 정착이 어려움
성인 중기(Middle-age Aduit: 40~65세)	생산성 대 침체성 (generativity vs. stagnation)	• 생산, 양육, 자손에 대한 만족감 • 타인에게 베풀거나 다음 세대에 전수할 수 있는 능력	• 미래에 대한 불확실성으로 개인적 성장 부진(자기도취)
성인후기(Older-Adult: 65세 이상)	자아통합 대 절망감(ego integrity vs. despair)	• 개인의 관심이 미래에서 과거로 옮겨 감 • 삶을 음미	• 질병, 고통, 죽음에 대한 두려움

에릭슨의 심리사회적 발달 이론은 인간의 일생 동안의 성장과 환경 변화에 따른 발달을 탐구하였다는 점에서 프로이트의 심리성적 발달이론과 다른 차별성이 있다. 각 발달 단계마다 심리사회적 위기에 봉착하게 되는데 그 위기를 어떻게 해결 또는 극복하느냐에 따라 인간의 성격 형성이 달라진다고 보았다.

생애 첫 단계인 영아기의 발달 단계는 '신뢰 대 불신' 단계이다. 생애 초기 어머니(양육자)의 사랑스러운 보살핌을 받으면 자신이 안전한 곳에서 살고 있음을 경험하고 기본 신뢰감이 형성된다. 그러나 어머니(양육자)로부터 사랑을 받지 못하면 타인을 불신하게 된다.

두 번째 단계인 걸음마기의 발달 단계는 '자율성 대 수치심' 단계이다. 자율성은 스스로 무엇인가를 해 보려는 시도에서 출발한다. 이 시기의 아동에게는 대소변을 가리는 것과 자조기술을 터득할 수 있도록 지지해 주어야 한다. 지나치게 과보호하거나 지나치게 통제하고, 혼내주거나 겁을 주면 자율성을 남용하거나 의존적으로 성장할 수 있다.

세 번째 단계인 초기 아동기 발달 단계는 프로이트의 오이디푸스와 겹치는 시기로 '주도성 대 죄책감' 단계이다. 이 시기는 부모의 사랑에 대한 욕구가 또래들에게 옮겨지는 시기로 경쟁하고 원하는 것을 주장하면서 주도성이 길러진다. 한편 스스로 해 보려다 실수할 때 양육자가 지나치게 꾸짖으면 심리적으로 위축되거나 부모의 다툼도 자신 때문이라고 죄책감을 갖기도 한다.

네 번째 단계인 중기 아동기 발달 단계는 '근면성 대 열등감' 단계이다. 이때는 초등학교시기로 또래들과의 관계에서 소속감을 얻고자 하고 노력하는 만큼 성취감을 맛보기 시작한다. 반면에 또래에 속하지 못하면 외톨이로 여기거나 뒤떨어진다고 느끼며 열등감이 생길 수 있다.

다섯 번째 단계인 청소년기 발단 단계는 '정체성 대 역할 혼미' 단계이다. 정체성을 형성해 가는 청소년기 아동은 부모로부터 지지와 소속감을 느끼고 싶어 하면서도 독립된 존재로 살아가려는 욕구를 동시에 드러낸다. 부모에게는 아동이 변덕을 부리고 분노감정을 보이는 것으로 보이지만 정체감 형성에 있어서 꼭 필요한 과정이다. 이 시기의 부모는 아동이 가족에 소속되어 있다는 느낌을 주면서도 정체성 탐험에 대한 고민을 들어줌으로써 이 시기 아동이 느끼게 되는 회의감이나 허무감을 줄일 수 있고 우울감에 빠지는 것을 예방할 수 있다.

여섯 번째는 성인 초기의 발달단계로 '친밀감 대 고립감' 단계이다. 사회 초년기를 맞으며 가족이 아닌 이성이나 친구, 사회관계로 인간관계의 친밀감을 형성하여 취업이나 결혼을 하는 중요한 시기이다. 이를 성취하지 못하면 삶이 고립되었다고 느끼고 소외당했다는 분노감정이 생기거나 우울감에 빠지기도 한다.

일곱 번째는 성인 중기의 발달 단계로 '생산성 대 침체성' 단계이다. 이 시기에는 자신이 배운 경험들을 나눠주면서 성취감을 느낀다. 한편 미래에 대한 불안으로 인해 이제까지 이룬 것이 없다고 생각하여 침체에 빠지는 경우도 있다.

여덟 번째는 성인 말기 발달 단계로 '자아통합 대 절망감'이다. 이 시기에는 인생을 정리하고 살아왔던 삶을 수용하고 음미한다. 한편 삶을 통찰하기보다는 노년기의 질병과 죽음에 대해 두려워하기도 한다.

에릭슨은 자신이 경험한 출생과 어린 시기 다른 친구들과 외모가 달라 놀림을 받았던 경험을 토대로 '나는 누구인가'에 대한 정체성을 고민했다. 그는 이러한 트라우마가 인간의 일생 동안 각 단계에서 나타난다고 보았는데, 그 문제 가운데 부모, 형제, 친구, 배우자, 사회관계 등 양극의 해결 경험이 정서 발달의 질을 결정한다고 보았다.

5) 인본주의 이론

칼 로저스(Carl Rogers)는 비지시적 상담의 창시자로 '내담자중심 상담'이라는 명칭을 '인간중심 상담'으로 변경하였다. 로저스는 인간에 대해 "자유롭고 자신의 행동에 책임을 지는 능력을 지닌 자아실현의 경향성이 있는 존재"라고 하였다.

모든 인간은 자기실현에 대한 동기를 가지고 무조건적인 사랑과 긍정적 관심을 충분히 받으면 잘 기능하는 사람이 되어, 결과적으로 긍정적인 행위를 하는 사람이 된다는 것이다. 로저스는 성격변화를 위한 치료적 필요충분조건은 일치성, 무조건적인 긍정적 관심, 공감적 이해이며, 이러한 조건이 잘 갖추어질 때 내담자의 자연적 성장이 이루어진다고 보았다.

(1) 인본주의 이론의 주요 개념

① 현상학적 장

특정 순간에 개인이 지각하고 경험하는 모든 것을 의미하며 경험적 세계 또는 주관적 경험으로 불리는 개념이다. 이 세상에 개인적 현실인 현상학적 장만이 존재한다고 보는 것에 대해 로저스는 개인이 경험한 지각은 동일한 현상이라도 개인에 따라 다르게 지각하고 경험하기 때문이라고 했다. 다시 말해 현상학적 장에서 현재 행동을 결정하는 것은 과거에 일어난 그 일 자체(there and then) 때문이 아니라, 과거 그 일에 대한 각 개인의 현재(here and now) 해석 때문이라는 것이다.

② 자아(self)와 자아개념(self-concept)

자아개념이란 개인이 가지고 있는 자신에 대한 견해이다. 현재 자신이 어떤 존재인가에 대해 자기 자신에 대한 자아상(self-image)이므로 자아개념 속에 포함되는 요소는 자기 자신의 능력에 대한 견해뿐만 아니라, 성격이나 태도, 느낌 등을 모두 포괄한다. 한편 자아는 현재 자신의 모습에 대해 인식하는 현실자아(real self)와 어떤 존재가 되기를 원하는 이상적 자아(ideal self)가 있다.

③ 자아실현 경향

자아가 형성되면 자아를 실현하려는 경향으로 발전하는데, 인간은 자기 충족을 위한 강한 성향을 가지고 있다. 선천적으로 자신을 유지하고 향상시키는 방향으로 자신이 지닌 모든 능력을 개발하려고 한다.

④ 긍정적 관심(존중)에 대한 욕구(need for positive regard)

다른 사람에게 가치 있게 여겨지고 존중받고자 하는 욕구이다. 로저스는 긍정적인 존중에 대한 보편적인 욕구를 가정한다.

⑤ 자기 존중에 대한 욕구(need for self-regard)

자기 스스로를 가치 있게 여기고자 하는 욕구이다. 긍정적 존중을 받으려는 욕구가 만족되었거나 자신의 좌절된 경험이 연합되어 자기 존중에 대한 욕구가 발달한다.

⑥ 가치의 조건(condition of worth)

인간중심상담 이론에서 성격 발달과 성격의 형성을 이해하는 데 매우 중요한 개념으로, 한 개인이 어떤 일이나 상황에 대해 가치가 있고 없음을 판단하고 규정하는 외적인 조건을 말한다. 가치의 조건화란 어른들 혹은 주위의 중요한 타인들이 부여한 가치기준이 아이의 내면에 형성되는 현상을 말한다.

⑦ 무조건적인 긍정적 관심(unconditional positive regard)

건강한 성격의 발달을 위한 중요한 요소이다. 사람을 조건 없이 있는 그대로 수용하고 존중하는 것이다.

(2) 비폭력대화 방법

칼 로저스의 영향을 받은 비폭력대화(nonviolent communication, NVC)는 인본주의 인간관에 뿌리를 두고 있다. 비폭력대화의 창시자인 마셜 B. 로젠버그(Marshall B. Rosenberg, 1934~2015)는 칼 로저스로부터 많은 영향을 받은 것으로 전해진다. 비폭력대화는 마셜이 1960년대 미국 연방정부의 인종차별폐지법이 시행되면서 갈등 관계를 해소하기 위해 고안한 프로젝트이다. 비폭력대화는 갈등을 해결하고 유대를 맺는 데 도움이 될 '언어와 대화 방식'을 말한다. 비폭력대화를 나누는 방법은 다음과 같이 4단계로 정리해 볼 수 있다(관찰, 느낌, 욕구, 부탁).

- **관찰** 단계에서는 우리 삶에 미치는 구체적 행동을 관찰한 것만 표현한다.
- **느낌** 단계에서는 관찰한 내용에 대한 자신의 느낌을 표현한다.
- **욕구** 단계에서는 자신의 느낌 속에 담긴 욕구와 가치관, 원하는 것을 찾아낸다.
- **부탁** 단계에서는 서로를 위해 구체적으로 원하는 것을 상대방에게 부탁한다.

표 1-7 비폭력대화의 방법

단계	말할 때	들을 때
관찰	상대방을 비난하지 않고 나 자신의 마음을 솔직하게 말하기	상대방의 말을 공감하며 듣기
	'내가 ~을 보았을 때~'	'네가 ~을 보았을 때~'
느낌	'나는 ~을 느낀다.'	' ~한다고, ~와 같이, 마치 ~처럼 느끼니?'
욕구/필요	'나는 ~이 중요(필요)하기 때문이다.'	'너는 ~이 중요(필요)하기 때문이다.'
부탁/요청	'내가 이렇게 말할 때 너는 어떻게 느끼니(생각하니)?'	'너는 ~을 바라니(원하니)?'

(3) 비폭력 대화를 적용한 양육지도

로저스는 아동이 성장하면서 자신을 환경과 구분하며 자기개념이 형성된다고 했다. 만일 영아가 부모에게 무조건적인 긍정적 수용을 받지 못하고 성장하면 불안을 내재화하며 성장하게 된다고 보았다. 부모가 된다는 것은 즐겁고 행복한 일이지만, 부모가 아동을 대하는 대화나 태도를 준비하지 못한 상태에서 양육을 하는 것은 문제가 될 수 있다.

부모나 교사들은 아동에게 원하는 것을 말하거나 듣는 과정에서 때로는 마음의 상처를 주기도 하고 받기도 한다. 원만한 의사소통을 위하여 비폭력대화 4단계를 적용하여 대화해 보는 훈련이 필요하다.

비폭력대화 사례

"성장아, 성장이가 신었던 양말이 탁자 밑에 있는 거 보면**(관찰)** 엄마가 짜증이 나**(느낌)**. 왜냐하면 여럿이 쓰는 공간은 깨끗하고 정돈되었으면 하는 바람이 있기 때문이야**(욕구)**. 그 양말을 네 방으로 가져가거나 세탁기에 넣어 줄 수 있겠니?**(부탁)**"

이와 같이 비폭력으로 대화를 한다는 것은 우리 마음 안에서 일어난 폭력(분노)은 가라 앉히고 있는 그대로의 문제만 가지고 말하는 것이다. 따라서 비폭력대화는 다른 사람의 기본적인 욕구에 경청하고, 상대방의 욕구에 관심을 기울이면서도 공감적인 이해가 있는 상태에서 자신의 마음을 잘 전달하는 것이다. 문제행동을 발견하였을 때 언어적 갈등을 낮추고 의사소통을 하기 위해서는 감정과 욕구가 상처받지 않도록 잘 전달되는 것이 중요하다. 다시 말해 다루고 싶은 문제의 행동을 잘 관찰하고 주관적 사고 개입 없이 관찰된 행동에 대한 나의 느낌을 전달하여 관찰한 이(부모나 교사)의 욕구를 긍정적인 언어로 표현하고, 관찰한 이(부모나 교사)의 욕구를 유아에게 부탁하는 원리이다. 문제행동을 보일 때 먼저 판단하고 야단치기에 앞서 유아의 말을 끝까지 들어

주는 것이 중요하다.

3. 인지행동주의 이론

1) 인지발달 이론

인지능력은 사물을 분별하여 인지할 수 있는 능력으로 유아가 생각하고 느낀 것을 정신 내부에 기억하고 저장하는 것을 말한다. 따라서 인지능력은 매우 단순한 것에서부터 복잡한 것에 이르기까지 수없이 다양한 종류의 과업을 수행하기 위해 필요한 뇌기반의 기술 등을 의미한다. 인지발달론(theory of cognitive development)에서 말하는 인간의 인지발달은 유기체와 환경의 상호작용에 의한 것이며, 스위스의 철학자이자 자연과학자이며 발달심리학자인 피아제(Jean Piaget, 1896~1980)가 제시한 이론이다. 한편 인지이론은 문제행동이 인지에서 비롯된다고 보는데, 생각을 인지하고 정서를 유발하여 행동에 영향을 준다고 보기 때문이다. 인지이론은 외적 사건뿐만 아니라 어떤 상황에 대해 어떻게 해석하는지에 영향을 미치고 그 해석이 곧 행동과도 상호 관련성이 있다고 보았다.

피아제가 제시한 아동기 인지발달의 단계별 주요 특징은 다음과 같다.

1단계 감각운동기(sensorimotor stage)는 출생 직후부터 2세까지로 이 시기에 주로 대상영속성을 획득한다. 대상영속성의 획득 여부를 판단하기 위한 놀이로 인형 찾기 놀이를 들 수 있는데, 유아가 보는 앞에서 인형을 천으로 가리면 인형(존재)이 천 안에 있는 줄 알고 천을 치우고 인형(대상물)을 찾을 수 있게 된다. 즉, 눈앞에서 인형이 사라졌지만, 인형은 천 속에 남겨져 있음을 아동이 인지하고 있음을 보여주는 것이다.

2단계 전조작기(preoperational stage)는 2세에서 6~7세까지의 시기로 이 시기에는 자아중심성(egocentrism)이 나타난다. 자아중심성은 자신과 동일한 지각, 관점, 생각, 감정을 타인도 지닌다고 판단하는 것이다. 예를 들어, 자아중심성의 단계에 있는 유아는 엄마의 생일 선물로 자신이 좋아하는 사탕을 준비한다. 자신이 사탕을 좋아하니까 엄마도 당연히 사탕을 좋아할 거라고 자기중심적으로 생각하게 되는 것이다. 이 시기의 또 다른 중요 특징으로 물활론적 사고(animism)를 꼽을 수 있다. 이 시기의 아이들은 무생물도 자신들처럼 살아 있으며 감정과 의지를 가지고 있다고 믿는데, 이것을 바로 물환론적 사고라 한다.

3단계 구체적 조작기(concrete operational stage)는 7세에서 11세 사이의 시기이다. 보존 개념이란 담은 용기의 모양이 바뀌어도 양은 변하지 않고 그대로 보존되었음을 이해하는 개념이다. 예를 들어, 물 컵의 물을 두 개의 작은 잔으로 똑같이 나누면 잔의 크기에 따라 모양은 달라질 수 있으나, 원래 물의 양은 변하지 않는다는 것을 아는 것으로 이러한 보존(conservation) 개념은 대략 7세경에 획득한다.

4단계 형식적 조작기(formal operational stage)는 대략 11세에서 12세 이후 시기이다. '만일 ~이면 ~라는' 가설적 사고, 유추하거나 추론하는 추상적 사고와 과학적 사고를 할 수 있게 되는 발달 단계이다.

인지 이론가들은 인간은 인지과정에서 합리적 또는 비합리적 신념에 따라 인지와 행동이 다르다고 보았다. 합리적 신념은 자기 자신과 사회에 대한 원만한 결과를 갖지만 비합리적 신념은 타인과 사회와의 갈등을 유발한다. ABC 이론에서 합리적·정서적 인지행동치료(Rational Emotive Behavior Therapy, REBT)는 미국의 정신과 의사이자 심리학자인 엘리스(Albert Ellis, 1913~2007)가 만든 것으로, 'A'는 선행사건(Activating. Event), 'B'는 신념체계(Belief system), 'C'는 결과(Consequence)를 뜻한다.

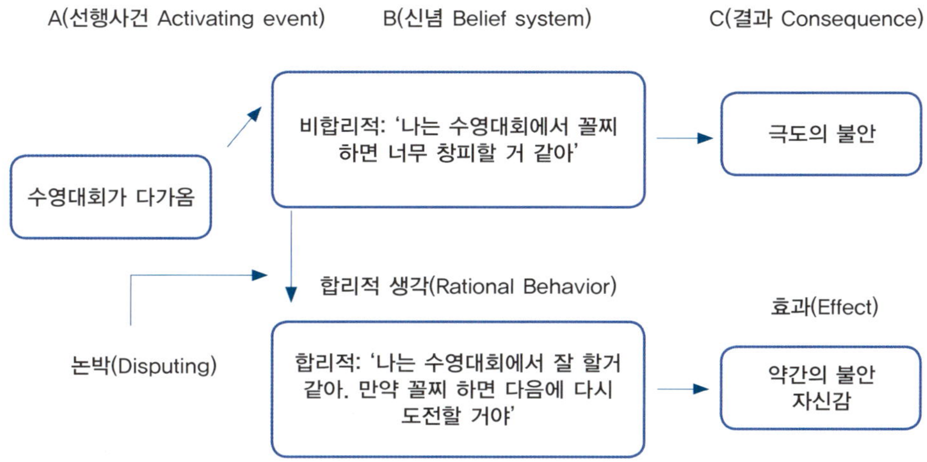

그림 1-5 합리적 정서행동치료(REBT) 과정의 예

그림 1-5와 같이 아동이 수영대회가 다가오자 꼴찌할까 봐 두려움으로 배도 아프고 꼴찌하는 꿈도 꾸며 불안해 하는 상황이라고 가정해 볼 수 있다. 이때 유아에게 '너는 꼭 일등 할 수 있어'라고 한다면 자신감을 가질 수도 있겠으나 불안은 해소되지 않을 것이다. 인지행동치료 이론가들은 유아에게 '나는 수영대회를 잘 할 수 있을 거 같아. 만약 꼴찌하면 다음에 다시 하면 되지' 하고 긍정적 사고를 가지도록 한다는 것이다. 이를 통해 부정적 사고에서 긍정적 사고를 지니게 함으로써 불안을 해소하고 심리적으로 자신감을 가지게 격려할 수 있을 것이다.

2) 행동주의 이론

행동주의(behaviorism)에서는 경험의 중요성을 강조한다. 유아의 문제행동을 잘못된 행동이 학습된 결과로 보는 입장이다. 행동주의 이론에서는 이전의 잘못된 가치관이나 내적·정서적 요인이 외적인 힘에 의해 결정된다고 주장한다. 행동주의의 대표적인 이론으로는 파블로프의 고전적 조건화 이론과 스키너의 조작적 조건화 이론, 반두라의 관찰학습 이론이 있다.

(1) 고전적 조건화 이론

고전적 조건화 이론을 제시한 러시아 생리학자 파블로프(Pavlov, 1849~1936)의 개 실험은 특정 반응을 이끌어 내지 못하던 중성자극이 그 반응을 무조건적으로 이끌어내는 무조건 자극과 반복적으로 연합되어 그 반응을 유발하는 과정을 보여준다. 중립적 자극인 종을 치면 무조건 자극인 먹이와 결합하여 무조건적 반응인 타액을 유발하는 힘을 가지게 되는 것이다. 한편 소거(extinction)는 조건 형성이 없어지게 되면서 조건 자극이 다시 중성 자극으로 돌아가는 것을 말한다. 따라서 음식을 제공하지 않고 조건 자극인 종소리만 들려주면 종소리를 듣고도 침을 흘리지 않는 원래의 상태로 돌아가게 된다.

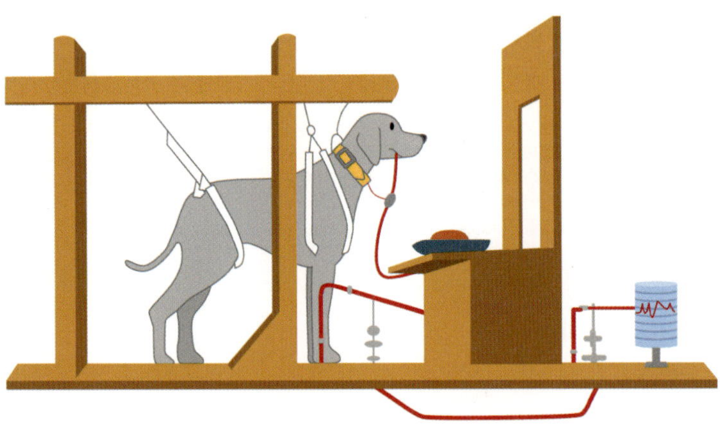

그림 1-6 파블로프의 무조건자극 실험

(2) 조작적 조건화 이론

조작적 조건화 이론을 제시한 대표적인 학자로는 손다이크(Thorndike, 1874~1949)와 스키너(Skinner, 1904~1990)가 있다. 스키너의 강화 이론(reinforcement theory)은 어떤 반응에 대해 선택적으로 보상하여 반응이 일어날 확률을 증가시키거나 감소시키는 방법이다. 여기서의 선택적 보상은 강화와 벌인데, 스키너는 스키너 상자를 만들어 조작적 조건 형성을 증명하였다. 예를 들어, 빈 상자에 지렛대가 들어 있고 상자 안의 배고픈 쥐가 먹이통과 연결된 지렛대를 누르면 먹이가 나오도록 되어 있다. 이러한 과정이 반복되면서 쥐는 지렛대를 누르면 먹이가 나온다는 사실을 학습하게 된다.

조작적 조건화 이론의 핵심은 강화와 벌이다. 강화는 행동을 증가시키며 벌은 부정적 사건을 부가하거나 긍정적 사건을 제거함으로써 반응을 감소시킨다. 여기서 행동의 빈도를 높이는 자극을 강화인(reinforcer)이라 하는데, 일차적인 강화인과 이차적 강화인이 있다. 배가 고픈 경우 음식을 주는 것은 일차적 강화인이라고 볼 수 있으며, 바로 행동을 증가시키지는 않지만 일차적 강화인과 교환할 수 있는 쿠폰이나 토큰, 돈 등은 이차적 강화인이 될 수 있다.

한편 강화에는 긍정적 자극을 주어 행동의 빈도수를 높이는 정적 강화와 부정적 자극의 제거로 행동의 빈도수를 높이는 부적 강화가 있다. 예를 들어, 청소를 하는 상황에서 유아가 휴지를 주어 올 때마다 사탕을 주어 긍정적 자극을 제공하여 강화시키는 것은 정적 강화라고 볼 수 있다. 한편 청소를 해야 하는 유아에게 만일 발표를 잘 하면 청소를 하지 않아도 된다고 하면서 부정적 자극인 청소를 제거하여 발표를 열심히 하게 행동을 증가시키는 경우를 부적 강화라고 볼 수 있다.

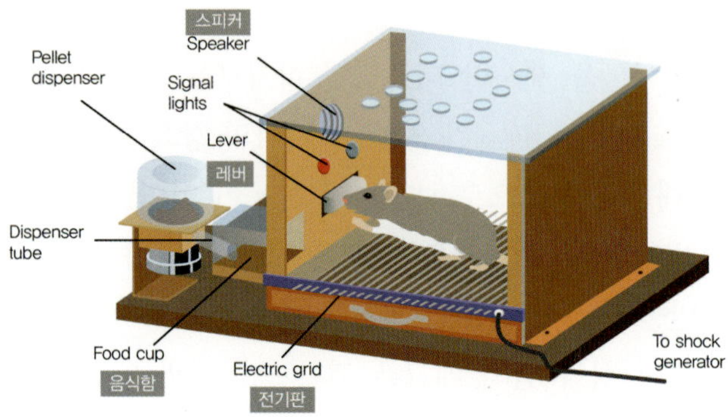

그림 1-7 스키너의 조작적 조건화 실험

이처럼 조작적 조건화 이론에서는 강화와 벌을 조작하여 행동변화가 가능하다. 대표적인 벌로는 타임아웃(time out)을 꼽을 수 있다. 한편 벌을 적용할 때 주의할 점은 부작용이 많다는 것이다. 타임아웃을 잘못 사용하여 어두운 방에 들어가게 하거나 높은 의자에 앉아 공포를 주거나 오랜 시간 벽을 보게 하면 정서적 문제가 될 수 있다. 부모나 교사들 중에는 옳지 않은 행동을 했을 때 어떻게 훈육해야 하는지 모르는 사람이 많다. 훈육을 한다고 하지만 체벌을 하고 있음을 인지하지 못하기도 한다. 또한 일관성 없는 훈육은 유아에게 혼란스러운 판단을 하게 한다. 따라서 인지발달 이론가들은 유아기의 방임이나 학대와 같은 트라우마가 훗날 정신장애나 인지장애를 불러일으킬 가능성이 높다고 우려한다.

벌에 대한 사례

민아는 두 살 남아이다. 민아는 어린이집에서 식사 시간에 앉아서 먹지 않고 돌아다니며 놀거나 장난을 친다. 선생님은 이러한 민아의 좋지 않은 식사습관을 고쳐주기 위해 아기식탁 의자에 앉아 있게 타임아웃을 하게 하였다. 한편 시간이 좀 지나 선생님은 다른 아이들을 데리고 다른 곳에 가서 새로운 놀이를 하였고, 민아를 높은 아기식탁 의자에 앉아 있게 한 것을 깜빡 잊고 있었다. 10여분이 지난 후 선생님이 민아를 챙기러 왔을 때 민아는 울다가 지쳐서 잠이 들어 있었다.

타임아웃이 부득이하게 꼭 필요한 경우 진행시간은 아이의 연령당 1분 정도로 시간을 제한하는 것이 좋다. 예를 들어, 24개월은 2분, 36개월은 3분, 48개월은 4분 정도이다. 또한 타임아웃 중에도 양육자는 자리를 떠나지 않고 유아의 곁에 있어 심리적 안정감을 유지하게 하여야 하고, 타임아웃이 끝난 후에는 유아가 무엇을 잘못했는지 앞으로 어떻게 행동할 것인지에 대해 충분한 대화를 나누고 '잘하자', '고맙다' 등의 지지와 격려를 해 주는 것이 중요하다.

(3) 관찰학습 이론

관찰학습은 '모델링'이라고도 하며, 미국의 심리학자 반두라(Bandura, 1925-)에 의해 주창된 행동주의 심리학의 이론이다. 관찰학습(observational learning)은 다른 사람의 행동과 그 결과에 대해 관찰함으로써 학습이 이루어진다고 보는 이론이다. 즉, 모델링은 굳이 강화가 없어도 다른 사람의 행동을 관찰하고 모방하여 학습이 일어난다. 인간의 행동은 자신이 처해 있는 상황을 어떻게 모델링하고 해석하는지에 의해 결정된다고 보는 것이다. 따라서 인간의 발달과정에서 생물학적 요인보다는 환경적 요인을 더 강조하게 되는데, 결과적으로 인간의 습관은 관찰을 통한 모방, 즉 사회학습 경험이 성격을 형성하는 데 크게 기여한다고 보았다.

반두라의 자기효능감(self-efficacy)은 어떤 과제를 수행하는 기대와 신념이다.

아동이 능력에 비하여 좋은 결과를 보여 주기도 하고, 충분히 좋은 여건과 능력이 있음에도 불구하고 기대하는 만큼의 결과가 나타나지 않을 수 있다. 이에 대해 반두라는 자신의 능력에 대한 믿음인 자기효능감이 영향을 주기 때문이라고 보았다.

4. 생태학 이론

생태학 이론은 러시아계 미국 발달심리학자인 브론펜브레너(Urie Bronfenbrenner, 1917~2005)에 의해 발달되었다. 생태학 이론은 인간의 일생 전체에 개인뿐 아니라 개인이 살아가고 있는 환경이 서로 긴밀하게 상호작용하므로 개인의 평가와 함께 개인을 둘러싼 환경도 함께 평가해야 한다는 입장의 이론이다.

생태학적 체계 이론(ecological system theory)은 유아의 성장과 발달에 영향을 미치는 요소로 직접적인 양육 환경인 부모나 교사 등과의 상호작용뿐만 아니라 유아와 먼 거리에 있는 국가나 정부, 다양한 문화 등의 상호작용을 포함시켰다. 따라서 이 모델에서는 개인 간 상호작용과 개인이 영향을 끼치는 환경 내 소유물들 사이를 미시체계, 중간체계, 외체계, 거시체계, 시간체계의 다섯 가지로 구분하였다. 이를 유기체와의 원거리 요인과 근거리 요인으로 나누어 도식화하면 그림 1-8과 같다.

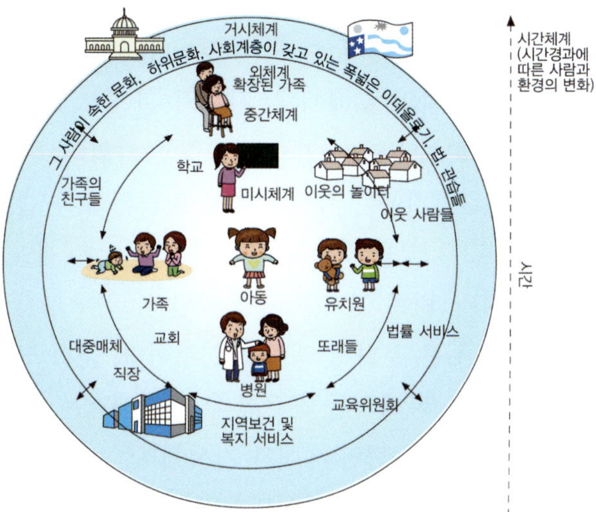

그림 1-8 생태학적 체계모델

출처: Santrock John W. (2010). A topical approach to life-span development (5th ed.). New York, NY:McGraw -Hill..(p27)

브론펜브레너(Bronfenbrenner)의 생태학적 체계 모델은 그림 1-8과 같이 인간의 삶은 다양한 사람들과의 관계 속에서 직·간접적으로 상호작용하며 서로 영향을 주고받는다고 보았으며, 그 중심이 되는 다섯 가지의 체계에 대해 다음과 같이 설명하였다.

① **미시체계**(microsystem): 가족과 같은 가깝고 친밀한 관계이다. 가족, 학교, 종교기관, 이웃 및 동료를 포함하여 유아(개인)의 발달에 가장 즉각적이고 직접적인 영향을 미치는 기관 및 그룹을 나타낸다.

② **중간체계**(mesosystem): 서로 연결된 미시체계들로 구성된 하나의 체제를 의미한다. 개인이 적극적으로 참여하는 예로 가족과 교사 간의 상호작용, 자녀의 동료와 가족 간의 관계를 묶어주고 결속시키는 환경들 사이의 상호 관계로 이루어진다.

③ **외체계**(exosystem): 각 개인에게 직접적인 영향을 주지는 않지만 가정을 통하여 간접적인 영향을 미칠 수 있는 것이다. 예를 들어, 다양한 직업, 정부기관, 물품과 용역의 분배체계, 사회적 관계망, 대중매체, 교통 및 통신시설로 지역사회 수준에서 기능하고 있는 사회의 주요 기관이다.

④ **거시체계**(macrosystem): 개인이 사는 문화를 말하는데, 관습, 규범, 국민성, 문화적 시대정신 같은 것들이 있다. 문화적 맥락에는 개발도상국과 선진국, 사회경제적 지위, 빈곤 및 민족이 포함된다. 유아(개인), 부모, 학교 및 부모의 직장은 모두 큰 문화적 맥락의 일부이다. 문화 그룹의 구성원은 공통된 정체성, 유산 및 가치를 공유한다. 거시체계는 시간이 지남에 따라 발전한다. 각각의 연속적인 세대가 거시체계를 변경하여 고유한 거시체계로 변화 발전할 수 있기 때문이다.

⑤ **시간체계**(chronosystem): 사회사적 환경뿐만 아니라 전 과정에 걸친 환경 사건과 전환 패턴이다. 예를 들어, 이혼은 하나의 전환이다. 연구자들은 이혼 후 첫해에 이혼이 유아에게 미치는 부정적인 영향이 매우 클 수 있음을 발견했다. 한편 이혼 후 2년이 지나면 가족 상호작용은 덜 혼란스럽고 더 안정적이 된다.

이처럼 유아를 이해할 때 다양한 영향(부모, 형제, 교사, 또래, 사건 등)들이 미친다는 것에 대해 알고 고려할 필요가 있다. 유아가 왜 특정 놀잇감에 집착하는지 이해하려면 유아의 미시체계(또래친구, 선생님, 놀잇감, 교실, 놀이터 등)와 거시체계(어린 시기 가정이나 사회의 관습과 규범 등)에 대한 과거의 경험을 고려해야 한다. 애착 이론가인 할로우(1962)는 원숭이 실험에서 어미에게 양육받은 경험이 없더라도 또래친구들과의 놀이 경험이 있으면 행동은 정상적으로 발달한다고 했다. 이처럼 유아를 둘러싼 환경을 살피는 것은 유아가 보이는 행동에 대한 이해에 매우 큰 도움을 줄 수 있다.

2장

영유아기의 발달 특성

아동기의 발달 특성에서 비롯된 문제와 문제행동을 식별하고, 필요한 중재를 적절하게 설계 및 운영하기 위해서는 영유아기의 보편적 발달을 이해하는 것이 중요하다. 부모 못지않게 많은 시간 동안 영유아를 돌보고 교육하는 교육기관의 교사가 발달에 대한 개념적 이해 및 영유아기의 발달 특성에 대한 전문적 지식이 있다면 적기에 적절한 지원과 중재가 이루어질 수 있을 것이다.

이 장에서는 발달의 개념과 원리, 발달의 중요성 및 신체 · 운동, 언어, 정서, 인지, 사회성 발달 등의 영역별 특성을 이해하고, 영유아에게 건강하고 긍정적인 영역별 발달을 지원하는 환경을 조성하기 위해 필요한 사항을 논의하고자 한다.

교육목표

1. 발달의 개념과 원리를 이해함으로써 영유아기의 보편적 발달 특성을 설명할 수 있다.
2. 영유아기의 보편적 발달 특성을 기반으로 영유아에게 건강하고 긍정적인 영역별 발달을 지원하는 환경을 조성할 수 있다.

영유아교육의 중요성은 아무리 강조해도 지나치지 않다. 과거에 비해 보편적으로 결혼이 늦어지고 한자녀 부모가 많아지며, 다양한 사회경제적 문제로 인해 불안정한 양육환경에 놓여 있는 가정이 늘고 있다. 영유아기에 건강한 신체적 · 정서적 · 인지적 · 사회적 발달이 이루어질 때 이후 건강한 사회구성원으로 성장할 수 있는 가능성이 높아진다. 이 장에서는 발달의 개념 및 건강한 발달의 중요성을 설명하고 영유아기의 영역별 발달 특성에 대해 논의하고자 한다.

1. 영유아발달의 개념과 원리

인간의 발달은 수정이 되면서부터 생을 마칠 때까지 끊임없이 지속된다고 볼 수 있다. 발달을 정의할 때 과거에는 아동기와 청년기의 성숙과 성장까지로 제한하는 경향이 있었다. 그러나 최근에는 노년기를 포함한 전 생애, 즉 노화까지도 연구대상으로 포함하고 있다. 아동기를 거치며, 청년기까지는 키와 몸이 급격히 자라고 언어와 기억력이 왕성하며 호기심과 모험심 등이 발달하지만, 청년기 이후 노년으로 접어들면서는 청년기보다 한층 지혜롭고 분석적이며, 판단력과 예지, 인내심, 노련함과 숙련됨, 문제해결능력과 같은 면에서 더 긍정적으로 발달하는 양상을 보인다(이봉선, 이숙재, 2008).

발달과 유사한 개념으로 생득적 요인에 의해 발생하는 신체적 변화를 의미하는 '성장(growth)'과 심리적 · 신체적 변화를 일컫는 '성숙(maturation)'이라는 용어가 있다. 이처럼 전 생애에 걸쳐 발달은 일어난다고 볼 수 있는데, 그중에서도 영유아기는 가장 급격한 발달이 이루어진다. 따라서 발달의 민감기라고 볼 수 있는 영유아기의 발달을 이해하는 것은 매우 중요하다.

발달에는 보편적인 원리가 있으며(Gesell, 1954), 이러한 발달의 핵심적 특성을 정리하면 다음과 같다.

① 발달에는 순서와 방향성이 있다

신체발달은 머리에서 발끝으로 진행되는 두미방향 원칙에 의해 진행되며, 몸 중심에서부터 말초방향으로 진행되는 근원방향 원칙, 근육이 먼저 발달하고 작은 근육들이 발달하는 세분화방향 원칙이 적용된다. 예를 들어, 영아가 물건을 잡기 위해 처음에는 손 전체를 사용하지만 시간이 지남에 따라 점차로 손 근육을 사용하기 시작하며, 아주 작은 물건도 세밀하게 잡을 수 있게 된다.

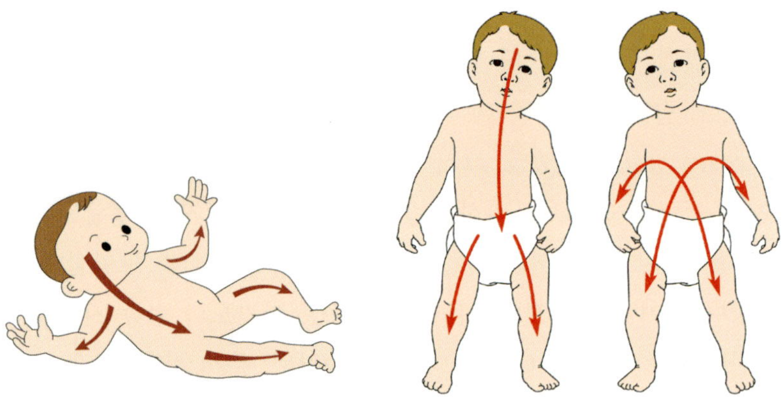

그림 2-1 영아 신체발달의 방향

② 발달은 연속적으로 일어나지만 속도는 일정하지 않다

인간의 발달은 특정 시기까지 이루어지고 멈추는 것이 아닌 전 생애를 거쳐 연속적으로 끊임없이 진행되지만, 한편 발달의 속도는 각 신체의 부위마다 다르다. 예를 들면, 키와 몸무게는 생후 12개월까지 크게 증가하지만, 생식기관은 사춘기에 급속하게 발달한다(권민균 외, 2019).

③ 발달에는 개인차가 있다

발달은 영유아가 가지고 있는 환경이나 내적인 특성의 요인에 따라 서로 다른 속도를 보인다. 동일한 연령이라 하더라도 신체운동발달이 뛰어난 영유아도 있고, 언어발달이 떨어지는 유아도 있을 수 있다. 이렇듯 개인의 발달이 평균 50%에 도달하면 표준으로 보고, 이러한 표준에서 상당히 벗어났을 경우에는 예외적 발달로 간주한다(박성연, 2006).

④ 발달에는 결정적 시기가 있다.

발달은 전생애에 걸쳐 이루어지지만 영역에 따라 최적의 발달이 이루어지는 결정적 시기가 있다(권민균 외, 2019). 이 시기는 대부분 영유아기에 집중되어 있으며, 각 시기마다 발달에 적합한 환경과 자극이 제공되지 않으면 정상적인 발달이 이루어지지 못할 수도 있다. 예를 들어, 출생 후 1년간 양육자와의 긍정적인 정서적 유대관계의 형성은 이후 아동의 사회관계능력의 발달에 큰 영향을 미치게 된다.

⑤ 발달은 각 영역 간 상호 연관성을 가지고 있다

신체, 인지, 사회, 정서, 언어발달은 서로 밀접한 연관을 가지고 상호 발달을 돕거나 발달의 지체를 야기하도록 영향력을 주고받는다. 예를 들어, 언어발달이 또래에 비해 많이 늦은 아이는 따돌림을 당할 수도 있고 친구들이 자신의 말을 잘 알아듣지 못하는 것에 대해 불만족스럽게 여기며 또래 관계에서 공격적인 행동을 보일 수도 있다. 사회성이 부족한 경우 또래관계에서 계속 위축되거나 이탈행동을 보이게 되고 점점 자존감도 낮아져 정서발달에도 큰 영향을 줄 수 있다. 마침내는 또래집단에서 따돌림을 받거나 학습에 집중하지 못하여 인지발달의 지체도 일으킬 수 있다. 이처럼 발달은 각 영역 간 상호 연관성을 가지고 유기적 관계를 맺고 있음을 알 수 있다.

아기가 출생하며 부모는 수많은 양육 관련 현실문제에 직면하게 된다. 영유아기는 발달에 매우 중요한 결정적 시기로 각 단계마다 이루어야 할 발달과업이 있다. 이와 관련해 부모가 잘 알지 못하고 적절한 양육을 제공하지 못할 경우 평생에 치명적인 손상을 일으키는 경우가 발생할 수 있다. 예를 들어, 생애 초기는 애착형성에 매우 민감한 시기이다. 따라서 부모는 영아기 자녀와 안정적인 애착을 형성하기 위해 노력해야 한다. 그런데 이 시기에 주양육자가 정서적 학대나 신체적 학대, 방임 등 바람직하지 못한 양육을 할 경우 영유아는 다양한 형태의 문제행동을 보일 수도 있다. 반대로 영유아기의 발달특성을 이해하고 각 시기에 필요로 하는 바람직한 양육을 제공할 경우 까다로운 기질로 태어난 유아일지라도 얼마든지 소통적이고 유능한 사회관계 능력을 터득할 수 있다. 이런 측면에서 보면 발달에 적합한 양육은 큰 틀에서 영유아기의 문제행동을 예방하거나 최소화시킬 수 있는 중요한 밑거름이 될 수 있다. 따라서 영유아기의 발달적 특성을 이해하는 것은 반드시 필요하며, 유아들을 지도하는 교사들에게는 더욱 중요한 전문성이라고 볼 수 있다.

한편 '발달은 유전의 영향을 주로 받는가' 아니면, '환경의 영향을 주로 받는가'에 대해 아직까지도 많은 학자들 사이에 논쟁이 되고 있다. 그러나 이러한 논쟁은 어느 한쪽만이 옳다고 단정지을 수 없다. 우월한 유전자를 가지고 태어난 아기가 꾸준히 빠른 성장을 보이는 경우도 있고, 반대로 미숙하게 태어난 아기가 좋은 환경과 양육으로 기대 이상의 성장을 보이는 경우도 있기 때문이다. 그러한 맥락에서 상당수의 학자들은 인간의 발달에 대해 유전과 환경이 서로 긴밀하게 상호영향을 주고받는다는 것에 대해 공감하고 있다.

2. 영유아기의 영역별 발달 특성

발달 영역의 구분은 무엇을 기준으로 하느냐에 따라 다르지만, 심리적 특성에 따라 나누는 경우가 일반적이며, 신체 및 운동, 언어·인지, 정서, 사회성 등으로 구분할 수 있다. 그러나 이들 영역은 서로 유기적으로 연결되어 명확히 구분짓기란 매우 어렵다. 따라서 부모와 교사는 발달의 각 영역들이 서로 상호작용하며 영유아의 건강한 신체 발달과 함께 전인적인 성장이 이루어지도록 적합한 환경과 자극을 제공해 주어야 한다. 그러한 측면에서 볼 때 영유아기의 영역별 발달 특성을 이해하는 것은 매우 중요하다.

1) 신체발달 및 운동발달

(1) 영아기 신체 및 운동발달

신체발달 측면에서 영아기에는 '체중'과 '신장'이 급격히 발달하므로 제1성장 급등기라고 표현하기도 한다. 영아기에 급속히 발달하는 것 중의 또 다른 것은 '운동기능'의 발달이다. 영아기에는 신체적 성장이 폭발적으로 일어나기 때문에 영양소를 충분히 공급하고 신체 운동기능을 강화하고 촉진할 수 있는 환경조성이 중요하다. 예를 들어, 영아의 대근육발달은 뛰고 달리며 걸을 기회를 많이 제공할 때 성장 발달이 촉진되며, 대근육발달과 더불어 눈과 손의 협응이 잘 이루어질 수 있도록 사물을 탐색하고 조작해 보게 함으로써 소근육 발달을 자극할 수 있다. 영아는 많은 사람들과 접하면서 사회적 경험을 하고 이런 행동은 지적·사회적 발달을 촉진한다. 따라서 영아에게 풍부한 영양공급, 배변습관, 편안한 수면과 휴식을 취할 수 있도록 양육환경을 조성함으로써 건강한 신체 운동발달을 도모할 수 있다. 나아가 영아기는 여러 가지 감각운동발달의 기초가 되는 시기이므로 오감을 자극하는 다양한 놀이환경을 구성해 주는 것이 중요하다.

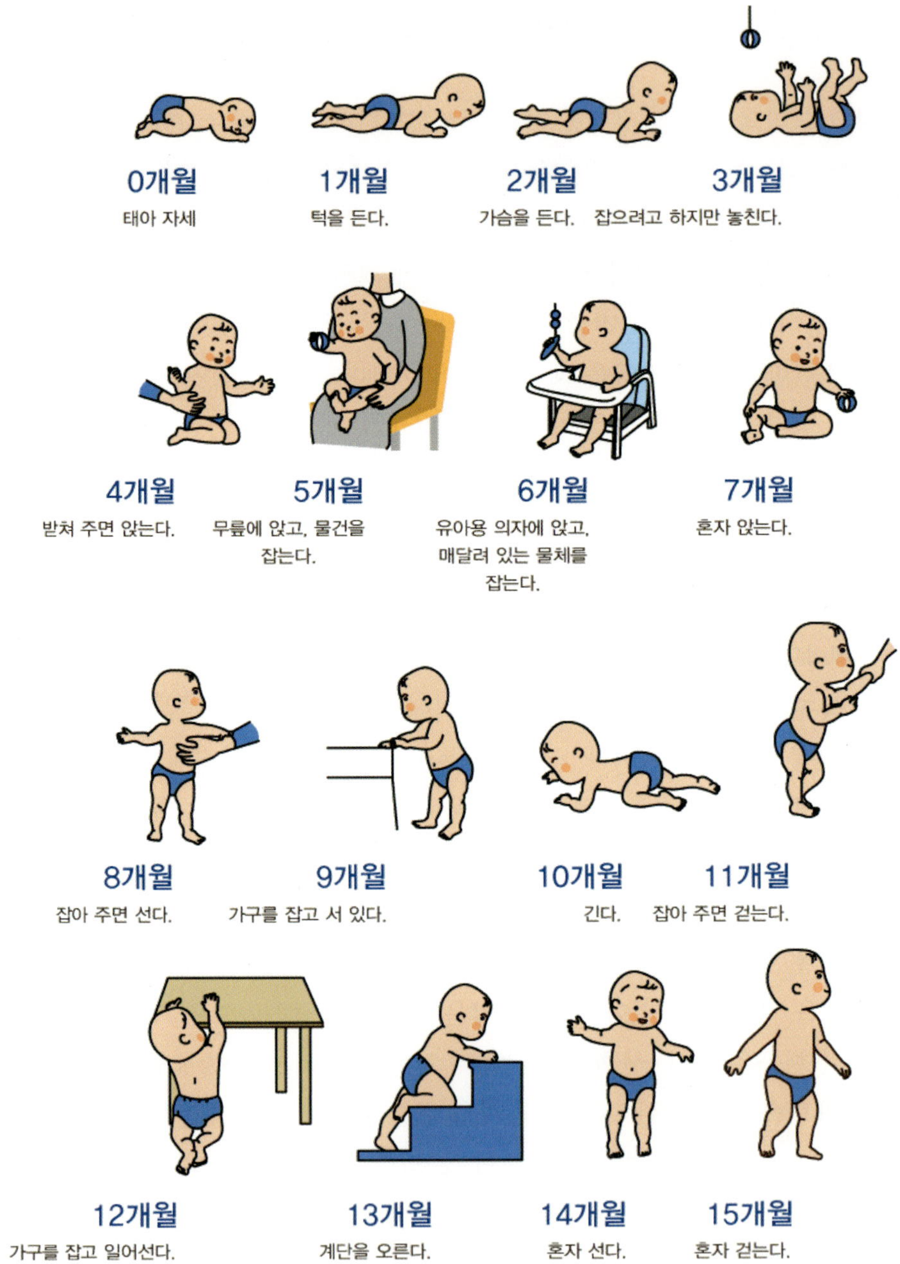

그림 2-2 영아기 운동기능 발달 순서

표 2-1 영아기(0~2세) 대근육운동발달

<table>
<tr><th>월령</th><th>신체 대근육운동발달 내용</th><th>교사의 지도방법</th></tr>
<tr><td>6~11개월</td><td>• 아무렇게나 물건을 던진다.
• 성인의 도움을 받아 서거나 걸을 수 있다.
• 소리에 민감하게 반응하며 손뼉을 치면 소리나는 쪽으로 고개를 돌린다.</td><td rowspan="6">• 놀이공간이 안전한지 장애물이 없는지, 공간은 충분한지를 교사가 먼저 살핀 후 놀이공간을 제공한다.
• 수준이 미치지 못하면 성인의 도움을 받아 성공해 볼 수 있도록 도와준다.
• 가벼운 공 던지기나 공을 발로 차는 놀이를 통해 격려하며 제공해 준다.
• 교사는 영아의 다양한 기질과 발달 단계를 인정하고, 서두르지 않고 기다려준다.
• 영아가 직접 만져보고, 탐색할 수 있는 다양한 감각 놀잇감을 제공해 준다.
• 리듬막대와 다양한 음악에 맞추어 신체운동과 동작놀이를 해 볼 수 있는 기회를 제공해 준다.
• 다양한 공 놀잇감을 제공하여 주고 대근육발달을 도울 수 있는 놀이(푹신한 쿠션, 구르기 매트 등)를 함께 한다.
• 날씨에 따라 규칙적으로 바깥놀이를 할 수 있도록 배려한다.
• 소근육발달을 함께 도울 수 있는 놀잇감을 제공해 준다.</td></tr>
<tr><td>12~17개월</td><td>• 움직이는 물체를 눈으로 따라간다.
• 엄지와 검지를 이용하여 크거나 작은 물건을 잡을 수 있다.
• 블록 쌓기를 좋아한다.</td></tr>
<tr><td>18개월</td><td>• 걸으면서 잘 넘어진다.
• 손을 잡고 계단을 오를 수 있다.</td></tr>
<tr><td>19~24개월</td><td>• 점프를 하며 달릴 수 있다.
• 공을 차고 던진다.
• 두발 모으고 계단을 오를 수 있다.
• 뛰어다닐 수 있다.</td></tr>
<tr><td>25~30 개월</td><td>• 한발로 선다.
• 발꿈치로 걸을 수 있다
• 높은 곳에서 뛰어내릴 수 있다.
• 복합놀이터를 즐긴다.
• 네발자전거나 외발 씽씽카를 탈 수 있다.</td></tr>
<tr><td>31~ 36 개월</td><td>• 구르기를 할 수 있다.
• 계단 오르기를 두발 교대로 할 수 있다.
• 세발자전거나 외발 씽씽카를 탈 수 있다.</td></tr>
</table>

체크해 주세요!

이 시기 영아들은 자신의 욕구를 직접적으로 표현할 뿐 자신의 행동으로 인해 발생할 수 있는 결과는 예측하지 못한다. 따라서 얼마든지 영아들 간에 서로 화를 내고 흥분하며, 깨물고, 때리고, 꼬집고, 싸우는 등의 공격적인 행동으로 또래에게 치명적인 상해를 입힐 수도 있다. 영아들 간의 공격적인 행동으로 문제가 발생한 경우 문제를 사전에 방지하지 못한 책임으로 인해 곤란에 처하는 경우가 많다. 한편 부득이하게 이런 문제가 발생한 경우에 교사는 무엇보다도 먼저 아이의 감정을 이해하며 속상한 마음을 영아가 선생님에게 충분히 표현할 수 있도록 공감해 주는 것이 중요하다. 또한 영아가 일으킨 문제상황에 대해 교사가 흥분하지 않고 침착하게 대처하고 이후에 반복되지 않도록 발생한 문제상황에 대한 냉철한 점검과 성찰이 중요하다. 혹시 수용 인원에 비해 공간이 너무 비좁지는 않은지 또는 영아 수에 비해 놀잇감의 수가 많이 적지는 않은지, 영아들의 관심과 흥미를 자극하는 놀이 환경이 아니고 너무 무료하다보니 영아들끼리 충돌이 일어나는 환경이지는 않았는지, 특정 영아의 표현 방식이 많이 과도해 공격적인 행동이 학습되거나 강화되지는 않았는지 주의 깊게 살펴볼 필요가 있다.
이 시기는 발달 특성상 함께 놀이하는 것이 미숙할 수밖에 없는 연령이다. 영아는 자신이 좋아하는 놀잇감을 절대 또래에게 양보하지 않으려 하므로 분쟁이 일어나지 않도록, 같은 모양, 같은 색, 같은 크기, 원하는 수만큼 여러 개 준비해 두는 것이 바람직하다. 영아기에는 사물에 대한 식별능력이 부족하여 입이나 귀, 코 등에 넣는 등의 안전사고 발생 가능성도 매우 크므로 위험한 환경을 사전에 제거해 주고, 청결하고 안전한 환경을 제공해 주는 세심한 배려가 중요하다. 또한 기본생활습관과 태도가 형성되는 시기이므로 손을 씻거나 양치, 장난감을 안전하게 잘 가지고 놀고 제자리에 정리하는 등의 올바른 습관이 잘 형성되고 유지될 수 있도록 도와주어야 한다.

(2) 유아기 신체 및 운동발달

유아기의 신체발달은 영아기에 비해 드라마틱하지는 않지만 빠른 속도로 증가함을 볼 수 있다. 유아기의 운동발달은 남아가 여아에 비해 움직임이 크고 체력이 많이 요구되는 대근육 중심의 활동 양상이 두드러지며, 여아는 상대적으로 섬세한 소근육운동발달이 나타난다. 유아기에는 영아기에 비해 체력도 제법 강해지고 대근육활동이 능숙해지며 어떠한 물체도 자유롭고 능숙하게 잡을 수 있게 된다. 혼자서 신체 균형을 잘 유지할 수 있으며, 새롭고 복잡한 활동을 좋아하고 활동량과 운동량도 많아지는 시기이다. 영아기에 비해 주변 환경에 더욱 관심을 보이며 이 시기에는 달리고, 뛰고, 두발로 계단을 오르고 내려가며, 던지고, 균형을 잡는 등 여러 기구를 활용하여 활동하는 것도 즐겨한다. 한편 높은 곳에서 뛰어내리기도 하며 활동범위가 훨씬 넓어지고 커지다보니 안전사고의 발생 가능성도 함께 높아진다. 4~5세가 되면서 줄넘기, 넓이 뛰기 또는 암벽타기도 가능하며 평균대에서 균형을 잡을 수도 있고 지구력도 상당히 증가한다.

표 2-2 유아기 대근육운동발달

월령	신체 대근육 운동발달	교사의 지도방법
3세	• 자연스럽게 걸을 수 있으며 옆이나 뒤로 걷는 것이 가능하다. • 빨리 달리기, 멈추기도 가능하다. • 두발 모아 높이뛰기를 할 수 있다. • 세발 또는 두발자전거를 탈 수 있다. • 복합놀이터를 사용할 수 있다. • 두발을 바꾸어가며 계단을 오르내릴 수 있다. • 다양한 공을 구부려 받거나 공을 적당히 멀리 찰 수 있다.	• 교사는 유아의 능력과 체력에 맞는 활동놀이를 제시해 주고, 유아가 대근육활동을 통하여 자신감을 느낄 수 있도록 도와주어야 한다. • 유아가 신체활동을 통하여 가지고 있던 스트레스를 자연스럽게 발산하고 해소하는 동시에 긍정적인 사고를 가질 수 있도록 지원한다. • 매 순간 유아의 건강 및 심리상태 등을 체크하고 고려하되, 스마트폰 게임과 같이 과몰입을 유도하는 매체나 실내에서의 정적인 활동을 지속하기보다는 햇빛을 쪼이며 실외에서 자유롭게 뛰어놀 수 있도록 다양한 활동, 놀이 시간과 계획을 수립할 필요가 있다.
4세	• 빨리 달리다가 방향을 전환할 수 있다. • 한발 장애물 뛰기를 할 수 있다. • 그네를 혼자 또는 서로 밀어주며 탈 수 있다. • 사다리, 정글짐, 그물로 이어진 출렁다리 등을 건널 수 있다. • 공을 본인이 원하는 방향으로 찰 수 있다.	• 유아들의 성별, 흥미에 따라 선택이 가능하도록 대근육 및 소근육 발달을 촉진할 자료를 함께 제공해 준다. • 유아들의 연령 및 발달특성에 맞는 활동을 제시하되 난이도는 개별 유아의 교육적 요구에 맞게 조절해 준다.
5세	• 빠르게 걷거나 빠르게 달리며 또래와 빨리 달리기 게임도 즐긴다. • 장애물, 넓이 뛰기를 할 수 있다. • 줄넘기를 할 수 있다. • 두발자전거 타기를 즐긴다. • 복합놀이터를 자유롭게 오르거나 내려간다. • 구르는 공을 따라가 잡거나 발로 찰 수 있다. • 암벽타기를 할 수 있다.	• 활동 전 안전사고 발생을 예방하기 위해 놀이터의 규칙과 규율에 대해 충분히 설명하고 이야기 나눈 후 놀이할 수 있도록 지도한다. • 신체균형을 유지하며 조절력을 키워갈 수 있도록 지원해 준다. • 각 연령별 권장 바깥놀이 시간을 준수하려 노력하되 미세먼지 등으로 바깥놀이가 어려운 날씨에는 실내에서 시행 가능한 다양한 동적인 활동으로 대체할 수 있도록 사전에 잘 준비한다.

체크해 주세요!

유아기의 신체운동 기능은 아직 충분히 성숙하지 않았는데, 신체활동에 대한 시도는 그 어느 때보다 왕성한 시기여서 놀이활동 과정에서 타박상을 입거나 떨어져서 골절되고 다치는 등 다양한 안전사고의 발생 가능성이 높은 시기이다. 유아기관에서는 어린이들이 다치지 않고 안전하게 생활하다 건강한 모습으로 귀가하는 것이 무엇보다도 중요하다. 따라서 또래 유아들과 함께 놀이할 때도 서로가 안전을 위협하지 않고 적절하게 놀이하는 것을 배울 수 있도록 약속을 정하고 다 같이 준수하는 놀이지도가 필요하다. 유아기는 자기중심적으로 사고하는 시기인데다 조절력도 아직 충분히 길러지지 않아 또래보다 먼저 하려는 '앞지르기 행동'이나 '과격한 행동'으로 인해 다툼이 발생하는 경우가 자주 있다. 따라서 상황판단이나 대처능력이 부족한 유아기의 발달특성을 잘 이해하고 유아가 또래들과 잘 소통하고 협력적으로 놀이하는 것을 배울 수 있도록 기다려주기, 양보하기 등의 친사회적 행동을 자주 보여주고 격려해 주어야 한다. 유아가 만일 자신보다 못하는 친구를 놀리거나 비난하는 행동을 보일 때는 좋지 않은 행동임을 이해할 수 있도록 충분히 설명해주고 친구를 격려해주고, 칭찬해줄 때 더 좋은 친구관계가 될 수 있음을 안내하고 지도해주는 것이 필요하다. 한편 자신감이 부족한 유아의 경우 성공 경험부터 축적할 수 있도록 해당 유아가 잘 해낼 수 있는 작은 활동부터 시작해 점진적으로 도전과제를 높여감으로써 건강한 자존감의 형성을 독려한다.

신체발달관련 예측되는 문제행동

신생아기 이후 12개월까지의 영아가 목을 가누지 못하거나 돌이 지나도록 걷지 못하는 등 운동발달이 눈에 띄게 지연되면 영아의 전반적인 발달에 부정적인 영향을 줄 수 있다. 대근육발달은 소근육에 영향을 미치며, 이것은 인지 및 두뇌에도 큰 영향을 미치기 때문이다. 유아기 신체발달의 범위가 매우 넓기 때문에 발달 속도가 몇 개월 늦는 것만 가지고 발달지연이 있다고 단정하기는 어렵지만, 미세운동 발달지연이 지속되면 심각한 발달장애로 의심할 수 있다. 따라서 영아기 신체운동 발달은 매우 세심히 관찰하고 촉진할 필요가 있다. 한편 건강한 식습관을 형성하지 못한 영유아는 자칫 소아비만이 올 수 있고, 소아비만은 고혈압, 심장병, 당뇨병의 원인이 되며, 여러 부작용도 초래할 수 있을 뿐만 아니라 이로 인하여 또래에게 소외당할 가능성도 있다. 이처럼 건강한 생활은 신체뿐만 아니라 정신적인 건강, 사회적인 건강에도 영향을 줄 수 있다. 영유아기의 신체발달은 단순히 신체운동기능의 발달뿐만 아니라, 정서, 인지, 사회관계 등 다양한 영역의 발달까지도 견인하는 중요한 요인이니만큼 세심한 관심과 지원이 필요하다.

2) 언어발달

인간만이 가지고 있는 언어는 다른 사람들과의 소통을 위한 상호작용의 도구이다.

영유아기 아동의 언어발달은 남아와 여아 간의 성차에 따라 차이가 있으며 상호작용의 기회를 제공하는 부모나 다양한 가족구성원의 존재 여부 또는 부모와 유아 간의 대화가 민감하고 반응적으로 이루어지는지의 여부 및 형제 수가 많고 적음에 따라 언어발달에 영향을 미치는 것으로 보고되고 있다.

(1) 언어의 개념 및 특징

언어는 사람만이 구사할 수 있는 가장 위대한 상징체계로서 의사소통의 중요한 수단이 된다. 의사소통은 사람과 사람을 엮어주는 대화 방식이며, 누군가는 말을 하게 되고 누군가는 말을 듣게 된다. 이것은 언어 사용의 규칙이라고 할 수 있는데, 예를 들어, 신생아는 울음으로 소통을 하기 시작하며, 영아 초기에는 타인의 언어를 듣고 따라하다가 영아 후반기부터는 타인과의 대화까지도 가능해진다. 이때 부모나 교사가 영아에게 이야기를 더 많이 해주거나 책을 자주 읽어 주는 등의 언어적 자극과 반응을 적절히 해준다면 영아의 언어발달은 더욱 증진될 것이다. 또한 누군가와 소통하고 싶다는 동기가 생기고 대화가 즐겁고 행복할수록 영아는 언어를 통해 소통하고자 하는 의지를 더욱 키워갈 것이다. 유아기가 되면서는 문장을 구사하게 되고 과거, 미래 등의 복합문장도 만들어 사용할 줄 알게 된다. 따라서 유아는 의사소통, 즉 상호작용의 능력을 점진적으로 습득하게 되는데, 소통은 혼자 말을 하는 것이 아닌 상대의 말을 듣고 언어적·비언어적으로 대화를 이어가는 방식이다. 따라서 영유아기에 언어능력이 잘 발달하기 위해서는 누군가와 소통하려는 동기와 경험, 모델링이 잘 이루어질 수 있는 양육환경을 조성하는 것이 중요하다. 일상생활에서 자주 사용되는 말, 언어, 의사소통의 차이에 대해 학자들이(김상희 외, 2014; 윤복희 외, 2013) 제시한 개념을 소개하면 다음과 같다.

말	사람의 생각이나 감정의 높낮이를 소리로 표현하는 것으로 목구멍을 통하여 소리로 나타내는 것
언어	상호의사를 전달하는 기호체계의 하나로써 사회적 관계 속에서 발달되며 성인의 모델이 중요하다.
의사소통	의사소통을 위해서는 말을 전하는 사람과 들어주는 사람이 필요하며, 두 사람 이상의 정보 전달자가 정보를 주고 받는 과정을 의미한다.

(2) 언어의 특징

언어는 크게 규칙성, 임의성, 사회성, 가변성, 추상성 등의 속성을 가지고 있는데, 각 속성은 다음과 같은 특징을 갖는다(전정민 외, 2017).

규칙성	일정한 규칙을 가지고 어순과 의미를 결정하는 것으로 이를 문법이라고 한다.
임의성	임의적으로 음성과 문자를 연결해 의도를 전달하기 위해 부호화한다.
추상성	언어와 사물은 전혀 닮지 않았지만 의도한 것을 상호 이해할 수 있도록 규정한 임의의 약속 체계이다.
사회성	가장 사회적이며 가변적인 것으로 동일한 언어를 사용하는 국가나 사회는 동일한 언어사회를 구성한다.
생산성	언어마다 제한된 언어를 갖고 있지만 필요에 따라 새롭게 다양한 단어와 문장 등을 생성할 수 있다.
가변성	언어는 무수히 변해왔고 변화하고 있으며, 어휘의 생성, 변화, 소멸 등은 사회현상에 따라 끊임없이 변화하고 있다.

(3) 언어의 발달과정

① 영아기(0~2세)

신생아기의 주요 의사소통 도구는 '울음'이며 울음을 통해 자신의 상태나 욕구를 알리고 표현한다. 따라서 양육자들이 신생아의 중요한 의사소통 수단인 울음을 이해하고 적절한 반응을 해주는 것은 매우 중요하다. 한편 신생아들은 일반적으로 배고픔과 졸림, 배변, 통증 등을 표현하기 위해 우는 것으로 알려져 있다. 이후에는 언어라고 말할 수는 없지만 언어와 매우 유사한 형태로 신생아기의 첫 말소리라고 볼 수 있는 '옹알이'를 한다. 보통 12~24개월 동안에는 비언어적 상호작용인 손짓, 몸짓 등의 의사소통이 더 많이 이루어지고, 만 1~2세 이후부터는 단어에서 문장으로 어휘수가 증가하면서 명사, 동사, 형용사와 같은 간단한 단어들을 사용한다. 예를 들어, “엄마 밥”은 “엄마 밥 주세요”라는 의미이다. 이와 같은 언어의 발달로 영아들은 의사소통능력이 점차 발달하여 타인과의 언어적 상호작용이 증가하게 된다(Fenson et al., 1984).

② 유아기(3~5세)

대부분의 유아는 만 24개월 전후가 되면서 하루가 다르게 단어의 이해 능력이 발달되고 복잡한 문장도 이해하게 되며, 스스로 이야기도 만들어 낼 수 있게 된다. ‘왜’라는 단어를 끊임 없이 사용하기도 하고 노랫말을 기억하여 흥얼거릴 줄도 안다. 유아들의 특징 중 하나는 언어의 모방이다. 이 시기의 유아들은 말의 특징이나 발음, 악센트, 억양, 사투리 등을 쉽게 따라한다. 따라서 유아교사들은 올바른 언어의 모범을 보이는 것이 중요하다. 이후 만 3세 이상이 되면서부터는 또래관계에서의 상호작용 증가로 인하여 듣고, 말하는 기술이 크게 향상되며, 타협과 대화속에서 상대를 주도하려는 모습을 보이기도 한다. 만 4~5세가 되면서부터는 단어카드를 이용하여 문장을 만들어 게임을 즐길 수도 있고 새로운 이야기를 창작하여 내기도 한다. 이렇듯 유아기 언어의 발달은 자신의 감정이나 생각을 드러내고 표현하는 중요한 소통의 수단이 되므로 자연스럽고 즐겁게 소통하고자 하는 의지와 동기, 환경을 제공하는 것이 중요하다.

표 2-3 연령별 문자언어 발달과정(읽기, 쓰기)

연령	읽기, 쓰기	교사의 지도방법
0~1세	• 그림에 관심을 갖는다. • 성인이 읽어주고 손가락으로 가리키면 눈으로 따라 읽는다. • 헝겊책이나 소리 나는 책에 관심을 갖는다. • 쓰기도구에 관심을 갖고 탐색해 본다. • 색연필 또는 크레파스를 통해 손의 힘을 길러본다. • 큰 전지를 이용해 마음대로 끼적여 본다.	• 영아가 마음대로 끄적거릴 수 있도록 큰 전지와 쓸 수 있는 도구를 제공해 준다. • 연령에 맞는 그림책과 쓰기자료를 준비해 준다. • 소근육의 힘을 길러 눈과 손의 협응력을 키우고 쓰기가 용이하게 도와준다. • 개인차를 고려하는 초기 쓰기 단계의 그림카드나 단어카드 등을 준비해 그리듯 쓰게 도와준다.
2세	• 주위 글자에 관심을 갖는다. • 책의 글자는 읽는 것임을 안다. • 자신이 끄적인 것과 직접 그린 것을 구별할 수 있다. • 연필, 색연필, 사인펜 등의 다양한 도구를 사용해 본다.	
3세	• 책이나 인쇄물을 볼 때 글자를 읽는 것임을 안다. • 읽기의 목적을 말할 때 "책을 왜 읽어야 할까?"라고 하면 '학교에 가서 공부 잘하려고' 라고 말한다. • 책에 관심을 갖고, 글자에 의미를 부여한다. • 끼적거리기를 많이 한다. • 자기가 쓴 것을 성인에게 보여준다. • 자기 이름이 있는 글자를 배운다. • 어떤 글자를 써달라고 요구하기도 한다. • 다양한 글자 형태가 나타난다.	• 다양한 경험에서 얻은 생활의 소재로 글씨와 연결되도록 도와준다. • 방향이 바뀐 철자쓰기에 대하여 유아가 수정해 갈 수 있도록 책을 읽어주고 보여 준다. • 환경 인쇄물을 통하여 다양한 그림과 글씨가 연결되도록 자료를 제공해 준다.
4세	• 책을 읽는 방법과 제목 등을 인식한다. • 같은 글자끼리, 그림과 글자를 1:1 대응할 수 있다. • 주위의 간판이나 환경 인쇄물을 통하여 아는 글자를 읽어 보려고 한다. • 친구 이름에 있는 글자를 인식한다. • 아는 글자를 그림과 연결한다. • 다양한 글자놀이를 즐긴다. • 자신의 이름이나 친구의 이름을 쓰려고 노력하고 즐겨 쓴다. • 자발적으로 쓰려고 한다. • 모르는 글자를 물어본다. • 창안적 글자를 많이 쓴다.	
	(창안적 글자쓰기 예: 닭-닥, 꽃병-꼿벙)	

연령	읽기. 쓰기	교사의 지도방법
5세	• 알고 있는 글자는 다양한 곳에서 제시되어도 읽을 수 있고 주위의 글자를 쉽게 읽는다. • 가족과 친구의 이름을 읽는다. • 여러 간단한 단어와 간단한 글을 읽고 써보려고 한다. • 소리를 듣고 쓰기도 하고 보고, 따라 쓰지만 가끔 순서를 틀리게 쓴다. • 여러 가지 도구를 사용하며 쓸 수 있다.	

출처: 조형숙 외(2013) 재구성.

(4) 언어발달에 영향을 미치는 요인

① 성별

조성연(2005)의 연구에 따르면 '여아가 말을 빨리 시작하며, 언어발달도 빠르게 나타나면서 발음도 남아보다 정확하며 어휘수와 문장 구사력도 더 좋다'라는 연구가 있으나, 다른 연구(심성경 외, 2010)에서는 성별의 차이보다는 개인차가 우세하다고 보는 경향이 있다. 보통 여아가 남아보다 더 언어발달이 빠르거나 정확하다고 생각하고 있으나 연구에서는 일관성을 보이지는 않는다. 다만 발음이나 문장구성력, 언어추리력에서는 대부분의 연구에서 남아보다 여아가 더 우수한 경향을 보이기는 하였다. 유아교육현장에서도 일반화할 수는 없지만 대부분 정적인 활동에 속하는 언어(말하기, 읽기, 쓰기, 듣기)는 남아보다 여아들이 조금 더 관심을 보이고 참여를 보이기는 한다. 또한 부모의 양육방식에서도 어머니는 영아기부터 딸에게 더 많은 상호작용을 하는 경향이 있다고 한다(김미영, 2014).

② 형제 수

형제가 많은 가정에서 자란 유아들이 외동 아들이나 딸보다는 언어발달이 빠른 편이다. 외동이에 비해 형제끼리의 상호작용이 상대적으로 많으며 다양한 모델링 경험으로 인해 언어표현력에도 영향을 미칠 수 있기 때문이다. 한편 형제는 많지만 장남과 장녀와 나이 차이가 많은 막내는 어리광으로 인하여 언어가 오히려 더 정체되거나, 연령보다 뒤떨어질 수 있고, 발음의 부정확함을 나타내는 경우도 종종 나타나는 것으로 보고되고 있다.

③ 교육환경과 가정환경

영유아가 처음 접하게 되는 사회인 유아교육기관에서 교사의 언어적 행동은 대단히 중요하다. 교사의 음성은 부드럽고 영유아를 편안하게 하되, 영유아의 의견을 무시하지 않으며 민주적이어야 한다. 또한 유아에게 지시적인 표현을 하지 않으며, 유아가 자신의 생각과 마음을 잘 표현할 수 있도록 경청해 줄 때 유아의 언어발달에 긍정적인 영향을 미치는 것으로 알려져 있다. 가정환경에서는 부모의 대화법이 영유아기의 언어에 직접적인 영향을 미치며, 타인과의 조절능력 발달에도 큰 차이를 만든다고 한다. 예를 들어, 아동이 평소 어머니와 개방적인 의사소통을 할수록 아동의 자기 조절과 타인 조절 능력 모두가 높게 나타난다(이영환 · 김현지, 2001)고 하였으며, 어머니와의 개방적 의사소통은 아동의 정서조절능력에 영향을 주어 사회 적응력 발달에 큰 차이를 만든다고 하였다(양영미, 2003). 이상의 결과는 의사소통능력 발달에 미치는 가정환경의 중요성을 강조한 견해라고 볼 수 있다. 일반적으로 언어적 상호작용을 많이, 자주, 풍부하게 해주는 양육환경이 유아의 언어발달에 긍정적인 영향을 미치는 것으로 보고되고 있다. 하지만, 간혹 조부모의 무조건적인 애정과 지나치게 세심한 돌봄은 영유아를 언어 정체로 만들뿐 아니라 뒤처지게 만드는 나쁜 영향을 줄 수 있다는 보고가 있다. 이러한 관점에서 볼 때 영유아는 양육자가 유아의 주도성과 능력을 존중한 개방적이고 공감적인 의사소통을 제공하는 환경에서 성장할 때 자신의 감정을 적절하게 처리할 수 있고, 사회관계 속에서 상황에 맞는 감정 조절과 표현 능력을 키울 수 있다고 볼 수 있다.

④ 스마트폰과 SNS

요즘은 영유아들도 스마트폰이나 태플릿 컴퓨터를 많이 사용하게 되면서 가족과의 소통이 언어를 기반으로 하는 정서적 교감보다는 스마트폰 게임이나 유튜브 영상시청을 하느라 소통이 단절되는 사례들이 증가하고 있다. 인터넷을 통해 빠르게 확산되는 대중 문화 콘텐츠들은 영유아들의 일상, 놀이문화, 양육환경을 바꾸어 놓았고, 책을 가까이하고 사람들과 대화하고 소통하는 시간은 급속도로 줄어들고 있다. 따라서 부모와 유아교사에게 영유아의 언어발달을 지원하기 위한 말하기, 듣기, 읽기, 쓰기 활동의 촉진자 역할과 기능은 점점 더 중요해지고 있다. 예를 들어, 식사 시간에 유아를 식탁에 앉히려는 목적으로 영유아에게 스마트폰을 주어 영상을 보면서 밥을 먹게 하는 양육은 가족들과의 대화를 단절시키는 결과를 초래하게 된다. 그러므로 식사 시간을 밥상머리 교육의 중요한 시간으로 생각하고, 가족과 식사예절, 대화예절을 배울 수 있도록 활용한다면 영유아의 언어 발달 및 자아존중감까지도 높일 수 있을 것이다.

표 2-4 듣기, 말하기

<table>
<tr><th>월령</th><th>듣기, 말하기의 내용</th><th>교사의 지도방법</th></tr>
<tr><td>0~2세</td><td>• 울음을 의사전달과 감정의 수단으로 많이 사용한다.
• 차츰 본인의 욕구와 감정을 직접적인 말로도 표현하지만 비언어적 의사소통으로 나타낼 때가 많다.
• 여러 가지 소리에 관심을 가진다.</td><td>• 아이들의 말을 끝까지 기다리고 들어준다.
• 들려줄 수 있는 책이나 CD 등을 통해 읽어주고 손가락인형 등의 자료를 활용한다.
• 주위가 산만하지 않도록, 편안하고 안정된 분위기를 조성해 준다.
• 다양하고 흥미 있는 활동을 하면서 말로 연결할 수 있도록 유도해 준다.</td></tr>
<tr><td>3세</td><td>• 복수, 소유물, 과거시제, 형용사, 부사, 대명사, 전치사 등을 알지만 문장의 길이는 짧고 단순하며 문법적으로 들리기도 한다(박성연, 2006).
• 긴 문장으로 대화와 질문을 할 수 있다.</td><td rowspan="3">• 동요, 동시 등 다양한 문학적 접근법을 통하여 경험을 많이 하게 돕는다.
• 이해하기 어려운 문장은 쉽고 명료하게 말해준다.
• 들을 수 있는 태도와 환경을 조성해 준다.
• 유아가 관심 있는 주제로 교사 주도가 아닌 아이중심으로 말할 수 있게 한다.
• 성인이 모델이 되어 정확한 발음을 전달해 주며, 자신의 생각을 말할 수 있도록 격려해 준다.
• 단답식 질문보다는 개방형 질문을 사용할 수 있도록 도와준다.
• 타인과의 관계를 도울 수 있는 사회적 언어를 표현하도록 한다.
• 환경 인쇄물로 읽기자료를 제공해 흥미로움을 유발해 준다.</td></tr>
<tr><td>4세</td><td>• 4~5개의 문장을 구사할 수 있다.
• 의문문, 부정문, 명령문과 같은 문장을 사용할 수 있다.
• 어휘력이 증가하며 왜라는 질문을 많이 한다.
• 또래와 계획을 세워 역할분담을 할 수 있다.</td></tr>
<tr><td>5세</td><td>• 길고 복잡한 문장을 사용하며 이해할 수 있다.
• 성인의 언어를 따라 사용하기도 한다.
• 과거와 현재를 이해하고 말하기도 한다.
• 약 일만 개의 단어를 이해할 수 있다.
• 상황에 맞게 말할 수 있으며 이야기 들은 것을 기억해서 이야기할 수 있다.
• 책을 즐겨 읽고, 창의적으로 이야기를 꾸며 말한다.</td></tr>
</table>

출처: 조형숙 외(2013) 재구성.

체크해 보세요!

나의 언어적 상호작용의 원칙은 어떠한가?

□ 유아가 느끼고 있는 감정이나 상황을 있는 그대로 수용해 준다.
□ 교사가 유아에게 기대하는 행동과 그 행동의 필요성 그리고 유아가 그만두어야 하는 행동의 이유를 설명해 준다.
□ 유아의 발달 수준에 맞추어서 이해할 수 있도록 말하고, 만약 유아가 이해하지 못한 경우에는 반복하여 말해 준다.
□ 유아의 눈높이로 얼굴을 마주보고 대화를 나누며, 관심과 애정을 자주 표현하고 따뜻하고 부드러운 표정을 지어 준다.
□ 유아의 자존심과 자율성, 스스로 해내는 독립심을 존중하고, 유아의 요청이 있을 때는 되도록 즉시 반응해 준다.
□ 잘못이나 실수를 지적하고 꾸짖기보다는 잘했을 때 칭찬해 주는 긍정적인 강화를 적극적으로 사용해 준다.
□ 유아가 장황하고 앞뒤 구분 없이 말할 때도 교사는 유아가 말하고자 하는 생각을 정리하여 다시 한 번 말할 수 있도록 정리해 준다.
□ 유아에게 지시를 해야 할 경우에는 분명하고 확실한 태도로 말해서 불확실하다는 느낌을 주지 않도록 한다.

출처: 교육부(2000).

언어발달과 관련 있는 장애

※ 장애로 인해 언어발달이 많이 지체되는 경우가 있는데, 언어발달과 관련 있는 장애에는 다음과 같다.

1) 정신지체: IQ가 70 이하로 지적능력이 보통사람보다 많이 낮을뿐만 아니라, 일상생활 적응상의 문제를 동반한다.
2) 조음장애: 발음과 관련된 장애로 혀가 짧거나 부정교합으로 인해 발음에 문제가 있는 경우이다.
3) 자폐성장애: 사회적 상호작용의 결함을 보이는 장애로 의사소통의 문제와 한두 가지 이상의 반복적인 상동 행동 특징을 보이는 발달 장애이다.
4) 학습장애: 단순한 학습부진과는 다른 장애로 지능은 정상이지만 듣기, 말하기, 읽기, 쓰기, 추리 또는 계산 능력에 심각한 문제가 나타나는 장애이다.
5) 언어지체: 정상 언어 발달 수준에서 1년 이상 뒤떨어지면 언어발달 지체를 의심해 볼 수 있다.

3) 정서발달

(1) 정서발달의 이해 및 특징

영유아기에 타인과의 긍정적인 관계를 형성하는 데 있어서 정서는 매우 중요한 영향을 미친다. 정서는 신생아기에는 미분화되다가 유아기에 들어가면서 점점 분화되기 시작하는데, 정서발달은 유아기에 크게 발달하는 것으로 보고되고 있다. 한편 정서발달은 성격발달에도 크게 영향을 미치는 중요한 요인 중의 하나이다. 정서는 출생 시부터 인간의 행동에 작용하여, 그 후 일생 동안 행동의 기저를 이루는 기본 요소 또는 개별적인 특성을 말한다(정옥분, 2004). 신생아기에는 얼굴 표정을 통해 화남이나 놀람, 불편함 등을 표출하다가 영유아기를 지내며 표정, 몸짓, 놀이 등을 통해 표현하며 점점 복합된 표정까지도 표현할 수 있게 된다.

① 영아기의 정서발달

영아기의 정서발달은 부모의 양육방식에 큰 영향을 받는다. 언어능력이 없는 신생아는 배고픔과 대소변, 불편함 또는 주변 상황에 따라 행복, 미소, 놀람 등을 표정으로 반응하다가, 개월 수가 증가하면서 복잡한 표정까지 지으며 반응할 수 있게 된다. 이러한 영아의 정서를 부모는 빠르고 정확히 관찰하고 파악하여 그에 대한 욕구를 민감하게 충족시켜 주어야 한다. 만일 정서적 욕구가 제때 충족되지 않을 경우 영아는 신경질적으로 변하거나 짜증을 자주 부리거나 화를 내게 되며 이렇게 반복된 행동은 성격발달에까지 영향을 주게 된다. 한편 영아는 양육자의 표정을 통해 정서를 학습하기도 하는데, 실험을 통해 영아가 어머니의 표정을 모방하고 강화받으면서 정서가 발달하는 학습된 결과임이 입증되고 있다(우수경 외, 2013 재인용). 어머니가 웃으면 자신도 같은 표정을 짓고 어머니가 행복한 표정을 보이면 영아도 미소를 짓거나 기쁜 얼굴 표정을 보이며 정서를 배워간다는 것이다. 이상의 내용을 종합해 보면 영아는 본능적 욕구를 반응적으로 충족시켜 주는 양육자의 양육행동을 통해 정서능력을 발달시키는데, 양육자의 표정이나 정서적 반응을 보면서 학습하기도 한다. 따라서 양육자는 건강한 정서발달이 이루어질 수 있도록 민감한 양육과 긍정적 정서표현의 모델이 되어야 한다.

표 2-5 영아기의 정서발달

발달시기	정서표현	타인의 정서이해
출생~ 6, 7개월	• 사회적 미소(social smile)와 기본 정서들이 나타나며 친숙한 사람들과 더 크게 웃고 즐거워하며, 상황에 따라 적절한 정서적 반응을 보인다.	• 주양육자와 마주 대할 때(face-to face)에 감정을 조율시키는 능력이 생긴다.
7, 8개월~ 12개월	• 낯선 사람을 보면 불안(stranger anxiety)해 하며 공포와 분노가 나타난다. • 안전기지(secure base)로서 양육자를 이용한다. • 걷고, 기는 것을 통해 자극에 접근하고 물러서는 것이 가능하게 됨으로써 정서의 자기조절(emotional self regulation)이 향상한다.	• 타인의 정서적 반응의 의미를 인지하는 것이 가능하다. • 사회적 참조(social referencing)가 발달한다. ※ 사회적 참조: 영아가 엄마의 행동을 쳐다보며 어떻게 반응하며 행동할지 자신의 해석을 구성하는 행동
12~24개월	• 자기의식(self-conscious)의 정서가 나타난다.	• 자신의 정서와 다른 정서를 받아들일 수 있게 된다. • 감정을 표현하는 단어 수가 늘어난다. • 공감능력이 생긴다.

출처: Berk(1988).

② 유아기의 정서발달

유아기의 정서발달은 일시적이지만 강렬하고 폭발할 듯하면서도 지속이 짧고 달래거나 이해시키면 쉽게 울다가도 웃고, 웃다가도 우는 변화가 쉽게 일어나는 시기이다. 정서적으로 안정할 수 있고, 자신의 정서를 조절해 보는 경험과 정서 표현의 기회 제공이 매우 중요하다(태진미, 2018).

한편 유아기에는 형제 간이나 자매 간의 질투도 많고 대부분 공포, 기쁨, 질투, 호기심 등이 분화되어 발달한다. 만 3세경의 유아들은 연령이 증가하면서 자신의 감정을 더 잘 감추며 정서반응이 다양하고, 외적인 표현보다 내적인 표현이 증가한다. 동생이 태어남으로써 3~4세의 유아들에게 질투는 강한 퇴행행동으로도 나타난다. '내 꺼야', '내가 할거야'라는 말을 많이 사용하고 언어가 향상되면서 감정을 나타내는 말도 증가한다. 예를 들어 '나는 엄마가 제일 좋아', '언니 미워', '동생 미워' 등과 같은 말이 증가하며, 6~7세가 되면 두려움과 수치, 실망, 기대, 공포 등의 부정정서분화가 나타나 심리적으로 위축되기도 한다. 그러므로 유아 주변의 가족이나 교사는 유아가 표현하는 감정에 적절한 수용과 반응을 해 주어야 한다. 이를 통해 유아가 사회적 유대감을 갖고 친구 관계를 잘 유지하며 유아 스스로 자신의 감정을 조절해 갈 수 있도록 돕는다.

허록(Hurlock, 1976)은 유아기의 정서적 특징을 다음과 같이 제시하였다.

· 격렬하다

– 성인은 자신의 정서를 통제하려고 애쓰는 데 반하여 유아기의 아동은 그러한 노력을 하지 않고 느끼는 대로 표현한다.

· 일시적이다

– 유아의 정서는 격렬하게 표출되기는 하지만 금방 사라져 버린다.

· 유동적이다

– 특히 연령이 어릴수록, 웃음에서 울음으로, 공포에서 호기심으로, 사랑에서 미움으로 쉽게 변해간다.

- **질투가 많다**

- 유아의 질투는 원초적으로 표출되기 때문에 직접적으로 화를 내거나, 분노를 터뜨린다. 특히 질투로 인하여 부모의 사랑을 나누어야 하는 형제간에 다툼이 잦다.

- **호기심이 많다**

- 유아기의 아동은 주변 환경에 대해 많은 호기심을 보이며, 자신이 좋아하는 것에 집중하는 성향이 있다.

표 2-6 건전한 정서발달을 돕기 위한 전략

안정된 환경 조성하기	긍정적 · 정서적 유대 관계 갖기	• 미소 지으며 바라보고 온화한 목소리로 이야기하기 • 부드럽게 안아주거나 쓰다듬어 주는 신체적 접촉하기
	환경의 변화에 적응하도록 돕기	• 새로운 환경을 탐색할 수 있도록 도움주기 • 새로운 발달과업을 시도하려고 할 때 개입하여 도와주기
정서이해하기	인지적 개념발달 지원해주기	• 시간, 공간과 같은 개념 이해를 도와주기
	또래와 정서적 상호작용 상황마련하기	• 감정적 표현을 존중하며 적절하게 안내하기 • 또래와 감정표현을 할 수 있는 다양한 정서적 상호작용활동 마련하기
정서반응모델	바람직한 모델 보여주기	• 주변의 것에 관심과 흥미를 갖고 탐색하는 모습 보여주기 • 긍정적 정서를 공유하는 성인의 모델 보여 주기
	솔직한 감정표현 보여 주기	• 솔직하고 적절한 정서감정표현하기 • 감정표현을 상황 극놀이로 재현해 보기
	부정적 감정조절 보여 주기	• 다른 사람의 감정에 대해 알아보기 • 분노조절은 영유아의 중요한 발달과업임을 알기
감정조절하기	감정조절능력 향상하기	• 또래관계가 잘 발달될 수 있는 환경 조성해 주기 • 감정분출과 조절방법을 터득하기 위한 그리기, 창의적 활동 등의 방법을 지도하기
	필요한 상황에 적절히 개입하기	• 영유아가 불안해할 때 다른 애착물건을 이용하여 안정감이 들도록 조절하기 • 타인의 감정이 다치지 않도록 적절하게 표현하는 방법 지도하기

	부정적 정서표현에 대응하기	• 공격성을 가진 영유아에게는 천천히 자신의 주장을 반복적으로 표현할 수 있는 방법 지도하기 • 상대방에게 부정적 감정표현을 보이지 않고 대응할 수 있는 방식 지도하기
다양한 정서표현 인정하고 존중하기	파악하기	• 관찰을 통해 정서 상태를 파악해 본다. • 개별 영유아의 다양한 정서표현이 있음을 인정하고 알기
	인정하기	• 유아마다 정서반응이 다르고 장단점이 있는데, 유아가 가진 장점의 방향으로 지도하기 • 개인의 특성과 다양성을 반영할 수 있는 그림이나 글을 전시하여 영유아의 정서를 인정하고 존중해주기
긍정적 정서와 학습 연결하기	자극하기	• 유아의 눈높이를 맞추고, 놀이를 통해 흥미를 유발시켜 주고 긍정적 정서를 자극해 주기
	확장하기	• 흥미, 기쁨, 만족, 성취감을 확장하기 위하여 좋아하는 선호도 알아보기 • 유아가 어렵고 다양한 활동도 해낼 수 있다고 생각할 수 있어야 함

출처: Hyson(1994); 이명조(2006) 인용.

정서발달과 관련하여 예측되는 문제행동
1) 우울장애: 근심걱정으로 인해 마음이 답답하고 침울한 기분이나 의욕 저하가 지속되는 심리 상태 2) 분리불안: 애착대상으로부터 분리되는 것에 대해 지나치게 불안감을 느끼는 심리 상태 3) 불안장애: 불안과 위험, 공포, 긴장과 근심이 만성적으로 재발하는 상태(발달시기별로 불안에 대한 증상은 다르게 나타남) 4) 특정공포증: 동물공포, 폐쇄공포, 고소공포, 자연환경, 혈액, 주사, 상처, 의사가운 등 특정 상황이나 사물에 대해 공포심을 느끼는 심리 상태 5) 공항장애: 예측할 수 없는 갑작스럽고 특정한 상황에서 불안상태가 나타나며, 숨이 가빠지고 금방 멎을 것 같은 극심하게 불안한 상태 6) 사회공포증: 무대공포, 대인공포라고도 불림 7) 외상후 스트레스장애: 심각한 외상을 보았거나 직접 경험한 후에 나타나는 불안장애

4) 사회성발달

사람은 태어나면서 본인이 속한 사회에서 살아나가기 위해 사회적 관계를 맺으며 한 사회의 구성원으로 살아가려는 욕구를 지니고 있다. 이러한 관계맺음의 욕구는 영유아기에 가정과 유아교육기관, 또래관계의 놀이를 통해서 활발해지고, 연령이 증가하면서 사회적 관계형성에 대한 기대치도 높아진다. 유아의 사회성은 유아가 사회의 한 구성원으로 성장, 발달하는 동안 그 사회에서 공인된 언어, 사고, 감정, 행동 등을 포함하는 생활양식을 학습하여 타인과의 상호접촉을 통한 건전한 사회생활을 할 수 있는 능력이다(한국사전연구사, 1997). 최근에는 사회적 관계에 문제가 되는 여러 가지 현상, 즉 집단 따돌림이나 폭력적인 행동 등의 문제들이 많이 발생하기 때문에 과거에 비해 유아의 사회성발달에 대한 세심한 지도가 필요하다.

(1) 자아개념

영유아는 다른 사람이나 주변 환경을 구분하면서 자아가 발달하는 데 초기의 자아인식은 영유아의 사회성발달과 자아존중감에 매우 중요한 영향을 미친다. 자아개념은 자아인식에서 출발하며, 긍정적 자아개념은 높은 자아존중감과 관련이 있다. 원만한 대인관계를 유지하고 건강한 성격발달의 기반이 되며 성취에 영향을 미치고, 궁극적으로는 인간의 행복감을 느끼기 위한 필수요건이라 할 수 있다(김경혜, 2009 인용).

① 영아기

만 2세 전후의 영아기에는 서로 내 것이라고 우기는 등 친구와 부딪치는 자기중심적인 모습을 자주 보인다. 자아가 발달하면서 자기주장이 강해지고, 언어발달과 함께 사회성발달도 함께 가속화되기 때문이다. 예를 들어, 이 시기의 영아는 신발을 스스로 신어보려고 하고, 옷을 입는 순서나 짝이 맞지 않고 계절에 맞지 않을지라도 본인이 좋아하는 색과 옷으로 입으려 한다. 또한 음식에 대한 호불호도 분명해진다. 블록을 쌓을 때도 영아의 뜻에 맞게 쌓아지면 손뼉을 치거나 미소를 짓고 마음에 들지 않게 쌓아지면 얼굴을 찌푸리거나 다시 처음부터 만드는 행동으로 자기평가를 하고 있음을 알 수 있다. 이러한 자아개념의 발달 특성은 유아기로 가면서 더욱 복잡해지고 세분화되어 간다.

② 유아기

유아기가 되면 점차 문제해결능력이 생기면서 스스로 문제를 해결해 보는 경험을 통해 자신에 대한 성취감을 얻게 된다. 이 성취감을 통해 유아는 긍정적 자아개념을 갖게 되고 부모나 주위 사람들에게 인정을 받게 되면서 사회는 믿을만한 곳이라는 '긍정적인 사회 인식' 및 자신은 괜찮은 사람이라는 '긍정적 자아개념'을 형성하게 된다.

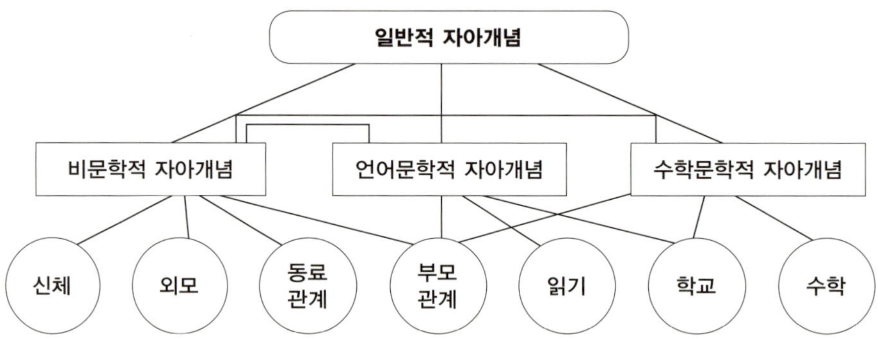

그림 2-3 Marsh의 자아개념 위계적 구조모형(이경화, 고진영, 2006)

표 2-7 자아존중감이 높은 아동과 낮은 아동

자아존중감이 높은 아동	자아존중감이 낮은 아동
• 타인 앞에서 자신감 있게 말한다. • 두려움보다 도전감이 앞선다. • 활동과 언어의 주도성을 가진다. • 목표를 스스로 독립적으로 설정한다. • 새로운 것에 탐색하기를 즐긴다. • 할 수 있다는 긍정적 표현을 한다. • 어려운 과제를 해결한다. • 좌절과 실패를 참고 견딘다.	• 자신의 생각을 발표할 용기와 자신감이 적다. • 표현을 하지 못한다. • 남 앞에 나서길 망설인다. • 새로운 결정을 하기 전 다른 사람의 눈치를 본다. • 새로운 것에 도전하기보다 위축된다. • 부정적이다(나는 못해. 난 할 수 없어). • 매사에 자신감이 떨어진다. • 스트레스에 성숙하게 반응하지 못한다.

출처: Harter(2012). 재구성.

한편 타인에게 제대로 인정받지 못하면 좌절하게 되고 사회에 대한 부정적인 인식과 부정적인 자아개념을 형성하게 될 수도 있다. 좌절 경험이 무조건 부정적인 인식으로 귀결된다고 일반화하는 것은 바람직하지 않다. 그럼에도 불구하고 어린 시절의 좌절경험은 세상과 자신을 인식하는 데 중요한 영향을 미치게 되므로 다양한 상황이 유아에게 어떤 영향을 미치고 있는지에 대해 세심한 관찰과 사려 깊은 지원이 필요하다(이경화, 고진영, 2006).

표 2-8 자아개념의 발달적 변화

영유아기	아동기
• 소유(possession) • 신체적 특성(physical characteristics) • 좋아하는 것(preference) • 능력(competencies)	• 정서(emotion) • 사회적 집단(social groups) • 또래와의 비교

영유아기	아동기

출처: Kail(2004).

(2) 사회성발달과 관련 요인

① 부모의 양육방식

어머니의 개방적이고 공감적이며 자율적인 양육방법은 영유아의 사회성발달에 긍정적인 영향을 미친다. 주위 사람들과 긍정적인 의사소통을 많이 할수록 유아는 자신의 감정을 적절하게 처리할 수 있고, 타인과의 관계에서 상황에 맞게 감정을 조절할 수 있는 능력이 발달한다(권정은, 2014). 이러한 결과는 부모와의 의사소통 방식이 친구 및 교사와의 관계에까지도 영향을 줄 수 있음을 보여준다. 부모 자녀 간의 의사소통 방식과 유아의 스트레스 및 공격성 대처 능력 간의 관계를 조사한 선행연구에 따르면, 첫째, 가정에서 부모의 자율적인 양육방법은 아동의 스트레스 및 공격성에서 대처행동에 긍정적인 영향을 미친다고 보고하고 있다. 둘째, 부모-자녀 간의 상호작용에서 억압받지 않고 자유롭게 사실 또는 감정을 표현할 수 있도록 공감적인 의사소통을 할 때 그렇지 않은 가정에 비해 유아들이 바람직하고 적절한 대처행동을 사용한다고 보고하고 있다(임주희 · 최연실, 2006).

② 사회경제적 계층

유아기의 사회성발달과 관련해 지역사회의 사회경제적 여건과 기관적응수준이 높은 관련성이 있음을 보고한 연구가 있다(권유경, 정소희, 2010). 이 연구에 따르면 지역사회의 사회경제적 여건이 좋을수록 아동들의 학교적응수준은 더 높고 공격성은 더 낮다고 하였다. 반면 대도시에 위치한 취약지역에서 거주하는 아이들은 학교적응수준이 낮고, 공격성이 높으며, 사회경제적 지위와 수준이 낮은 부모일수록 민주적인 양육태도를 더 적게 보이고 있는 것으로 나타났다. 이러한 결과는 개별 유아의 사회성 촉진을 위한 소극적 지원 수준을 넘어 취약지역 전체 유아들을 대상으로 한 정책적 개입의 필요성을 보여준다(권유경, 정소희, 2010). 즉, 저소득 밀집지역 교육기관의 아이들을 위해 교육 및 다양한 문화생활의 격차를 줄일 수 있도록 지원하여 교육적 형평성을 기하며, 사회통합서비스망을 통해 모든 영유아들에게 공정한 출발을 보장하는 사업이 필요함을 시사한다.

③ 또래관계

많은 선행연구에서 공통적으로 공격성이 높은 유아일수록 또래들과의 관계가 원만하지 않거나 물건을 부수거나 싸우는 일이 많고 기관생활 적응에 어려움을 보이는 것으로 보고하고 있다. 한편 또래들과의 관계는 왜 중요한 것일까?

유아들은 연령이 점점 높아갈수록 또래들의 영향을 더 많이 받게 되며, 집단생활을 통해 도덕성과 사회성을 키워가게 된다. 예를 들어, 만 2~5세 사이의 아이들은 또래에게 많은 관심을 보이고 또래들 사이에서 인정을 얻고 싶어한다. 단순놀이, 병행놀이에서 점차로 연합놀이, 협동놀이들이 가능해지는데, 가상놀이는 유아들의 놀이를 더욱 정교하게 만들고 또래관계를 발전시키게 된다. 즉, 유아들은 또래들과의 가상놀이를 통해 이야기를 만들어내기도 하고, 성 역할을 자연스럽게 학습하거나 가족의 실생활을 표현하며 자신이 희망하는 것을 표출하기도 한다(태진미, 2018). 이러한 맥락에서 볼 때 유아교육기관에서 유아의 또래관계는 유아의 성장을 촉진하는 중요한 밑거름이 된다.

표 2-9 유아들의 사회적 가상놀이의 발달

놀이유형	놀이행동
단순 가상놀이 (simple pretend play)	• 다른 유아를 관찰하고 때로는 흉내를 내기도 하지만, 아직까지는 구조화된 방식으로 협동하지는 않는다.
연합 가상놀이 (associative pretend play)	• 의미 있는 순서로 행동의 연결이 있는 이야기 또는 대본을 만들어 내는 사회적 환상놀이를 보인다.
협동 가상놀이 (cooperative pretend play)	• 이야기를 만들고 이야기 속 인물들을 맡아 상호 호혜적인 역할을 수행하는 사회적 환상놀이를 보인다.

출처: Howes & Matheson(1992).

④ 사회성발달 측정도구

유아의 사회성발달을 측정하기 위한 검사도구로는 바인랜드(Vineland, 1977)의 사회성숙도검사(Jiao & Ji, 1986)를 김숙경(1988)이 보완하여 전정민 등(2017)이 재구성한 사회성발달 측정도구가 있다. 이 도구는 유아의 협동성, 타인 이해성, 자율성, 또래 간 상호작용의 4개 하위요인을 중심으로 측정하도록 구성되어 있으며, 검사문항은 총 32문항이다.

유아이름 ______________
연령 ________ **반** ________ **만** ________ **년** ________ **개월**

다음은 유아의 사회성발달 측정검사에 관한 내용입니다. 잘 읽으신 후, 해당되는 곳에 V표하거나 내용을 기입해 주시기 바랍니다.

1. 유아의 성별은? ① 남자 ② 여자
2. 유아의 형제, 자매관계는 어떻게 됩니까? ( )남 ( )녀 중 ( ) 째
3. 주 양육자는 누구입니까? ① 부모 ② 조부모 ③ 기타 ( )

• 본 척도는 유아의 사회성을 살펴보기 위한 것입니다. 각 문항에 대해 해당유아가 보여주는 성향을 정도에 따라 해당되는 칸에 표시해 주시기 바랍니다.

문항	전혀 그렇지 않다	약간 그렇다	대체로 그렇다	많이 그렇다	정말 그렇다
1. 다른 아이와 협동놀이를 한다.					
2. 다른 아이와 잘 어울린다.					
3. 자신의 놀이에 다른 아이가 끼어들지도 방해하지도 않는다.					
4. 다른 아이들과 어울리기보다는 혼자놀이를 좋아한다.					
5. 친구와 놀다가 자기 뜻대로 되지 않으면 화를 낸다.					
6. 누가 말할 때는 그 사람의 이야기를 잘 들어준다.					
7. 무엇이든지 좋은 것은 다 자기만 가지려고 한다.					
8. 다른 아이에게 공격적이다.					
9. 다른 아이들의 물건을 빌리면 되돌려 준다.					
10. 다른 사람이 자기를 필요로 하는 것을 생각하면 도와준다.					
11. 어려운 일이나 하기 싫은 일은 다른 사람에게 시킨다.					

12. 자기 차례나 규칙을 알고 하는 게임을 잘할 수 있다.					
13. 어떤 일이든 자신 있게 하지 못하고 망설이다가 한다.					
14. 놀던 장난감을 제자리에 정돈한다.					
15. 처음 보는 아이와 같이 놀기도 한다.					
16. 싫고 좋은 것을 스스로 선택한다.					
17. 다른 아이에 의해 놀이 친구로 잘 선택된다.					
18. 다른 아이에게 게임하는 방법을 알려준다.					
19. 낯선 장소에 가면 불안해하고 위축된다.					
20. 새로운 것을 쉽게 빨리 배운다.					
21. 놀이나 작업을 즐거워하며 열심히 참여한다.					
22. 자기의사를 분명히 표현한다.					
23. 주위의 돌아가는 상황을 잘 알아서 그에 맞게 행동한다.					
24. 친구들에게 자기 집에 가서 놀자고 잘 청한다.					
25. 놀이를 할 때 스스로 새로운 것을 고안해 낸다.					
26. 자기가 한 일에 스스로 책임을 지려고 한다.					
27. 유치원 교사들에게 스스럼없이 대한다.					
28. 유치원 교사를 좋아하고 따른다.					
29. 교사의 지시를 잘 따른다.					
30. 교사의 질문에 자기 마음대로 대답한다.					
31. 유치원에서 안정감을 갖는다.					
32. 배우는 것을 즐겁고 재미있어 한다.					

이 검사 도구는 교사가 유아의 사회성행동을 관찰하여 그 결과를 리커트 방식의 5점 척도로 표기하도록 하였다. 긍정의 정도를 묻는 문항에서는 '전혀 그렇지 않다'로 표기할 경우는 1점, '약간 그렇다'는 2점, '대체로 그렇다'는 3점, '많이 그렇다'는 4점, '정말 그렇다'는 5점을 배점한다. 부정의 정도를 묻는 문항에서는 '전혀 그렇지 않다', '약간 그렇다', '대체로 그렇다', '많이 그렇다', '정말 그렇다'의 점수의 배점을 역으로 계산하여 각각 5점, 4점, 3점, 2점, 1점으로 한다.

사회성발달 관련 예측되는 문제행동

- 의존적인 아이
- 떼쓰는 아이
- 공격적인 아이
- 또래놀이 방해하는 아이
- 때리는 아이
- 물건을 훔치는 아이
- 다른 아이에게 신체적 공격을 하는 아이
- 이기적인 아이
- 산만한 아이
- 형제 간에 다툼이 심한 아이
- 무조건적으로 반항하는 아이
- 주의집중력이 짧은 아이
- 집단 활동에 참여 못하는 아이
- 미디어에 중독된 아이

⑤ 사회적 행동발달

사회적 행동 유형에는 친사회적 행동과 반사회적 행동으로 구분될 수 있다.

친사회적 행동(prosocial behavior)은 바람직하고 긍정적인 행동을 말한다. 즉, 협동을 잘 하고, 친구를 도와주며, 나누어주는 반면, 반사회적 행동(antisocial behavior)은 공격적이며, 반항적이고 비협조적이다. 반사회적 행동의 대표적 특성 중의 하나가 공격성인데, 일반적으로 만 5세 이전의 유아들은 자신이 원하는 놀잇감을 갖기 위해서 또래 친구에게 공격적인 행동을 보이는 소유욕으로 인해 공격성이 많이 표출된다. 소유욕에서 공격성이 많이 표출되는데, 자신이 원하는 놀잇감을 갖기 위해서 또래친구에게 공격적인 행동을 보일 수 있다. 한편 이러한 공격성은 연령이 증가하면서 상황에 대한 이해 및 자기조절력의 향상과 더불어 점차로 줄어들게 된다.

표 2-10 연령별 사회성발달

연령	사회성 발달 세부내용	교사의 지도방법
2~3세	• 나에 대해 관심을 갖고 다른 사람과의 차이에 대해서도 관심을 갖는다. • 나를 소중하게 여기며 스스로 할 수 있는 일을 알아본다. • 친구와 함께 놀이한다. • 약속과 규칙을 지켜야 함을 안다.	• 교사는 영유아가 스스로 정리할 수 있도록 도와준다. • 유아가 자신을 소중히 여길 수 있는 언어를 사용하도록 돕는다. • 물건을 나누어 쓰고 바꿔 쓰고, 양보하는 방법을 알려준다. • 다툼이나 문제상황 발생 시 스스로 해결해 볼 수 있도록 지도한다. • 존중과 배려, 공공규칙을 알려주고 지킬 수 있도록 지도한다. • 토론을 통하여 정직한 말과 행동을 이야기해 준다. • 공공규칙과 예절을 지켜 존중과 배려를 지도한다. • 질서, 예절, 협력을 반복적으로 지도한다. • 교사는 영유아의 훌륭한 모델이 될 수 있도록 애정을 가지고 따뜻하게 대해 준다. • TV와 스마트폰에서의 노출을 최소화시킨다. • 사회적 조망능력이 생기도록 도와준다.
4세	• 나에 대해 알아보고 다른 사람과의 차이를 안다. • 나를 긍정적으로 생각하고 소중하게 여긴다. • 내가 스스로 할 수 있는 일을 해 본다. • 친구와 협동하며 놀이한다. • 다른 사람들과의 신체적 · 문화적 차이가 있을 수 있음을 인정하고 존중한다. • 정직하게 말하고 행동한다. • 나와 다른 사람의 의견, 생각, 행동을 이해하고 존중한다.	• 물건을 나누어 쓰고 바꿔 쓰고, 양보하는 방법을 알려준다. • 다툼이나 문제상황 발생 시 스스로 해결해 볼 수 있도록 지도한다. • 존중과 배려, 공공규칙을 알려주고 지킬 수 있도록 지도한다. • 토론을 통하여 정직한말과 행동을 이야기해 준다. • 공공규칙과 예절을 지켜 존중과 배려를 지도한다. • 질서, 예절, 협력을 반복적으로 지도한다. • 교사는 영유아의 훌륭한 모델이 될 수 있도록 애정을 가지고 따뜻하게 대해 준다. • TV와 스마트폰에서의 노출을 최소화시킨다. • 사회적 조망능력이 생기도록 도와준다.

연령	사회성 발달 세부내용	교사의 지도방법
5세	• 스스로 할 수 있는 일과 하고 싶은 일을 계획한다. • 친구와의 갈등을 긍정적인 방법으로 해결한다. • 다른 사람을 배려하며 어른께 예의바르게 행동하며 약속과 규칙, 질서를 지킨다.	

출처: 표준보육과정 및 누리과정의 지도서 내용을 중심으로 재구성하였음.

3장

영유아교육과정의 구성 및 내용

국가 수준의 유아교육과정 개발 및 적용 목적은 유아교육기관의 원장과 교사, 부모 및 종사자들이 영유아를 어떻게 이해하고 협력해야 하는지 구성방향과 체제를 제시하고, 유아교육의 질을 높이며 평등을 보장하는데 의의를 두고 있다.

이 장에서는 제3차 어린이집 표준보육과정 해설서와 2019 개정 누리과정(만 3~5세)을 중심으로 영유아교육과정의 구성 및 내용을 소개하였다. 국가수준의 유아교육과정에서 추구하는 인간상, 구성방향 및 체계의 내용, 유아교육과정의 5개 영역(신체운동 · 건강, 의사소통, 사회관계, 예술경험, 자연탐구)과 수준별 보육과정으로 6개 영역(기본생활, 신체운동, 사회관계, 의사소통, 자연탐구, 예술경험)으로 구성되어 있는 사람과 자연 존중의 가치 등 실생활과 연관된 영유아 대상의 교육 내용과 방법 등을 알아보기로 한다.

교육 목표

1. 표준보육과정의 6개 영역을 중심으로 영아의 건강한 발달을 지원하기 위한 환경구성 및 지도방법을 설명할 수 있다.
2. 누리과정의 5개 영역을 중심으로 유아의 건강한 발달을 지원하기 위한 환경구성 및 지도방법을 설명할 수 있다.

1. 표준보육과정 기반의 영유아교육과정

1) 표준보육과정

어린이집에서 운영하는 보육과정은 국가 수준의 보육목표와 영유아의 발달과 개인차를 고려하여 이들이 경험하게 될 보편적인 보육내용을 제시하고 있다. 보육과정은 국가의 보육방향을 규정하고 더 나아가 미래의 능력 있는 민주시민의 기초를 형성하는 데 목적을 둔다. 보육목표와 내용을 선정하고 구성할 때 기본 전제를 이루는 최소한의 중요 내용을 '표준보육과정의 기본 전제'로 제시하고 있다. 어린이집 원장과 교사, 부모, 기타 종사자들이 영유아를 어떻게 이해하고 보육경험을 제공하며, 서로 어떻게 협력해야 하는가에 대한 기초적인 이해를 강조하고 있다. 표준보육과정의 영역은 6개의 영역(기본생활, 신체운동, 사회관계, 의사소통, 예술경험, 자연탐구)으로 연계되어 있다.

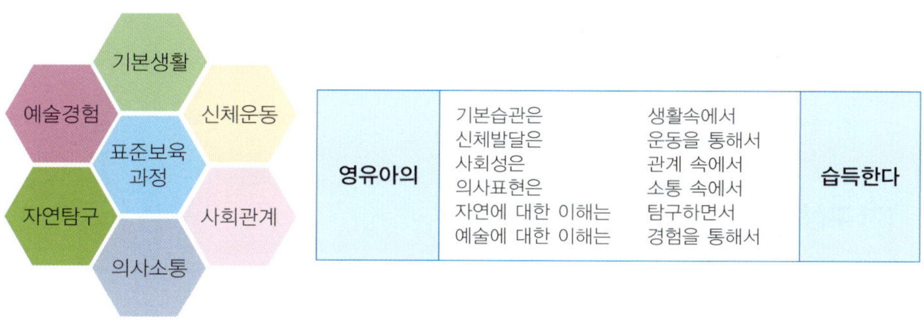

그림 3-1 표준보육과정의 영역구성 및 촉진 원리

(1) 표준보육과정의 목표를 통해 기르고자 하는 인간상

① 심신이 건강하고 행복한 사람

② 자율적이고 창의적인 사람

③ 자신과 타인을 존중하고 배려하는 사람
④ 자연과 우리 문화를 사랑하는 사람
⑤ 다양성을 인정하는 민주적인 사람

2) 구성방향과 구성체계

(1) 구성방향

① 영유아의 발달 특성과 개인차를 고려하여 연령 및 수준별로 구성한다.
② 어린이집에서 편안하고 행복한 일상생활이 되도록 중점을 두고 구성한다.
③ 질서, 배려, 협력 등 기본생활습관과 바른 인성을 기르는 데 중점을 두고 구성한다.
④ 자율성과 창의성을 기르는 데 중점을 두고, 전인발달을 이루도록 구성한다.
⑤ 사람과 자연을 존중하고, 우리 문화를 이해하는 데 중점을 두고 구성한다.

(2) 구성체계

영유아의 발달 수준을 고려하고 교사의 지원과 환경구성에서의 질적 차이를 반영하여 다음과 같이 구성한다.

① 어린이집 표준보육과정은 0~1세 보육과정, 2세 보육과정, 3~5세 누리과정으로 구성한다.
② 어린이집 표준보육과정은 영역, 내용범주, 내용, 세부내용으로 구분하고, 내용 간에 연계가 이루어지도록 구성한다.
③ 세부내용이라 함은 0~1세 보육과정, 2세 보육과정에서는 수준별 세부내

용을 의미하고, 3~5세 누리과정에서는 연령별 세부내용을 의미한다.

④ 0~1세 누리과정은 기본생활, 신체운동, 의사소통, 사회관계, 예술경험, 자연탐구의 6개 영역을 중심으로 구성한다.

⑤ 2세 누리과정은 기본생활, 신체운동, 의사소통, 사회관계, 예술경험, 자연탐구의 6개 영역을 중심으로 구성한다.

⑥ 3~5세 누리과정은 신체운동·건강, 의사소통, 사회관계, 예술경험, 자연탐구의 5개 영역을 중심으로 구성한다.

⑦ 3~5세 누리과정은 초등학교 교육과정과의 연계성을 고려하여 구성한다.

3) 표준보육과정의 목표

0~1세 보육과정

① 건강하고 안전한 일상생활을 경험한다.

② 감각 및 기본신체운동능력을 기른다.

③ 말소리를 구분하고 의사소통의 기초를 마련한다.

④ 친숙한 사람과 관계를 형성한다.

⑤ 아름다움에 관심을 가진다.

⑥ 보고, 듣고, 만지면서 주변 환경에 관심을 가진다.

2세 보육과정

① 건강하고 안전한 생활습관의 기초를 마련한다.

② 감각, 신체조절 및 기본운동능력을 기른다.

③ 의사소통능력의 기초를 기른다.

④ 나를 인식하고 다른 사람과 더불어 생활하는 경험을 한다.

⑤ 아름다움에 관심을 가지고 예술경험을 즐긴다.

⑥ 주변 환경에 호기심을 갖고 탐색하기를 즐긴다.

3~5세 누리과정

① 기본운동능력과 건강하고 안전한 생활습관을 기른다.
② 일상생활에 필요한 의사소통능력과 바른 언어 사용 습관을 기른다.
③ 자신을 존중하고 다른 사람과 더불어 생활하는 능력과 태도를 기른다.
④ 아름다움에 관심을 가지고 예술 경험을 즐기며, 창의적으로 표현하는 능력을 기른다.
⑤ 호기심을 가지고 주변 세계를 탐구하며, 일상생활에서 수학적 · 과학적으로 생각하는 능력과 태도를 기른다.

교수-학습방법

① 주도적인 놀이를 중심으로 교수-학습활동이 이루어지도록 한다.
② 흥미를 중심으로 활동을 선택하고 지속할 수 있도록 한다.
③ 생활 속 경험을 소재로 하여 지식, 기술, 바람직한 태도를 기르도록 한다.
④ 교사와 신뢰감을 형성하고 개별적인 활동이 이루어지도록 한다.
⑤ 교사, 환경, 또래와 능동적인 상호작용이 이루어지도록 한다.
⑥ 주제를 중심으로 여러 활동이 통합적으로 이루어지도록 한다.
⑦ 만 0~1세아, 만 2세아는 일상생활 및 개별활동, 휴식 등이 균형 있게 이루어지도록 한다.
⑧ 만 3~5세아는 실내 · 실외활동, 정적 · 동적활동, 대 · 소집단활동 및 개별활동, 일상생활 및 휴식 등이 균형 있게 이루어지도록 한다.

4) 0~1, 2세 표준보육과정의 영역

(1) 기본생활

기본생활 영역에서는 편안한 수면 및 휴식, 수유 및 건강한 식사 등 영아가 생활에 필요한 건강한 일상을 자연스럽게 경험하고, 주변의 안전한 상황에서 놀이하는 등 안전한 일상을 경험하도록 지도한다.

기본생활습관은 어렸을 때 주로 형성되어 일생동안 영향을 미칠 수 있기 때문에, 교사는 모범을 보여 영유아가 자연스럽게 보고 배우며 좋은 습관들을 형성해 갈 수 있도록 돕는다.

표 3-1 기본생활 영역의 내용범주와 내용

	건강하게 생활하기	안전하게 생활하기
0~1세 보육과정	몸을 깨끗이 하기	안전하게 지내기
	즐겁게 먹기	위험한 상황에 반응하기
	건강한 일상생활하기	
2세 보육과정	몸을 깨끗이 하기	안전하게 놀이하기
	바르게 먹기	교통안전 알기
	일상생활하기	위험한 상황 알기
	질병에 대해 알기	

(2) 신체운동

신체운동 영역은 영아가 자신의 감각적 경험을 통해 신체를 탐색하고 대소근육을 발달해 가며, 연령에 적합한 신체활동에 참여하면서 감각능력과 기본적인 신체운동의 기초능력을 기르기 위한 영역이다. 영아는 다양한 감각 경험을 통하여 주변 환경을 탐색하고 자신과 환경과의 관계를 인식하게 되므로 영아의 감각과 신체인식의 기초능력은 중요하다. 영아는 오감각 기관을 사용하여 외부 세계에 대한 정보를 얻게 되므로 영아의 감각운동능력은 영아와 환경을 연결하는 첫 번째 통로가 된다. 또한 만지고, 두드리고, 던지며 노는 가운데 눈과 손의 협응능력과 조작능력의 발달을 꾀하면서 기본운동능력발달의 기초를 형성하게 된다.

표 3-2 신체운동 영역의 내용범주와 내용

	감각과 신체 인식하기	신체조절과 기본운동하기	신체활동에 참여하기
0~1세 보육과정	감각적 자극에 반응하기	신체 균형잡기	몸 움직임 즐기기
	감각기관으로 탐색하기	대근육 조절하기	바깥에서 신체 움직이기
	신체 탐색하기	소근육 조절하기	기구를 이용하여 신체활동 시도하기
		기본운동하기	
2세 보육과정	감각능력 기르기	신체 균형잡기	신체활동에 참여하기
	감각기관 활용하기	대근육 조절하기	바깥에서 신체활동하기
	신체를 인식하고 움직이기	소근육 조절하기	기구를 이용하여 신체활동하기
		기본운동하기	

(3) 의사소통

의사소통 영역은 출생 후 첫 울음, 옹알이 등의 소리나 몸짓, 표정과 같은 비언어적 행동을 통해 자신의 감정이나 요구를 타인에게 전달하다가 점차 한 단어와 짧은 문장으로 다른 사람과 소통할 수 있는 기초를 이루는 영역이다.

의사소통 영역은 ‘듣기’, ‘말하기’, ‘읽기’, ‘쓰기’의 범주로 구성되어 있다. 의사소통 영역에서는 신뢰감이 형성된 사람과 친숙한 환경에서 네 가지 내용범주의 경험이 모두 이루어질 수 있도록 하는 것이 중요하다. 일상생활에서 자연스럽고 친근하게 말을 걸어주는 성인의 말소리를 듣는 것에 흥미를 나타내고, 소리나 옹알이, 어휘를 즐겨 표현하도록 눈을 맞추고 영아에게 주의를 기울이도록 한다.

표 3-3 의사소통 영역의 내용범주와 내용

	말하기	듣기	읽기	쓰기
0~1세 보육과정	발성과 발음으로 소리내기	주변의 소리와 말소리 구분하여 듣기	그림책과 환경 인쇄물에 관심 가지기	끼적이기
	표정, 몸짓, 말소리로 말하기	경험과 관련된 말 듣고 알기		
	말할 순서구분하기	운율이 있는 말 듣기		
		말하는 사람을 보기		
2세 보육과정	낱말과 간단한 문장으로 말하기	말소리 구분하여 듣고 의미 알기	그림책과 환경 인쇄물에 흥미 가지기	끼적이며 즐기기
	자신의 원하는 것을 말하기	짧은 문장 듣고 알기		
	상대방을 바라보며 말하기	짧은 이야기 듣기		
		말하는 사람을 주의 깊게 보기		

(4) 사회관계

사회관계 영역은 영아가 자신을 다른 사람과 분리된 존재로 인식하고 스스로 긍정적인 느낌을 가지며, 자신의 감정을 표현하고 다른 사람의 감정을 알며, 주양육자와 안정된 애착관계를 형성하고, 또래에 관심을 갖고 자기가 소속된 집단이 있다는 것을 알게 됨으로써 다른 사람들과 더불어 생활하는 기초를 익히도록 하는 영역이다.

표 3-4 사회관계 영역의 내용범주와 내용

	나를 알고 존중하기	나와 다른 사람의 감정 알기	더불어 생활하기
0~1세 보육과정	나를 구별하기	나의 감정 나타내기	안정적인 애착 형성하기
	나의 것 인식하기	다른 사람에게 주의 기울이기	또래에 관심 갖기
		안정적인 애착 형성하기	자신이 속한 집단알기
			사회적 가치를 알기
			내 가족 알기
2세 보육과정	나를 구별하기	나의 감정을 나타내기	또래와 관계하기
	좋아하는 것 해보기	다른 사람의 감정에 반응하기	자신이 속한 집단 알기
			사회적 가치를 알기

(5) 예술경험

예술경험 영역은 영아가 자신의 신체와 주변의 감각 자극에 호기심을 가지고 반응하고, 다양한 방법으로 표현하기를 즐기며, 자연물, 사물, 환경의 아름다움에 관심을 가짐으로써 아름다움을 즐기고 풍부한 정서를 경험하기 위한 영역이다.

표 3-5 예술경험 영역의 내용범주와 내용

	아름다움 찾아보기	예술적 표현하기	예술 감상하기
0~1세 보육과정	예술적 요소에 호기심 가지기	리듬 있는 소리로 반응하기	아름다움 경험하기
		움직임으로 반응하기	
		단순한 미술 경험하기	
		모방행동 즐기기	
2세 보육과정	예술적 요소 탐색하기	리듬 있는 소리와 노래로 표현하기	아름다움 즐기기
		움직임으로 표현하기	
		자발적으로 미술활동하기	
		모방과 상상놀이하기	

(6) 자연탐구

자연탐구 영역은 영아가 보고, 듣고, 만지면서 주변 환경에 관심을 가지고, 주변 세계에 대한 탐색을 시도하며, 주변에서 일어나는 수학적 상황을 지각하고, 감각과 조작을 통하여 주변 사물과 자연환경에 대해 알아가며 일상생활 속에서 기초 수학적, 과학적 탐구능력과 탐구태도를 기르기 위한 영역이다.

표 3-6 자연탐구 영역의 내용범주와 내용

	탐구하는 태도 기르기	수학적 탐구하기	과학적 탐구하기
0~1세 보육과정	사물에 관심 가지기	수량 지각하기	물체와 물질 탐색하기
	탐색 시도하기	주변 공간 탐색하기	주변 동식물에 관심 가지기
		차이를 지각하기	주변 자연에 관심 가지기
		간단한 규칙성 지각하기	생활도구 탐색하기

	탐구하는 태도 기르기	수학적 탐구하기	과학적 탐구하기
2세 보육과정	호기심 가지기	수량 인식하기	물체와 물질 탐색하기
	반복적 탐색 즐기기	공간과 도형에 관심 가지기	주변 동식물에 관심 가지기
		차이에 관심 가지기	자연을 탐색하기
		단순한 규칙성에 관심 가지기	생활도구 사용하기
		구분하기	

2. 누리과정

1) 2019 개정 누리과정의 개발 배경 및 절차

2017년 5월 시작된 문재인 정부는 국정운영 5개년 계획에서 '교실혁명을 통한 공교육 혁신'을 명시하였고, 세부과제 중 하나로 학생중심의 교육과정 개편을 제시하였다. 학생중심의 교육과정 개편을 위해 유아와 초등학생의 적정학습시간 및 휴식시간 보장 법제화 내용이 제안되었다. 이에 교육부는 '유아교육 혁신방안'을 발표하였으며, 주요 내용 중 하나로 '유아가 중심이 되고 놀이가 살아나는 유아중심 · 놀이중심의 교육과정 혁신'을 발표하게 되었다.

육아정책연구소는 교육부의 위탁으로 유아교육전문가, 보육전문가, 교육과정전문가 등으로 구성된 연구진 11명과 교육부 및 보건복지부의 연구 협력관을 포함하여 총 14명의 전문가를 구성하여 「2019 개정 누리과정」 1차 시안을 개발하였다. 이후 국어학자 2인의 윤문과 법학자의 의견 수렴을 거쳐 「2019 개정 누리과정(안)」을 마련하였다

2) 2019 개정 누리과정의 주요 특성

2019 개정 누리과정은 다음과 같은 특성을 가진다.

① 유아중심 · 놀이중심을 추구

② 누리과정 성격을 공통의 교육과정으로 명시

③ 추구하는 인간상을 명시하며 총론의 구성체계 확립

④ 기존 누리과정 구성체계 유지 및 5개 영역 내용 간략화

⑤ 누리과정 실행력과 현장의 자율성 강조

⑥ 평가의 간략화

3) 누리과정의 구성방향

(1) 추구하는 인간상

① 건강한 사람

• 유아는 마음껏 뛰어놀고 세상과 즐겁게 교류하며 건강하게 자랄 수 있는 자라나는 힘을 가지고 있다.

② 자주적인 사람

• 유아는 자신이 하고 싶은 놀이를 스스로 선택하고 주도적으로 이끌어 나가는 자주적 힘을 가지고 있다.

③ 창의적인 사람

• 유아는 선천적으로 호기심과 상상력이 풍부하며, 궁금한 것을 탐구하고 실험해 가는 창의적 과정을 즐기고 적극적이다.

④ 감성이 풍부한 사람

• 유아는 다양한 사물과 매체, 사람과 자연 등을 경험하면서 아름다움을 발견하고 느끼는 풍부한 감성을 가지고 있다.

⑤ 더불어 사는 사람

- 유아는 놀이에서 자신과 친숙한 주변 세계와 관계 맺기를 즐기며 적극적으로 소통하여 협력하는 기초능력을 키워나갈 수 있다.

(2) 목적과 목표

누리과정의 목적은 유아가 **놀이를 통해** 심신의 건강과 조화로운 발달을 이루고 **바른인성**과 **민주시민**의 기초를 형성하는 데에 있다.

① 자신의 소중함을 알고, 건강하고 안전한 생활습관을 기른다.
② 자신의 일을 스스로 해결하는 기초능력을 기른다.
③ 호기심과 탐구심을 가지고 상상력과 창의력을 기른다.
④ 일상에서 아름다움을 느끼고 문화적 감수성을 기른다.
⑤ 사람과 자연을 존중하고 배려하며 소통하는 태도를 기른다.

(3) 구성의 중점

① 3~5세 모든 유아에게 적용할 수 있도록 구성한다.
② 추구하는 인간상 구현을 위한 **지식, 기능, 태도 및 가치를 반영하여 구성한다**.
③ 신체운동·건강, 의사소통, 사회관계, 예술경험, 자연탐구의 5개 영역을 중심으로 구성한다.
④ 3~5세 **유아가 경험해야 할 내용**으로 구성한다.
⑤ 0~2세 보육과정 및 초등학교 교육과정과 연계할 수 있도록 구성한다.

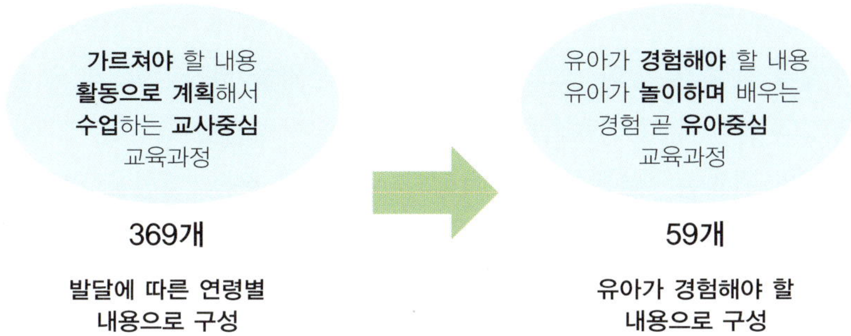

그림 3-2 2019 개정 누리과정 영역별 내용범주 간략화

(4) 교수-학습

교사는 다음 사항에 따라 유아를 지원한다.

① 유아가 흥미와 관심에 따라 놀이에 자유롭게 참여하고 즐기도록 한다.

② 유아가 놀이를 통해 배우도록 한다.

③ 유아가 다양한 놀이와 활동을 경험할 수 있도록 실내외 환경을 구성한다.

④ 유아와 유아, 유아와 교사, 유아와 환경 간에 능동적인 상호작용이 이루어지도록 한다.

⑤ 5개 영역의 내용을 통합하여 유아의 경험과 연계되도록 한다.

⑥ 개별 유아의 요구에 따라 휴식과 일상생활이 원활히 이루어지도록 한다.

⑦ 유아의 연령, 발달, 장애, 배경 등을 고려하여 개별 특성에 적합한 방식으로 배우도록 한다.

(5) 평가

평가는 다음 사항에 중점을 두고 실시한다.

① 누리과정 운영의 질을 진단하고 개선하기 위해 평가를 계획하고 실시

한다.

② 유아의 특성 및 변화 정도와 누리과정의 운영을 평가한다.

③ 평가의 목적에 따라 적합한 방법을 사용하여 평가한다.

④ 평가의 결과는 유아에 대한 이해와 누리과정 운영 개선을 위한 자료로 활용할 수 있다.

표 3-7 2019 개정 누리과정 영역과 내용범주

영역	내용범주(15개)
신체운동 · 건강	신체운동 즐기기
	건강하게 생활하기
	안전하게 생활하기
의사소통	듣기와 말하기
	읽기와 쓰기에 관심 가지기
	책과 이야기 즐기기
사회관계	나를 알고 존중하기
	더불어 생활하기
	사회 관심 가지기
예술경험	아름다움 찾아보기
	창의적으로 표현하기
	예술 감상하기
자연탐구	탐구과정 즐기기
	생활 속에서 탐구하기
	자연과 더불어 살기

4) 영역별 목표 및 내용

(1) 신체운동·건강(12개)

실내 · 외에서 신체활동을 즐기고, 건강하고 안전한 생활을 한다.

① 신체활동에 즐겁게 참여한다.

② 건강한 생활습관을 기른다.

③ 안전한 생활습관을 기른다.

표 3-8 신체운동 · 건강 영역의 내용범주와 내용

내용범주	내용
신체활동 즐기기	신체를 인식하고 움직인다.
	신체 움직임을 조절한다.
	기초적인 이동운동, 제자리운동, 도구를 이용한 운동을 한다.
	실내외 신체활동에 자발적으로 참여한다.
건강하게생활하기	자신의 몸과 주변을 깨끗이 한다.
	몸에 좋은 음식에 관심을 가지고 바른 태도로 즐겁게 먹는다.
	하루 일과에서 적당한 휴식을 취한다.
	질병을 예방하는 방법을 알고 실천한다.
안전하게 생활하기	일상에서 안전하게 놀이하고 생활한다.
	TV, 컴퓨터, 스마트폰 등을 바르게 사용한다.
	교통안전 규칙을 지킨다.
	안전사고, 화재, 재난, 학대, 유괴 등에 대처하는 방법을 알고 행동한다.

(2) 의사소통(12개)

일상생활에 필요한 의사소통능력과 상상력을 기른다.

① 일상생활에서 듣고 말하기를 즐긴다.

② 읽기와 쓰기에 관심을 가진다.

③ 책이나 이야기를 통해 상상하기를 즐긴다.

표 3-9 의사소통 영역의 내용범주와 내용

내용범주	내용
듣기와 말하기	말이나 이야기를 관심 있게 듣는다.
	바른 태도로 듣고 말한다.
	고운 말을 사용한다.
	자신의 경험, 느낌, 생각을 말한다.
	상황에 적절한 단어를 사용하여 말한다.
	상대방이 하는 이야기를 듣고 관련해서 말한다.
읽기와 쓰기에 관심 가지기	말과 글의 관계에 관심을 가진다.
	주변의 상징, 글자 등의 읽기에 관심을 가진다.
	자신의 생각을 글자와 비슷한 형태나 글자로 표현한다.
책과 이야기 즐기기	책 읽기에 관심을 가지고 상상하기를 즐긴다.
	동화, 동시에서 말과 글의 재미를 느낀다.
	말놀이와 이야기 짓기를 즐긴다.

(3) 사회관계(12개)

자신을 존중하고 더불어 생활하는 태도를 가진다.

① 자신을 이해하고 존중한다.
② 다른 사람과 사이좋게 지낸다.
③ 우리가 사는 사회와 다양한 문화에 관심을 가진다.

표 3-10 사회관계 영역의 내용범주와 내용

내용범주	내용
나를 알고 존중하기	나를 알고 소중히 여긴다.
	나의 감정을 알고 상황에 맞게 표현한다.
	내가 할 수 있는 것을 스스로 한다.
더불어 생활하기	가족의 의미를 알고 화목하게 지낸다.
	서로 다른 감정, 생각, 행동을 존중한다.
	일상에서 예의를 지켜 행동한다.
	약속과 규칙의 필요성을 알고 지킨다.
	친구와 서로 도우며 사이좋게 지낸다.
	친구와의 갈등을 긍정적인 방법으로 해결한다.
사회에 관심 가지기	내가 살고 있는 곳에 대해 궁금한 것을 알아본다.
	우리나라에 대해 자부심을 가진다.
	다양한 문화에 관심을 갖고 문화의 다양성을 존중한다.

(4) 예술경험(10개)

아름다움과 예술에 관심을 가지고 창의적 표현을 즐긴다.
① 자연과 생활 및 예술에서 아름다움을 느낀다.
② 예술을 통해 창의적으로 표현하는 과정을 즐긴다.

③ 다양한 예술 표현을 존중한다.

표 3-11 예술경험 영역의 내용범주와 내용

내용범주	내용
아름다움 찾아보기	자연과 생활에서 아름다움을 느끼고 즐긴다.
	다양한 예술적 요소에 관심을 갖고 찾아본다.
창의적으로 표현하기	다양한 노래를 즐겨 부른다.
	신체, 사물, 악기로 간단한 소리와 리듬을 만들어 본다.
	신체나 도구를 활용하여 움직임과 춤으로 자유롭게 표현한다.
	다양한 미술 재료와 도구로 자신의 생각과 느낌을 표현한다.
	극놀이로 경험이나 이야기를 표현한다.
예술 감상하기	다양한 예술을 감상하며 상상하기를 즐긴다.
	서로 다른 예술 표현을 존중한다.
	우리나라 전통 예술에 관심을 갖고 친숙해진다.

(5) 자연탐구(13개)

탐구하는 과정을 즐기고, 자연과 더불어 살아가는 태도를 가진다.

① 일상에서 호기심을 가지고 탐구하는 과정을 즐긴다.

② 생활 속의 문제를 수학적 · 과학적으로 탐구한다.

③ 생명과 자연을 존중한다.

표 3-12 자연탐구 영역의 내용범주와 내용

내용범주	내용
탐구과정 즐기기	주변 세계와 자연에 대해 지속적으로 호기심을 가진다.
	궁금한 것을 탐구하는 과정에 적극적으로 참여한다.
	탐구과정에서 서로 다른 생각에 관심을 갖는다.
생활 속에서 탐구하기	물체의 특성과 변화를 여러 가지 방법으로 탐색한다.
	물체를 세어 수량을 안다.
	물체의 위치와 방향, 모양을 알고 구별한다.
	일상에서 길이, 무게 등의 속성을 비교한다.
	주변에서 반복되는 규칙을 찾는다.
	일상에서 모은 자료를 기준에 따라 분류한다.
	도구와 기계에 대해 관심을 가진다.
자연과 더불어 살기	주변의 동식물에 관심을 가진다.
	생명과 자연환경을 소중히 여긴다.
	날씨와 계절의 변화를 생활과 관련짓는다.

'**누리과정**'이란 어린이집과 유치원에 다니는 3~5세 **유아에게 공통으로 제공**되는 교육과정이다. 따라서 국가수준의 교육과정인 누리과정에 기반하여 유아의 교육 및 생활지도가 이루어질 필요가 있으므로, 2020년 3월부터 시행되는 누리과정에 대한 이해를 돕기 위해 주요 사항에 대한 질문과 답변 형태로 소개하면 다음과 같다.

Q 1	**2019 누리과정 개정의 배경은 무엇인가요?**
	• 2019 개정 누리과정의 핵심은 '유아중심 · 놀이중심'의 교육과정을 추구한다는 데에 있습니다. 이는 유아는 주체성과 능동성을 바탕으로 의미 있는 경험을 통해 스스로 배운다는 인간중심 · 경험중심의 교육과정 철학에 기반하고 있습니다. 또한 이번 개정은 놀이와 학습이 서로 연계되어 유아에게 의미 있는 배움이 일어난다는 놀이중심 교육과정의 실천이기도 합니다. 뉴질랜드, 일본, 핀란드 등 세계 여러 나라에서도 이러한 '유아중심 · 놀이중심'의 교육을 강조하고 있습니다.
Q 2	**'유아중심 · 놀이중심'의 교육과정을 좀 더 구체적으로 설명해 주세요.**
	• 기존에는 교사가 사전에 교육계획을 수립하고 이에 따른 활동과 놀이를 유아에게 제공함에 따라 아이들의 주체성과 능동성이 제한되는 경우가 일부 있었습니다. 개정 누리과정에서는 유아가 자신의 관심과 흥미에 따라 주도적 · 자발적으로 놀이를 하고 교사는 유아가 놀이를 통해 더 잘 배울 수 있도록 지원하는 역할을 수행합니다.
Q 3	**교사는 유아의 놀이를 어떻게 지원하나요?**
	• 교사는 다양한 놀이와 활동이 가능한 실내외 환경(놀잇감, 교재교구 등)을 구성하여 유아가 흥미와 관심에 따라 놀이에 자유롭게 참여할 수 있도록 지원합니다. • 또한 교사는 아이들이 놀이하는 과정에 적절히 개입하여 유아와 유아, 유아와 교사, 유아와 환경 간에 능동적인 상호작용이 이루어지도록 하는 역할도 합니다.
Q 4	**유아교육기관에서 놀이만 한다면 아이들이 초등학교에 입학한 후 적응하기 어렵지 않을까요?**
	• 개정 누리과정은 '놀이를 통한 배움'을 추구합니다. 주도적으로 놀이에 참여하고 몰입하는 과정에서 아이들은 재미와 행복을 얻는 동시에 자신감, 문제해결능력, 자율성, 창의성 등을 기를 수 있는 기회를 얻게 됩니다. • 또한 개정 누리과정은 초등학교교육과정과의 연계를 위해 초 · 중등교육과정의 핵심역량(창의성, 감성, 사회성 등)을 반영한 인간상 및 목표를 제시하고, 그에 맞는 내용을 체계적으로 구성하였습니다. *건강한 사람, 자주적인 사람, 창의적인 사람, 감성이 풍부한 사람, 더불어 사는 사람
Q 5	**그밖에 달라지는 점이 있나요?**
	• 교육과정의 기존의 5개 영역*은 유지하되, 세부내용(369개)을 연령별로 구분하였던 것을 연령 구분 없이 유아가 경험해야 할 내용을 중심으로 간략화(59개) 하였습니다. 또한 유아교육기관의 상황과 유아들의 특성에 따라 다양한 교육방식이 발현될 수 있도록 유아교육기관 및 교사의 자율성을 확대**한 점도 2019 개정 누리과정의 주된 특징입니다. *신체운동 · 건강, 의사소통, 사회관계, 예술경험, 자연탐구 **계획 수립(연간, 월간, 주간, 일일계획→계획), 5개 영역 통합방식(주제 중심→다양한 방식), 자체평가 기준(평가대상, 방법 등 단순화) 등 완화
Q 6	**「2019 개정 누리과정」은 어디에서 찾아볼 수 있나요?**
	• 보건복지부홈페이지(WWW.mohw.go.kr) 또는 국가법령정보센터(WWW.low.go.kr)에서 3~5세 누리과정고시 검색을 통해 확인하실 수 있습니다.

4장

문제행동의 개념 및 인식

문제행동의 개념은 학자에 따라, 학문 분야에 따라 조금씩 다르게 정의되고 있으며, 문제행동에 대한 관점 역시 시대나 문화, 가치관 그리고 문제행동을 바라보는 시선에 따라 달라질 수 있다. 한편 부모나 교사는 영유아가 보이는 부정적인 행동들에 대해 무조건 문제행동으로 치부하지 않도록 유의해야 한다.

이 장에서는 영유아의 행동에 대한 올바른 이해와 지도를 위해 문제행동의 개념을 소개하고, 문제행동이라고 판단하기 이전에 고려해야 할 중요한 요인들에 대해 안내하고자 한다.

교육목표

1. 영유아가 문제행동을 보이는 상황들을 분석하고 이를 설명할 수 있다.
2. 교사의 관점에서 기본적 양육 및 심리적 욕구가 충족되지 않은 영유아가 보이는 다양한 부적응 신호를 알아볼 수 있다.

1. 문제행동의 개념 및 이해

1) 문제행동의 다양한 개념

[생각해 봅시다] 문제행동이라고 할 수 있을까?

- 일곱 살(만 5세) 민수는 화장실에 가는 것을 참다가 배변 실수를 하였다. 교사는 다른 유아들이 교실에서 냄새가 난다고 말하는 것을 듣게 되었다. 교사가 한 명씩 확인하고 민수가 바지에 배변 실수를 한 것을 알게 되었다. 처음에는 놀다가 실수한 것이라고 생각하였으나 이틀 후에도 또 다시 배변 실수를 하고 말을 하지 않았다.

- 네 살(만 2세) 지선이는 놀이를 하다가 오줌을 쌌다. '쉬 마려워요'하고 일어서며, 바지에 배변 실수를 하는 경우가 일주일에 두세 번씩 발생하였다.

무엇을 문제행동이라고 볼 것인가는 현장의 교사들에게 아주 중요한 문제이다. 현행 「영유아보육법」에 따르면 교사 1인당 영아의 경우 최소 3명에서부터 유아의 경우 최대 20명까지 한 교실에서 보육이 이루어지고 있다. 유아교사로서 각각의 영유아가 보이는 행동에 관심을 가져야 하며, 그중 교실에서 다루기 어려운 행동을 하는 영유아를 마주하게 되는 경우가 종종 있다.

친구와 장난감을 두고 다투는 영유아, 공격적이거나 파괴적인 행동을 하는 영유아, 편식을 하는 영유아, 부모와 헤어짐을 어려워하는 영유아, 친구와 어울리지 못하는 영유아, 교사의 지시에 따르지 않는 영유아 등 교실 내에서 벌어지는 다양한 상황에서 교사는 개별적으로 영유아들에게 올바른 지도를 할 필요가 있다.

그렇다면 과연 문제행동은 무엇이며 어떤 행동을 문제행동으로 볼 수 있는가? 앞의 두 사례에서 일곱 살 민수와 네 살 지선이의 배변 실수는 문제행동인가?

문제행동(問題行動, problem behavior)이라는 용어는 주로 과거 장애로 진단받은 특수교육대상자인 아동을 대상으로 이루어지는 교육과 치료 상황에서 등장하였다. 프로이트(Freud)의 영향을 받아 정서장애(emotional handicapped)라는 용어로 사용되었고, 이후 1960년대 후반 '문제행동'이라는 용어가 처음으로 사용되었다(신은혜, 1984). 문제행동의 개념은 학자에 따라, 학문 분야에 따라 달리 사용되고 있으며 부적응행동, 역기능적 행동, 이상행동, 행동문제, 행동장애, 비행, 반사회적 행동 등 유사한 용어로 다양하게 사용하고 있다. 이렇듯 다양한 견해를 보이는 문제행동에 대한 관점은 시대나 문화, 가치관에 따라 달라진다(송의열, 1999).

문제행동의 좁은 범위로는 정상인 평균이나 규준에서 벗어난 상태를 의미하지만 평균적인 수치의 이탈뿐만 아니라 사회적으로나 학업적으로 유해성(harmfulness)을 가지고 역기능적인 작용을 하는 것을 말한다. 더 나아가 문제행동이 정신건강에까지 악영향을 끼치고 삶의 적응에 고통을 야기한 것을 장애(disorder)라고 한다(고인숙, 2008).

(1) 발달심리학적 관점

발달이 정상궤도에서 벗어나 일탈이 이루어지거나 특정한 발달 단계에 고정되는 경우 또는 특정 영역의 발달이 일어나지 않는 것을 비정상발달로 보고, 이로 인해 나타나는 행동을 비정상행동으로 본다(홍강의, 2014).

(2) 사전적 의미

문제행동의 사전적 의미를 정리하면 표 4-1과 같다.

표 4-1 문제행동의 사전적 의미

사전	정의
상담학사전 (2016)	• 일차적으로는 부모나 교사의 일상적인 지도범위를 벗어나 어려움을 야기하고, 해당 연령에 기초한 규범적 행동으로 보기에 일탈된 행동이나 정상적인 적응능력을 갖추지 못한 행동
유아교육보육 용어사전(2009)	• 영유아가 보이는 여러 가지 행동 중에서 영유아를 둘러싸고 있는 사람들에 의해 어딘가 문제가 있다고 보는 행동 • 비전문가의 경우 문제행동이 아닌 것도 문제행동으로 보는 경향이 있어 판단에는 전문가의 도움이 필요 • 현장에서는 교사들의 아동관, 발달관, 교육관 등에 의해 좌우되기 쉽기 때문에 유아교사로서 문제행동을 어떻게 보느냐보다는 문제행동이 될 수 있는 전조현상, 즉 '신호로서의 증상'을 잘 알아차리는 것이 더 중요
교육심리학 용어사전(2000)	• 비사회적 문제행동: 극단적인 내향성, 소심, 고립, 무기력, 함구, 퇴행 등 • 반사회적 문제행동: 거짓말, 절도, 난폭, 싸움질, 상해 등 • 신경증적 문제행동: 과민, 주의산만, 발열, 두통, 복통, 편식, 식욕감퇴, 변비, 배설, 야뇨, 안면경련(tic), 손톱뜯기, 야경, 고공공포 등 • 자기과시적 문제행동: 기언(奇言), 기행(奇行), 허영 등 • 문제행동은 그 행동을 해결하는 것보다 그 발생요인에 대한 치료나 지도가 더욱 중요.
특수교육학 용어사전(2009)	• 개인의 연령에 맞는 규범적 행동으로 보기에 부적절한 행동이나 타인에게 불이익이나 해를 끼치는 행동 • 외현화 문제행동(externalizing problem behavior): 자신의 감정 및 행동에 대한 과소 통제로 인해 발생되며, 타인에 대한 공격성과 공격행동, 과잉행동과 비행 등의 주의집중문제와 같이 밖으로 표출되는 심리적 문제행동 • 내면화 문제행동(internalizing problem behavior): 자신의 행동을 지나치게 억제하거나 적절하게 표현하지 못하는 위축행동, 분명한 원인 없이 나타나는 신체적 불편감과 설사, 두통 등의 신체증상, 불안과 우울, 낯선 상황에 대한 불안이나 짜증, 걱정과 같은 정서적 반응성으로 심리적 원인에 기인하여 발생하는 문제행동(Achenbach & Edlebrock, 1983)

(3) 학자들의 문제행동에 대한 정의

■ 카우프만(Kauffman, 1993)

유아의 문제행동이란 학문적 · 사회적 · 직업적 · 개인적 기술들을 포함하는 교육적인 수행에 있어서 유아에게 알맞은 적절한 나이, 문화, 인종적 규준과는 다른 행동적 · 정신적 반응을 수반한 장애를 의미한다고 보았다(황혜정 외 2002).

■ 카이저와 라스민스키(Kaiser & Rasminsky, 2013)

이들은 문제행동을 도전해야 할 행동(Challenging behavior)으로 보고 다음과 같이 정의하고 있다.

- 아동의 인지발달, 사회발달, 정서발달을 방해하는 행동
- 아동 자신이나 친구 또는 성인에게 피해를 주는 행동
- 나중에 사회적 문제를 일으키거나 학업에 실패를 할 수 있는 고위험 아동(Klass, Guskin & Thomas,1995; Mccabe & Frede, 2007)

■ 지성애와 홍혜경(2003)

유아가 자신 또는 다른 사람에게 피해를 입힐 때, 유아의 자아존중감이 위태로워질 때 등의 행동이 문제가 되는 행동이라고 보고, 문제행동에 대해 '개념적'으로 정의하기보다는 '구체적인 상황에서의 행동'으로 정의하였다.

■ 한태숙과 황혜정(2010)

사회 · 정서 발달상에 나타날 수 있는 내재화된 또는 외현화된 역기능으로 유아의 연령에 기초하는 규범적 행동이라고 보기에 부적절한 행동 또는 정상적인 적응능력을 갖추지 못한 것으로 보이는 행동을 문제행동이라 정의하고 있다. 일반적인 부모나 교사의 정상적인 지도 범위를 벗어나 어려움을 야기하

는 행동으로 보고 있다.

문제행동의 다양한 견해에서 주의해야 할 점은 발달상의 미숙이나 양육자 및 교수자의 잘못된 환경 제공, 성인과 맞지 않는 기질 등은 실제 영유아의 문제가 아님에도 불구하고 문제행동으로 치부될 수 있다는 점이다. 특히 유아교사는 자기 통제 안에 들어오지 않는 영유아의 행동이 문제행동이 아니라 영유아의 발달 및 배경, 기질 등의 문제가 아닌지 살펴보고, 문제행동에 대한 근본을 찾고 개념화하는 것이 더 중요하다. 즉, 문제행동 그 자체에 집중하기 이전에 영유아의 욕구와 배경에 대한 고찰이 선행되어야 한다.

※이 장에서는 문제행동을 다음과 같이 정의한다.

첫째, 영유아의 발달적 규범이나 사회적 규범에서 벗어나는 행동상의 문제로 인해 영유아가 자신 또는 다른 사람에게 현저하게 피해를 초래하는 행동
둘째, 영유아의 연령에 따라 발달의 기준에서 벗어나 부적절한 행동을 보이며 학습이나 또래와의 놀이활동을 방해하는 행동으로 인하여 부모나 교사가 일상적으로 지도할 수 있는 범위를 벗어나 어려움을 야기하는 행동

2) 문제행동의 판단기준

■ 무엇이 정상이고 무엇이 문제인가? 다음의 표를 보고 생각해 봅시다.

문제행동의 판단기준	○	×
▶ 나이에 적절하지 못한 행동인가?		
▶ 장기간에 걸쳐 나타나는 문제행동인가?		
▶ 다른 영유아나 타인의 권리를 부당하게 방해하는가?		
▶ 뚜렷한 위험, 즉 본인 또는 다른 영유아가 다칠 정도의 위험을 동반하는 행동인가?		
▶ 사물을 난폭하게 다루거나 생물을 학대하는 등의 파괴적 결과를 초래하는 행동인가?		
▶ 여러 가지 문제행동을 동시에 보이는가?		

영유아의 특정한 행동이나 정서상태를 정상으로 볼 것인가, 문제가 있다고 판단할 것인가는 영유아의 행동과 정서를 어떤 관점에서 보느냐에 따라 다양한 해석이 가능하다. 유아교육기관이나 가정에서 문제라고 호소하는 영유아의 행동이나 정서상태가 발달과정에서 나타나는 지극히 정상적인 행동이나 정서인 경우도 있으며, 양육자나 교사의 정보 또는 경험 부족 등에서 비롯되는 경우도 있기 때문에 이를 문제행동이라고 판단하는 것은 쉽지 않은 일이다.

정상적 발달을 보이는 영유아의 경우, 외현적 문제행동은 만 2세에 정점에 이른 후 연령이 증가함에 따라 점차 감소하는 것으로 나타났으나(Campbell, 1995; Campbell, Shaw & Gillion, 2000; Campbell, Spieker, Burchinal & Poe, 2006; Hartup, 1974; Smith, Calkins, Keane, Anastopoulps & Shelton, 2004; Trembley, 2000), 위험 수준의 심각한 문제행동을 보이는 유아의 경우에는 연령이 증가하여도 그 행동이 감소하지 않고 유지되거나 더 증가하는 경향을 보였다(유수옥, 2013).

선행 연구에 따르면 3~5세 유아 중 문제행동으로 전문적 개입이 필요한 유아가 전체 유아의 3~4% 정도이며(이경숙 외, 2004), 4~7세 유아의 4.5%가 심한 문제행동으로 치료가 필요하다고 보고되었다(황혜정 외, 2002).

최근 유아의 문제행동은 다양한 형태로 나타나며(김연, 2007), 문제행동은 유아기부터 아동기, 청소년기까지 지속될 수 있고, 학교생활의 부적응 및 일탈행동이나 비행행동으로 이어질 수 있어(송진숙, 2003; Mathiesen & Sanson, 2000), 유아기에 보이는 문제행동에 관한 지속적인 관심이 필요하다(윤경미, 한세영, 2017). 이를 위해 유아교사는 전연령기의 영유아발달의 특징과 행동을 이해하고 살펴볼 필요가 있다.

(1) 문제행동의 세 가지 유형

카우프만(Kaufman, 1993)은 아동에게 나타나는 문제행동의 요인을 크게 '공격적이고 반사회적인 행동' 미숙함으로 인해 발생하는 '부적절하고 미성숙한 행동', 타고난 기질이나 품성과 관련성이 높은 '인격장애' 등의 세 가지로 분류하였다.

표 4-2 카우프만의 문제행동 요인

공격적인 반사회적 행동
1. 친구들을 통제하려고 함 2. 소유권이나 규칙에 대하여 공격성을 보임 3. 과도한 주의를 요구함 4. 건방지고 불복종적이고 부정적임 5. 이기적이고 질투가 심하고 과잉행동을 나타냄 6. 과도한 말을 지나치게 함 7. 울화가 있음 8. 불신과 비난의 성향이 강함 9. 난폭한 말, 저주, 욕설을 심하게 함
부적절하고 미성숙한 행동
1. 부주의하고 과제를 미완성함 2. 지시에 잘 따르지 못함 3. 주의가 산만함 4. 금방 잊어버리고 기억하지 못함 5. 과제 이해능력이 부족함 6. 동기가 결여되어 있고 무감각함
인격장애
1. 지나치게 까다롭고 예민함 2. 자기감정을 적절하게 표현하지 못함 3. 항상 슬픔에 잠겨 있음 4. 집단활동을 기피함 5. 자신감이 결여되어 있고 실패를 매우 두려워함 6. 새로운 상황이나 어려운 과제는 회피함

출처: 부산광역시교육청(2014.05.31. 보고서).

(2) 학령 전 유아의 문제행동의 발달 경로

캠벨(Campbell, 2007)은 유아에게 행동문제가 발생하는 데는 다수의 경로가 있다고 보았고, 그 대표적인 경로는 유아의 생득적(기질, 지능, 생리적 특성 등) 특성, 부모의 양육태도, 가족구성 및 상호작용 그리고 가족환경 및 사회적 맥락 등을 꼽을 수 있다. 이러한 요인들이 유아의 행동문제 발생과 관련이 있음을 강조하였는데, 예를 들어, 문제행동이 발생하게 되는 경로는 유아의 생물학적 취약성뿐만 아니라 인성, 기질적 요인, 발달적·행동적 능력이 발달수준에서 벗어났기 때문일 수도 있다. 부모의 양육태도, 부모행동의 정서적 질, 부모-자녀의 관계에 대한 부모의 태도와 기대 등 관련 요인들이 유아의 적절한 발달을 도울 수도 있고 그렇지 않을 수도 있다. 한편 가족환경의 다른 요인들, 즉 부모의 정서적 문제와 결혼관계 등도 영향을 줄 수 있다. 나아가 부족한 재정적·물질적 자원이나 낮은 사회적 지지와 같은 가정을 둘러싼 사회적 맥락 또한 유아에게 영향을 줄 수 있다.

표 4-3 유아의 문제행동 발달 경로

유아의 특성

• 생물학적 혹은 위험에 대한 취약함
• 기질적 '까다로움'
  – 높은 반응성
  – 높은 부정적인 정서
  – 각성과 부정적 정서를 또래보다 현저히 조절하기 어려워함
• 불안정 애착
• 고르지 않거나 지체된 혹은 또래보다 매우 앞선 인지발달
• 부족한 사회적 기술
• 그 외 다양한 비동시적 발달 등

가족구성 및 상호작용

• 결혼문제
  – 이혼, 사별, 미혼모 등
• 다양한 가족구성
  – 한부모가정, 조손가정, 부모부재, 맞벌이가정, 다문화가정, 재혼가정 등
• 폭력적 환경/가정불화
• 부모의 우울 등 정서적 문제
• 부모의 자녀양육에 대한 합의 부족

부모의 양육태도
• 비민감성/비반응성/비유용성 • 부족한 온화함과 몰입 • 부족한 사회적 혹은 인지적 자극 • 거칠고 융통성 없는 통제전략 • 과도하게 느슨한 통제전략 • 강한 신체적 처벌/방임 혹은 방치 • 연령에 맞지 않는 부적절한 발달적 기대
가족환경
• 낮은 교육수준 • 비취업 혹은 불안정 고용, 실직 • 부족한 재정적 · 물질적 자원 • 가족 스트레스
사회적 맥락
• 부적절한 기관의 지지 • 부적절한 소통(유아와 교사 또는 교육기관) • 불리한 이웃환경 • 낮은 사회적 지지

출처: Campbell(2007) 인용 재구성.

유아의 특성과 부모의 양육태도와의 상호작용은 그림 4-1과 같이 여러 요인들 상호 간에 영향을 주고 받으며 얽혀 있다. 가족 간의 상호작용이 어떠한가에 따라 부모의 양육태도에 영향을 미치고, 이는 다시 영유아에게 간접적인 영향을 발휘한다. 재정적 · 물질적 자원이 제한되면 자녀의 선택권이나 경험을 제한하는 등 부모의 행동에 영향을 주어 이 또한 영유아에게 직 · 간접적 영향을 주게 된다.

각 요인들 간의 서로 다른 결합들이 적절한 적응행동으로 나오기도 하고 혹은 행동문제를 유발하기도 한다. 즉, 각 요인들 간의 상호작용으로 나타나는 결과가 문제로 연결되는지 아닌지를 결정하고, 한 번 발생한 문제가 지속적으로 영향을 미치는지 아닌지를 결정하게 된다(Campbell, 2007).

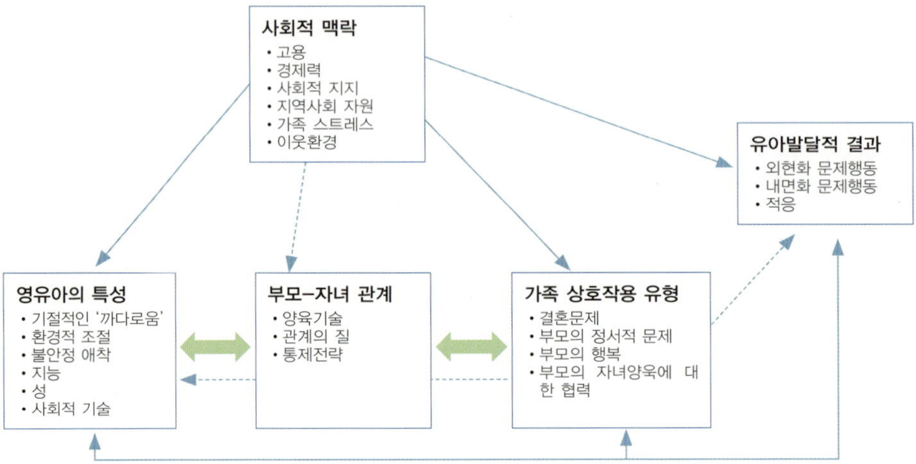

그림 4-1 유아기 문제발달의 상호작용적 요인 모델

출처: Campbell(2007). p.29~30. 재구성.

캠벨(Campbell, 2007)은 문제의 주결정요인이 유아의 특성과 양육행동의 특성 결합이라 보고, 가족과 사회적 맥락 효과는 문제를 더 확대시키고 유지하는 효과가 있다고 보았다.

특히 유아가 한두 가지 어려움을 보인다고 해서 장애가 있다고 결정할 수는 없으며, 특정한 몇 가지의 증상들보다는 행동문제의 유형(pattern)에 강조점을 두어야 한다는 것이다. 또한 유아들이 다른 성인에게 서로 다르게 행동할 수 있음을 지적하였다. 즉, 같은 상황이지만 교사에게 하는 행동과 부모에게 하는 행동이 다를 수 있다. 집에서는 부모에게 온갖 떼를 쓰지만 교사에게는 순종적인 모습을 보일 수도 있다.

또한 유아의 특정 행동은 발달상 전형적인 것일 수도 있어서 잠재적인 문제가 아닐 수 있다. 다섯 살(만 3세) 남아가 교실에서 레고를 던지면서 노는 것이 그 나이대의 아이들에게서 볼 수 있는 일반적인 모습인지 아닌지를 판단해야 한다. 그 행동이 영유아의 문제라기보다는 발달상에서 나타날 수 있는 행동일 수 있기 때문이다.

현장의 유아교사는 지도에 어려움을 겪는 영유아들을 평가하고 전문적인 도움이 필요한지를 결정해야 한다. 캠벨(2002)은 전문적인 도움이 필요한지를 결정하기 위해서는 다음과 같은 조건이 필요하다고 보았다.

- 한 가지 이상의 맥락에서 동일 문제가 나타나야 한다.
- 그 문제가 가족과 또래집단에 유아가 적응하는 데 필요한 능력 형성에 방해됨이 분명해야 한다.

따라서 영유아에 대한 평가는 반드시 영유아의 발달 맥락과 영유아를 둘러싼 가족 맥락에서 이루어져야 하며, 문제라고 여겼던 행동들이 실제로 임상적인 의미를 가지는 문제행동인지, 아니면 연령에 적절하고 지극히 전형적인 것인지를 결정해야 한다(Campbell, 2007).

(3) 생물학적/환경적 위험요인

카이저와 라스민스키(Kaiser & Rasminsky, 2013)는 특정 결과의 위험을 증가시키는 요인을 위험요인(risk factors)이라 하였다. 위험요인은 유전적인 부분부터 임신·출생까지 영유아에게 영향을 주는 '생물학적 위험요인'과 영유아에게 가장 친근한 가족환경과 주변 환경, 즉 브론펜브레너(Bronfenbrenner, 1979)가 언급한 또래, 학교, 이웃, 사회적 영향의 생태학적 범주의 단계까지 확대한 '환경적 위험요인'으로 분류하고 있다. 영유아들이 공격적이고 반사회적으로 행동하게 하는 위험요인은 행동적 어려움이나 손상을 증대시키는 변수이다(Kaiser & Raminsky, 2013).

■ **생물학적 위험요인**
유전, 성별, 기질, 임신과 출산의 합병증, 임신 중 남용, 신경학적인 문제, 정서 · 행동장애

■ **환경적 위험요인**
가정요인, 양육방식, 또래, 보육기관 및 학교, 빈곤과 주변 조건, 폭력노출, 폭력적 미디어, 재난 등에 대한 혼란기, 위험에 대한 이해

출처: Kaiser & Rasminsky(2013).

(4) 문제행동 요인들에 대한 국내의 연구들

국내의 선행연구들을 살펴보면 문제행동의 요인들에 대한 생물학적 · 환경적 · 심리적 · 인지적 요인 등을 다음과 같이 열거하고 있다.

문제행동의 여러 요인	선행연구
생물학적 요인 기질, 영양상태, 체질, 선천적 장애 등	권수진(2007) 김선희(2008) 임원신(2006)
환경적 요인 가정환경, 교육기관 환경, 매체 등	김경숙(2008), 김지혜(2011), 문송이(2008), 이찬숙(2008), 이현림(2008) 지성애, 홍혜경(2002)
심리적 요인 부모-유아의 애착, 애정결핍, 사회적 좌절, 자율 대 통제에 의한 갈등 등	김수정(2011), 이현림(2007) 지성애, 홍혜경(2002) 홍현재(2013)
인지적 요인 지적능력이 떨어져 사회적 상황을 이해하지 못함으로써 문제해결방안을 찾지 못함 사회적 판단력과 행동에 대한 보편적인 지식이 부족하여 적절한 방법으로 자기의 과거 경험을 평가하고 종합하여 실제 상황에 응용하는 능력 부족	김윤희(2003) 배지희, 조미영, 봉진영(2009) 조운주, 최일선(2008)

출처: 김숙경(2015) 재구성.

대부분의 문제행동은 한 가지 요인이 아닌, 여러 요인들이 복합적으로 작용하며, 상황에 따라 어떻게 작용하느냐에 따라 문제행동으로 이어지기도 하고 그렇지 않기도 하다. 따라서 유아교사는 현장에서 발생하는 영유아들의 문제행동을 판단하기 위해서 다양하고 복잡한 요인들의 상호작용을 이해할 필요가 있다.

유아기에 해결되지 않은 문제들이 유아의 성장과 더불어 더 큰 사회적 부적응 행동 또는 문제행동을 유발할 수 있기 때문에 유아의 문제행동을 사전에 예방하고 긍정적인 행동발달을 도모하기 위해 문제행동에 영향을 미치는 여러 요인들에 대해 탐색할 필요성이 있다(김연 외, 2006).

2. 유아교사의 문제행동에 대한 인식

1) 영유아 문제행동지도 프로그램의 필요성

아동인구의 감소 및 문제상황의 심각화에 대한 적극적 대응책의 필요성과 아동의 정신건강 및 문제행동 현상의 심각화로 아동기 문제행동에 대한 새로운 사회서비스 제공체계를 필요로 하게 되었다. 한국사회서비스연구원은 급증하는 ADHD 등을 조기에 발견하고 적절한 치료를 제공하며, 아동의 건강한 성장발달을 돕기 위한 목적으로 2009년 문제행동아동 조기개입서비스 매뉴얼을 개발하였다.

또한 최근에는 다양한 서비스 심리검사를 이용하여 아동의 발달 및 정서·행동평가를 진행하고 이를 통해 진단이 이루어진 후 대상 아동에게 미술치료, 음악치료, 놀이치료, 인지치료 등 욕구에 따른 서비스를 제공하고 있다. 하지만 이러한 서비스는 특히 ADHD 아동이나 장애를 가진 아동 등이 주요 대상으로 교실 내에서 벌어지는 다루기 어려운 행동을 일삼는 일반 아동들에 대한 지원은 어려운 실정이다. 현장에서 유아교사들이 지도해야 하는 문제행동들은 이보다 훨씬 복잡하고 다양한 양상으로 펼쳐지고 있다.

2013년 보건복지부는 4만 개소가 넘는 어린이집에서 특수교육 대상은 아니지만, 그 경계선상에 있거나, 전체적인 발달 영역(언어, 인지, 사회, 정서, 신체 등)이나 특정한 한두 영역에서 정상적인 발달 수준에 이르지 못하는 영유아 및 다양한 유형의 문제행동을 보이는 영유아가 늘어나고 있다고 발표하였다. 이에 영유아 문제행동지도를 위한 어린이집 보육교사 지침서를 제작하여 보급하기도 하였다. 이처럼 급변하는 사회적 변화와 가족구조의 변화, 부모의 양육태도 변화 등으로 영유아의 문제행동을 유발할 수 있는 위험요인이 증가하고 있고, 이는 심각한 발달상 문제를 일으킬 수 있다고 보았다.

이 지침서에 의하면 학급 내 문제행동을 보이는 영유아가 있다는 응답이 60% 이상인 영역은 정서발달(67.3%), 사회성발달(65.4%), 기본생활(66.3%) 순으로 나타났으며, 이 세 가지 영역이 유아교사가 문제행동 지도 시 가장 어려워하는 영역인 것으로 파악되었다.

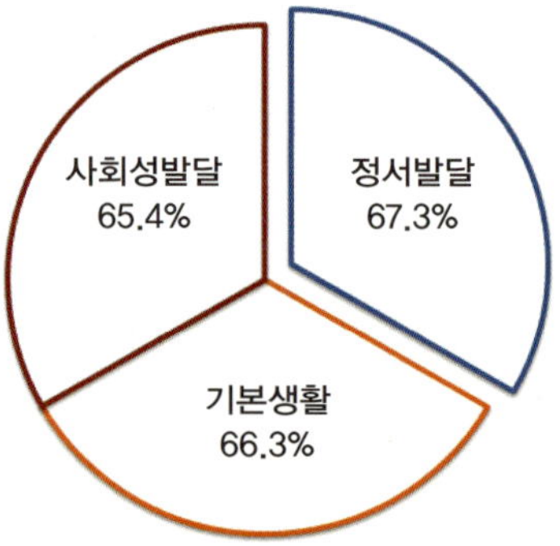

그림 4-2 학급 내 문제행동 영유아 현황

한편 영유아 문제행동지도 관련 교사 인식 조사에서는 교사의 77.4%가 문제행동을 보이는 영유아가 학급에 미치는 부정적인 영향력이 높다고 응답하였다. 특히 문제행동을 보이는 영유아가 교실에서 동경의 대상이거나 리더의 역할을 하는 영유아라면 다른 영유아들이 그 행동을 모방하고 따라 하는 경우가 많고, 더욱 지도가 어려워지는 상황이 발생하기도 한다.

그림 4-3 영역별 문제행동지도의 어려움 정도(5점 척도)

출처: 보건복지부(2013).

문제행동지도가 어려운 이유로는 부모의 인식 부족으로 인한 갈등(47.9%), 문제행동 관련 교육기회 부족(17.4%), 체계적인 지도자료 부족(16.7%), 보조인력 부족(11.8%)의 순으로 나타났다. 이는 추후 부모 인식개선을 위한 학부모 교육, 유아교사를 위한 보수교육 기회의 확대, 자료의 개발 및 보조인력 지원이 필요함을 시사하고 있다.

표 4-4 문제행동지도가 어려운 이유

부모의 인식 부족으로 인한 갈등	문제행동 관련 교육의 기회부족	체계적인 문제행동지도 자료 부족	보육현장 내 보조인력 부족	전문가 지원 부족	원장의 인식 부족
47.9%	17.4%	16.7%	11.8%	3.6%	2.6%

출처: 보건복지부(2013).

문제행동지도를 위해 정기적으로 지원받는 인력 현황과 관련해 현재 지원인력이 전혀 없는 경우가 81.8%로 지원인력이 거의 전무한 상황이었고, 지원인력이 있는 경우 보조교사의 비율이 가장 높았고, 특수교사, 원장 및 동료, 치료사 등의 순으로 나타났다.

표 4-5 문제행동지도를 위한 자원인력 현황

지원인력 없음	지원인력 있음	계(%)	지원인력 종류(명)			
			특수교사	치료사	보조교사	원장 및 동료
81.8	18.2	100.0	10	7	37	9

출처: 보건복지부(2013).

한편 보육교사가 뽑은 문제행동지도를 위해 가장 필요한 지원으로는 전문가의 자문(62.1%), 교사연수 및 특강(36.4%), 학부모상담(30.8%), 동료교사와의 토의(23.7%) 등의 순이었다. 또한 문제행동지도를 위한 보육교사의 보수교육이 필요하다는 의견이 98.0%로 매우 높았고, 이와 관련하여 전문가 자문 및 교사연수의 확대, 학부모 상담 및 원내 자문 등을 강화할 필요가 있다고 보았다.

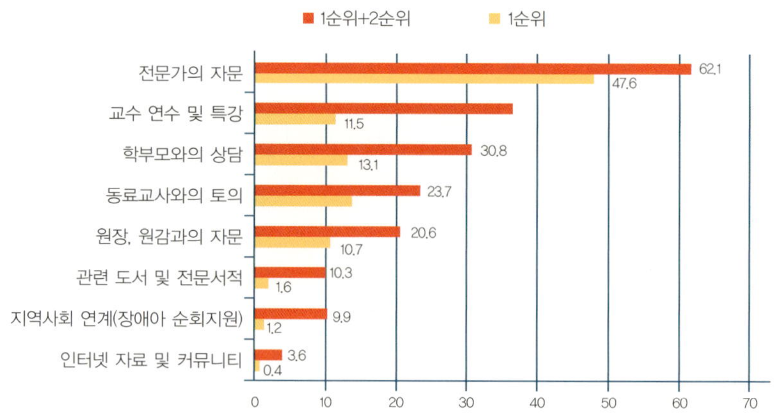

그림 4-4 보육교사가 문제행동지도를 위해 보육교사에게 가장 필요한 자원

출처: 보건복지부(2013).

그 외에도 보육교사 261명을 대상으로 수행한 홍성호 외(2016)의 연구에서도 영유아의 문제행동에 대한 보육교사의 인식은 '공격적 · 반사회적 행동'이 가장 높게 나타났는데, 이는 다른 영유아에게 직접적인 피해를 주는 행동에 대해 보육교사들은 가장 문제가 된다고 인식하기 때문이다. 다음으로 높게 인식된 문제행동으로는 '반항하는 행동', '파괴적 행동, '사회적 활동의 기피' 순으로 나타났다.

보육교사의 경력에 따른 차이를 살펴본 결과 고경력(30대 이상) 보육교사가 문제행동에 대한 인식 수준이 가장 높게 나타났으며, 현장에서 영유아를 지도한 경험이 많은 보육교사의 경우 문제행동을 더 많이 인식하고 있었다. 또한 고경력의 보육교사들은 영유아의 내현화된 문제행동, 즉 가시적으로 드러나는 외현화 문제행동 외에도 크게 드러나지는 않지만 정서적으로 어려움을 보이는 영유아의 행동 역시 문제행동으로 인식하고 있었다. 연구에 참여한 보육교사들은 영유아의 문제행동에 대한 효과적인 지원을 위해서 영유아를 둘러싼 교육환경, 영유아 가정과의 연계, 지역사회 등 외부의 지원 및 행정적 · 제도적 지원 등 다양한 차원에서의 지원이 필요하다고 인식하고 있었다.

2) 문제행동에 대한 인식 전환의 필요성

연구 결과와 같이 유아교사가 영유아들을 효과적으로 지도하기 위해서는 다양한 지원이 필요하다는 점은 우리 모두 인식하고 있다. 그러나 현실적으로 인적 · 물적 자원 등의 지원이 아직까지 체계화되지 못한 만큼 유아교사 자신이 문제행동에 대해 보다 전문적으로 이해하고 대응할 수 있는 역량을 강화할 필요가 있다. 유아교사가 만일 자신의 학급 내에서 일어나는 문제행동을 빨리 제거해야 하는 행동 그 자체로만 인식하는 경우 근본적인 해결책을 찾기 어렵다. 유아가 문제행동을 수정하여 바람직한 행동을 유지하도록 돕기 위해서는 첫째로 유아교사 스스로 영유아가 보이는 행동에 민감하게 반응하고 영유아의 행동들을 그대로 수용할 수 있는 마음가짐이 필요하다.

많은 선행 연구들에서는 영유아의 대표적인 문제행동을 다음과 같이 지적하고 있다. 영아의 경우는 꼬집기, 할퀴기, 물기, 때리기 등의 공격행동, 위험한 행동하기, 떼쓰기 등의 과잉행동, 소리 지르기, 악쓰기, 발버둥치기 등의 반항행동, 징징거리기, 위축(눈치보기) 등의 정서적 문제, 음식거부, 뱉어내기 등의 식습관 문제 그리고 수면문제 등이다. 유아의 경우는 때리기, 발로차기, 매달리기, 언어적 공격(놀리기, 욕하기), 놀잇감 던지기, 부수기 등의 공격행동, 이유 없이 뛰어다니기, 제자리에 앉지 않고 움직이기, 또래 놀이 방해하기 등의 산만함과 과잉행동, 교사에게 반항하기, 자기 마음대로만 행동하기, 교사의 지시 거부하기 등의 반항행동, 울기, 아기처럼 행동하기, 위축, 무기력 등의 정서적 문제와 수면문제 등이다.

그림 4-5 영유아기에 나타나는 대표적인 문제행동의 예

한편 우리가 '문제'라고 명명하는 행동들을 자세히 살펴보면 그 연령대에 충분히 벌어질 수 있는 행동이기도 하다. 영아의 경우 언어발달이 미숙하여 자신의 의사표현을 제대로 할 수 없고 자기중심성이 강하기 때문에 놀잇감의 공유나 타인에 대한 이해나 배려를 할 수 있는 단계가 아니다. 따라서 자신을 표현하기 위해 꼬집거나 물기, 때리기 등의 행동이 나타날 수 있고, 뭐든지 자기가 하겠다고 고집을 부르거나 떼를 쓰는 등의 행동이 나타날 수 있다. 또한 애착이 형성되는 시기에는 분리불안을 느끼고, 어머니와 떨어지기 싫어 울거나 버둥거리는 행동이 나타나기도 하며, 낯선 곳에서의 불안감으로 음식을 거부하거나 배변을 거부하기도 한다.

유아의 경우도 형제가 없이 외동으로 자랐거나 다른 친구와 놀잇감을 나눌 필요 없이 자기 혼자 놀잇감을 가지고 놀이하던 유아의 경우는 기관에서 단체생활을 하며 규칙을 이해하기에는 발달 단계상 미숙할 수도 있다. 따라서 때리거나 장난감을 뺏는 등의 행동도 나타날 수 있다. 또한 에너지를 발산하기 위해 더 많이 움직이며, 신체발달이 왕성해지는 유아기에는 좁은 교실에서 하루 일과를 보내기에는 에너지를 발산할 수 없어 오히려 스트레스가 쌓일 수 있다.

따라서 유아교사는 유아의 발달 특성 및 환경적 요인을 종합적으로 고려하며, 유아의 문제해결이 발달상 일시적으로 보일 수 있는 현상인지 교사와 전문가의 적극적 개입 및 지원이 필요한 문제행동인지를 구분할 수 있어야 한다. 그러기 위해서는 '○○는 지도하기 어려운 유아'라는 꼬리표를 붙이기 전에 과연 이 행동이 진짜 '문제'인지, 왜 '문제'라고 생각하는지에 대해 한 번 더 고민해 봐야 할 것이다.

교사가 어떠한 렌즈로 영유아의 행동을 보느냐에 따라
문제행동에 대한 판단은 달라질 수 있다.

영유아가 보이는 행동에 대해 왜 그러한 행동을 하는지에 대해 판단하는 것은 유아교사로서 아주 중요한 일이다. 나타나는 행동만으로 '문제행동이 있는 영유아'라는 낙인이 아니라 영유아가 왜 그러한 행동을 하는지에 대해 다각도로 살펴보고 관찰할 수 있는 능력이 필요하다.

"문제아이는 없다. 단지 문제행동이 있을 뿐이다."

유아들이 보이는 문제행동에 대한 유아교사의 태도는 문제행동을 파악하고 제거하기 위한 전략 수립과정에 많은 영향을 미칠 수 있다.

최근 문제행동을 보이는 영유아의 수는 점차로 증가하고 현장의 많은 유아교사들이 문제행동지도에 어려움을 토로하고 있다. 또한 문제행동의 원인은 다양할 뿐만 아니라 지속성과 강도에 따라서도 달라지기 때문에 현장의 유아교사들은 영유아의 정상적인 발달을 위해서 체계적인 지도방법을 필요로 하고 있다. 단순히 문제행동 그 자체에 초점을 맞추어 그 행동을 제거하는 것이 아니라 문제행동을 중재할 수 있는 효과적인 방법이나 원인을 찾아야 한다.

즉, 문제행동 자체를 문제라 보고 수정하기보다는 문제행동의 기능평가를 통해 문제행동이 갖고 있는 기능을 파악하고, 다양한 환경적 변인들을 변화시킴으로써 문제행동의 발생을 예방하고, 긍정적인 방법을 사용하며, 문제행동과 동등한 기능을 가진 대체행동을 가르치는 중재전략을 익히고 활용하려는 노력이 중요하다(김동일 외, 2011).

[생각해 봅시다] 숨길 수 없는 신호

영유아에 대해 자세히 알거나 관찰함으로써 영유아가 어떤 불안을 가지고 있는지 포착하여 문제행동을 예방할 수 있다. 다음은 그러한 불안을 나타내는 신호들이다(Butchard & Spencler, 2000).

- ▶ **심리학적 신호:** 눈물, 잦은 소변, 이 악물기, 홍조, 창백함, 경직, 빠른 숨쉬기, 땀, 손장난, 토하기, 악쓰는 목소리
- ▶ **행동:** 눈 아래로 뜨기, 결석, 머리 꼬기, 손가락 빨기, 손가락, 머리모양, 옷차림, 손톱 물어뜯기, 투덜대기, 소리를 내거나 침묵하기, 소리 지르기, 자위행위, 억지웃음, 낄낄거리기, 울기
- ▶ **생각:** 아무도 나를 사랑하지 않는다, 아무도 나를 원하지 않는다, 나는 좋은 아이가 아니다, 나는 친구가 아무도 없다, 아무도 나에게 다가오지 않는다, 나는 할 수 없다, 나는 엄마를 원한다.
- ▶ **감정:** 걱정, 괴로움, 문제, 두려움, 흥분, 기대, 슬픔, 짜증, 불평, 불안함, 좌절, 혼돈, 공황상태

출처: Kaiser & Rasminsky(2013).

5장

유아교육기관에서 발생하는 다양한 문제행동의 요인

문제행동을 이해하기 위해서는 문제행동을 발생하게 하는 원인이 무엇인지 그리고 무엇 혹은 어떤 상황이 영유아로 하여금 문제행동을 지속적으로 유발하게 하는지에 대해 파악해야 한다.

이 장에서는 복잡한 상호작용에서 기인하는 문제행동의 여러 요인들, 즉 가정과 사회를 포함한 다양한 요인들을 소개하고, 부모와 교사가 문제행동이라고 생각하는 영유아의 행동을 지도하기 전에 먼저 그 원인을 분석함으로써 긍정적인 행동지도를 할 수 있도록 안내하고자 한다.

교육목표

1. 유아교육기관에서 발생하는 영유아 문제행동의 원인을 영유아 요인, 학부모 요인, 유아교육기관 요인으로 분류하여 설명할 수 있다.
2. 교사가 영유아의 문제행동을 지도하기 위해 고려해야 할 사항을 설명할 수 있다.
3. 유아교육기관에서 영유아의 문제행동 예방을 위해 실내 · 외 환경을 구성할 수 있다.
4. 유아교육기관에서 필요한 자원을 활용해 교사협력체계를 구성할 수 있다.

[생각해 봅시다] 문제행동의 여러 얼굴들

■ 일곱 살(만 5세) 지성이는 또래보다 키와 몸집이 크고 목소리도 크다. 교실에서 또래들과 놀이할 때 몸을 부딪치는 상황이 많이 발생한다. 또한 발표할 때뿐만 아니라 평상시에도 목소리가 무척 커서 조용한 휴식 상황에서 작은 목소리로 이야기하자고 지시해도 그때뿐이라 지도에 어려움을 겪고 있다. 자기가 원하는 것이 안 될 때는 소리를 지르면서 우는 행동을 많이 한다. 그리고 계단을 내려올 때는 손잡이를 붙잡고 내려오기도 하고, 그림을 그리거나 글씨를 쓰는 등의 활동에서는 다섯 살(만 3세) 정도의 수준을 보인다. 교사는 지성이의 인지적인 부분도 의심스럽고 대근육과 소근육발달은 또래보다 늦다고 생각한다.

■ 학부모 상담 - 지성이는 어릴 때 할머니와 자랐는데 할머니가 청각장애가 있어 소리를 잘 들을 수 없다고 하였다. 그래서 지성이는 이야기할 때 항상 목소리를 크게 내야 했다. 또 할머니와 지내다보니 집 안에서 할 수 있는 놀이를 주로 하였고, 발달에 맞는 교육적 지원이 부족하였다.

■ 지원센터와 상담 연결 - 영유아발달검사를 받은 후 장애는 아니지만 인지적 발달 측면에서 또래보다 늦다는 결과를 받고 인지치료를 받기로 하였다.

문제행동은 여러 가지 요인들이 복합적으로 상호작용하여 발생된다. 영유아의 행동을 이해하기 위해서는 많은 요인들을 고려해야 하고, 영유아마다 개인차가 크고 행동의 원인도 각각 다르다. 위의 사례에서 지성이가 보이는 문제행동들은 양육환경에서 비롯된 문제일 수도 있고, 교육기회 결핍에서 비롯된 문제일수도 있고, 발달적 미성숙의 문제일 수도 있고, 인지적 문제일 수도 있다. 따라서 문제행동을 제대로 이해하기 위해서는 첫째, 문제행농의 원인은 무엇인가? (※그러한 행동을 처음 발생하게 하는 것은 무엇인가) 둘째, 무엇이 이 문제행동을 지속하게 하는가? (문제행동의 지속 원인)에 대해 구분하는 것이 필요하다(Scheuermann & Hall, 2017). 문제행동이 발생하는 원인과 지속성에 대해서 유아교사는 앞서 여러 가지 요인의 복잡한 상호작용에 기인함을 인지하고 영유아를 포함한 환경, 즉 가정과 사회의 여러 가지 맥락을 포함하여 영유아의 행동을 고려해야 한다(Campbell, 2007). 이 장에서는 영유아와 가장 영향을 주고받는 밀접한 환경을 우선으로 하여 영유아, 부모 그리고 유아교육기관의 세 가지 요인으로 분류하여 살펴보고자 한다.

1. 영유아 요인

유아기는 여러 갈등상황에 효과적으로 대처하기 위한 사회적 기술을 획득하는 시기이고, 자기중심성에서 벗어나 주변세계 및 타인에게로 관심을 확장하는 시기이다. 한편 이 시기에 순조롭게 사회화 과정을 경험하지 못하고 문제행동을 보이는 경우 이러한 문제행동이 유아기에만 국한되는 것이 아니라 연령이 증가함에 따라 지속되는 경향이 있으며, 시간이 지남에 따라 문제행동은 더욱 강화되고 다양하게 나타날 수 있다(Patterson, Capaldi & Bandi, 1989; 민현숙, 문영경, 2009 재인용).

1) 기질

영아의 타고난 기질적 특성은 이후 주양육자와의 상호작용에 지속적으로 영향을 미치며, 유아의 사회적 적응 정도와 문제행동을 예측하는 지표가 되기도 한다. 예를 들어, 영아들 중에는 다른 영아에 비해 반응이 현저히 느린 아이가 있고, 울음을 잘 그치지 않는 아이도 있으며, 금방 화를 내는 아이도 있고, 수줍어하는 아이도 있다. 이러한 기질의 차이는 정서적 행동의 '양'과 '강도' 및 '반응시간'과 '지속시간'에 있어서의 차이로 볼 수 있다. 즉, 영유아의 개인적 기질 특성은 주양육자를 힘들게 하기도 하며, 기관에서의 적응뿐만 아니라 양육자와 영아 간의 사회적 경험의 질에도 영향을 미치며(Coplan, Bowker & Cooper, 2003; 심숙영, 2018 재인용), 문제행동을 초래할 가능성이 높은 것으로 보고되고 있다(김연 외, 2006).

토마스와 체스(Thomas & Chess, 1977)는 기질과 환경과의 상호작용을 강조하며, 특히 불규칙성, 잦은 부정적 정서, 낮은 적응성, 새로운 자극에 대한 강렬하면서도 회피적인 반응을 보이는 까다로운 기질의 유아들이 환경과 조화를 이루지 못하고 부적응을 나타낼 때 문제행동을 일으킬 가능성이 높다고 하였다(Shaffer, 2005). 기질에 대한 최초의 연구에서 영아와 양육자 사이에 '적합성(goodness of fit)'이라는 개념을 제시하였는데, '조화의 적합성'이란 영유아의 기질적 특성과 주변 환경, 즉 양육자나 교사 등의 양육방식이 서로 잘 맞고 조화를 이루는 경우를 의미한다. 이러한 영유아의 기질과 양육자의 양육 방식 간의 조화가 발달 초기에서부터 일생을 통해 인간발달에 영향을 미친다고 보고 있다. 예를 들어, 조용하고 수줍음 많은 영유아는 차분하고 조용한 부모나 교사와는 '적합성'이 맞지만, 활동성이 많고 크며 외향적인 부모나 교사와는 '적합성'이 맞지 않을 수도 있다. 특히 생애 초기 영아의 기질은 주양육자인 부모와 얼마나 조화를 이루는지가 중요하다. 서로 상대방의 기질을 알고 파악하여 맞추고 보완하는 상호작용이 이루어질 필요가 있다.

기질을 구성하는 요인은 학자마다 다양하지만 대체로 공통된 요소는 다음의 다섯 가지 요소로 볼 수 있다(정옥분, 2006).

- **활동성** – 얼마나 몸을 많이 움직이고 격렬한 활동을 하는가
- **접근/긍정적 정서성** – 사람이나 사물에 대해 긍정적 정서 반응을 보이는가
- **억제** – 낯선 사람, 낯선 상황, 새로운 물체에 대해 두려워하거나 회피반

응을 보이는가

- **부정적 정서성** – 얼마나 쉽게 화를 내고, 짜증을 내고, 좌절을 견디지 못하는가
- **지구력/끈기** – 주의를 집중하고 계속 노력하는가

위의 요인들에 대해 영유아가 보이는 서로 다른 반응들이 기질로 나타나는데, 크게 순한 기질, 까다로운 기질, 느린 기질 세 가지로 분류하고 있다.

접근하기 쉽고 적응적이며 긍정적 성향을 지닌 순한 기질의 유아는 또래가 곤경에 처했을 때 친사회적으로 반응하며, 기관에서도 협동적으로 행동하는 반면 까다로운 유아는 또래 간에 문제가 많고 행동적 문제와 사회화 문제를 쉽게 드러내는 경향이 있다(Walker, Berthelsen & Irving, 2001; 김연, 2007 재인용). 낯선 것에 대한 위축, 적응의 어려움, 부정적인 기분, 정서 표현의 격렬함 등의 까다로운 기질로 분류된 유아가 다른 기질의 유아에 비해 보다 많은 문제행동을 보이는 것으로 밝혀졌고(Garrison, Earls & Kindel, 1984), 기질변인 중 적응성이 낮은 영유아는 유치원에서의 부적응이 높게 나타나기도 했다(Klein, 1982; 정현희, 2003).

까다로운 기질 자체가 문제행동의 가능성을 내포하고 있기도 하지만 부모의 부적절한 양육 방식을 유발하여 부모-자녀 간 갈등을 초래하기도 한다. 이는 부모의 양육 스트레스를 유발하여 부모의 양육태도에 영향을 미치고, 이는 다시 영유아에게 영향을 초래하는 악순환으로 이어질 수 있다.

하지만 영유아가 까다로운 기질이라고 해서 모두 문제행동을 일으키는 것은 아니다. 유아의 기질은 유아의 문제행동에 영향을 미칠 수는 있으나 간접적인 영향을 미치는 것으로 나타난 연구(김연 외, 2006)도 있다.

따라서 영유아의 기질을 파악하고 이에 따라 부모나 교사가 적절히 반응하는 상호작용이 중요하다. 이를 참고로 하여 교수법을 고민하고 어떠한 상호작용이 영유아에게 긍정적으로 작용하는지를 알아야 할 것이다. 한편 영유아의

개인적 욕구와 충돌이 있을 때(문제가 일어나는 상황 속) 영유아가 어떻게 반응하는지를 살펴보고 사전에 문제행동이 발생할 만한 상황을 제거하는 것도 유아교사의 역할이다.

2) 애착

볼비(Bowlby, 1969)는 애착(attachment)을 부모-자녀의 기본 특성으로 보고 생애 초기 처음 3년이 사람들과 가까운 정서적 유대를 이루는 정서발달의 민감기로 보았다. 이때 형성되는 사회적 관계의 질이 그 후의 발달에 결정적으로 영향을 미친다고 하였다.

에인즈워스(Ainsworth et. al., 1978)에 의하면 애착행동은 애착이 먼저 형성되고 난 후 이를 계속 유지하고 발전시키려고 하는 행동들로 보았다. 즉, 주양육자인 엄마가 영아의 곁에 있도록 만드는 행동들로 잡기, 울기, 옹알이 등으로 나타나고, 이후 미소짓기, 가리키기, 쫓아가기 등의 형태로 나타난다.

애착 관계는 안정적이거나 불안정적인 것으로 형성하는 데 애착 안정성에 가장 큰 영향을 미치는 변수는 주양육자의 반응성과 민감성이다(조복희 외, 2014). 아이가 보내는 신호를 빨리 알아채고, 민감하게 반응할 때 애착 대상과 아동의 관계는 안정적인 애착으로 발전되고, 반응이 민감하지 못하면 불안정한 애착 관계가 된다. 애착 관계의 유형을 결정하는 대표적 요인으로는 아동의 기질을 들 수 있는데, 기질은 낯선 상황에서 안정적인 애착 또는 불안적인 애착 관계를 이끌어 내는 데 주도적인 역할을 할 수 있다고 보았다. 잦은 타인 양육자의 교체도 불안·회피 애착에 직접적인 영향을 미쳤다(조복희, 2008).

어머니의 교육수준이 높고 정서가 긍정적이며 부부갈등이 적을수록 유아의 애착은 안정적이며, 어머니의 전반적인 양육효능감이 높고 양육 스트레스가 낮을수록, 양육행동이 온정·수용적일수록, 거부·제재적, 허용·방임적 양육행동이 낮을수록 유아의 애착은 안정적으로 나타났다. 또한 애착에 영향을 미치는 어머니와 자녀의 상호작용이 중요하다고 지적하였다(한태숙, 황혜정, 2010).

영유아들은 세상에 대해 배워나갈 때 지지를 받고, 수용되며 위안을 받을 필요가 있다. 부모가 아동에게 이런 종류의 환경을 제공할 때 영유아는 자신의 부모와 안정 애착을 형성한다(Ainsworth et. al., 1978). 안정 애착을 형성한 영아는 주양육자를 안전기지 삼아 낯선 환경에서도 환경을 탐색하며 즐거움과 자신감을 가지고 놀이에 집중한다. 주양육자와 애착이 실패한 경우 심각한 경우 분리불안장애나 반응성 애착장애 등의 문제가 발생할 수 있다.

분리불안장애(separation anxiety disorder)는 애착 대상과 분리되는 상황에 대해 발달 수준에 비해 부적절하게 심한 수준의 공포, 불안 반응을 보여 적응상의 문제를 초래하는 장애로 이후 학교공포증, 등교 거부 등의 문제가 발생할 수 있다. 반응성 애착장애(reactive attachment disorder) 아동은 눈맞춤이 어렵고, 혼자서만 놀려고 하고, 이름을 불러도 반응이 없는 등 자폐 범주성장애와 유사한 행동 특성을 보이며, 이후 신체적 · 지적 · 정서적인 발달이 지체될 수 있다(특수교육학사전).

이와 같이 영유아의 초기 경험으로 인해 형성되는 애착은 이후 발달에 있어 문제행동을 발생할 수 있는 중요 요인으로, 특히 학교 공포, 공격성, 반사회적 행동, 중독, 우울증 등의 문제를 일으키는 주요 요인이 되거나 대인관계에 있어서의 문제를 유발할 수 있다. DSM-5(The Diagnostic and Statistical Manual of Mental Disorders, Fifth Edition, 정신질환 진단 및 통계 매뉴얼 제5판)에서는 불안장애 범주에 분리불안장애를 포함시키고 있다.

영유아가 기관에서의 낯설음과 분리불안으로 인해 낯선 환경에 대해 거부하거나, 심리적 불안 등으로 적응이 어려운 경우가 있다. 특히 애착 형성이 이루어지는 영아 초기나 불안정 애착의 영아의 경우에는 유아교사가 부모와의 면담을 통해 영유아에 대한 정보를 가지고 서두르지 않고 조금씩 시간을 늘려가며 적응할 수 있도록 도와야 한다. 유아교육기관에서 지켜야 하는 규칙이나 또래와의 갈등에도 힘들어 할 수 있기 때문에 영유아에 대한 지속적인 관찰이 필요하다.

3) 성(性)

성염색체, 성호르몬, 뇌의 구조와 기능 등 남녀 간의 생물학적 차이는 성발달과 성에 따른 차이에 중요한 역할을 하고, 생물학적 취약성과 강점에 성별에 따른 차이가 있을 수도 있다. 남아들이 생물학적 성숙이 더 느리게 이루어지며, X염색체와 Y염색체는 복잡한 방식으로 특정한 장애와 관련될 가능성이 높다. 또한 스트레스에 대한 반응과 정서에도 생물학적 성차가 존재할 수 있고, 이는 심리장애와 관련이 있을 것으로 예측하고 있다(Nelson & Israel, 2015).

문제행동에 대한 김민희의 연구(1998)에서 여아는 두려움과 걱정을 많이 보이는 반면 남아는 과잉행동을 많이 보였다. 또한 남아의 낮은 적응성, 높은 반응강도는 남아의 불안과 상관이 있으며, 여아의 경우에는 부정적인 기분이 부적응 행동과 상관이 있다(정현희, 2003 재인용). 이경숙 외의 연구(2004)에서도 남아가 여아에 비해 공격성, 과잉행동, 외현화 문제행동, 주의집중 문제를 더 많이 보인 반면, 우울, 위축은 여아가 남아에 비해 더 많이 보이는 것으로 나타났다.

성별에 따른 유아의 기질에서도 남아와 여아 간에 의미 있는 성차가 나타났으며, 여아가 남아보다 활동성, 정서성, 사회성의 기질에서 더 다루기 쉬운 것으로 나타났다(정현희, 2003).

일반적으로 사회성, 우정 및 부모와 교사와의 상호작용에 성차가 있다고 보았다(Nelson & Israel, 2015).

표 5-1 남아와 여아에게서 나타나는 유병률 비교

■ 남아의 유병률이 더 높은 경우		
• 자폐 스펙트럼장애 • 반항성장애 • 약물남용 • 지적장애	• 주의력결핍 과잉행동장애 • 품행장애 • 언어장애 • 읽기장애	
■ 여아의 유병률이 더 높은 경우		
• 불안과 공포	• 우울증	• 섭식장애

출처: Nelson & Israel(2015).

반면 유아기 문제행동 중 유의미한 성차가 나타나지 않는 결과의 연구들도 있다(황혜정, 2019). 따라서 유아교사는 문제행동 지도에 있어 남아이기 때문에 또는 여아이기 때문에 나타나는 문제라고 판단하기보다는 영유아행동의 전체적 맥락을 해석할 수 있어야 한다.

4) 미성숙

어린 연령의 영유아가 문제행동을 가장 많이 보이는 것은 어리기 때문에 발생하는 행동이기도 하다.

(1) 신체적 미성숙

영유아는 계속되는 변화의 과정에 있는 단계이고 대·소근육의 미성숙으로 신체조절 또한 성인처럼 완벽하게 수행하기는 어렵다. 물을 따르다가 흘리거나 옷의 단추를 제대로 끼우지 못하는 것도 협응능력이 아직 미숙하고 조정능력이 부족하기 때문이다. 이러한 서투름에 대해 부모나 유아교사가 부정적인 반응, 즉 큰소리로 영유아를 꾸짖거나 엄격하게 다루거나 또는 영유아에게 실행할 수 있는 기회를 주지 않고 성인이 해준다면 영유아들은 그 기술을 습

득할 수 있는 기회를 상실한다.

(2) 정서조절의 미성숙

소리 지르기, 울기, 때리기, 차기, 물기 등의 행동들은 행동 및 정서를 조절할 수 있는 능력의 부족 때문에 야기될 수 있다. 유아교사는 영유아에게 자신의 감정을 표현하고 정서를 조절하는 방법을 지도해야 할 필요가 있다. 유아교사가 영유아의 정서조절을 지도하기 위해서는 교사 자신이 먼저 영유아의 정서를 알아차리고 파악하는 민감한 태도가 필요하다. 영유아가 자신의 요구를 표출하기 위해 나타내는 행동들을 수용하고, 점차 적절한 방법으로 자신의 요구를 표현해 갈 수 있도록 긍정적 대체 기술들을 지도해야 한다.

(3) 의사소통능력의 미성숙

영유아들은 자신의 욕구를 표현할 수 있는 사회적 기술을 습득하고, 이를 언어로 표현하도록 배우는 시기이다. 하지만 아직 어린 영유아에게는 이러한 욕구와 감정을 표현할 수 있는 언어와 기술이 제한적이다. 따라서 정확한 욕구 표현을 하지 못하고 스트레스 상황에서 때리기, 물기, 차기 그리고 울고 발끈하는 떼쓰기 등이 나타날 수 있다. 의사소통능력의 부족으로 문제행동이 나타날 때 유아교사는 지금 영유아가 느끼고 있는 감정을 정확하게 명명해 주고, 그러한 감정을 느낄 때 상대방에게 어떻게 이야기하는 것이 바람직한지 지도할 필요가 있다.

(4) 사회적 기술의 미성숙

또래와의 관계가 서투른 영유아들은 때때로 놀이를 방해하는 부정적인 방법으로 관심을 표출하곤 한다. 놀이에 끼어들기, 놀잇감 빼앗기, 떠밀기, 방해하기 등이 그것이다. 놀이에 참여하지는 않으면서 놀이상황 주변에서 배회하다 방해하거나 갑자기 끼어들어 놀이를 하고 있는 다른 영유아들로부터 배척을 당하기도 한다. 이러한 행동은 "나는 너와 같이 놀고 싶어"라는 다른 표현이기도 하다. 성공적으로 놀이에 참여하고 또래와의 긍정적 관계를 형성하고 싶다면 방해하거나 때리는 행동 대신 영유아에게 부족한 기술이 무엇인지 파악하여 바람직한 대체 행동을 배우도록 지도해야 한다.

(5) 자기중심성

피아제(Piaget)가 제시한 인지발달 단계에 따르면 7세 이전의 전조작기 단계에 있는 아동들은 자기중심적인 행동 특성을 보인다. 이러한 자기중심성은 다른 사람의 관점이나 필요, 입장을 고려하지 않고 자신의 관점, 필요, 입장에서 사고하고 행동하는 특성을 의미한다. 즉, 자신이 보고 생각하는 것 그대로 타인도 그대로 보고 생각한다고 믿는다. 따라서 타인의 입장을 이해하기 어렵고 타인과 의사소통을 목적으로 하지 않는 자기중심적 언어를 하거나, 함께 있으면서도 각자 다른 놀이를 하기도 한다. 자신이 원하는 것에만 관심이 있기 때문에 자신이 필요하면 또래가 놀이하는 놀잇감을 빼앗기도 한다. 이러한 발달 특성을 가지고 있는 영유아에게 타인에 대한 배려와 입장을 이해시키려고 하는 것은 어려운 일이다. 유아교사는 영유아들에게 다른 사람들도 자신과 마찬가지로 욕구와 감정을 가지고 있다는 것을 이해할 수 있도록 다양한 상황에서 다른 또래들의 감정이 어떠했는지를 경청하는 시간을 마련하고 경험할 수 있도록 한다.

표 5-2 영유아기 미성숙으로 인해 발생하는 정상적인 행동들

신체적 미성숙	엎지르기, 부딪히기, 오줌싸기, 소란피우기
정서적 미성숙	발끈하기, 울기
언어적 미성숙	오해, 때리기, 차기, 물기, 울기 및 발끈하기
사회적 미성숙	때리기, 차기, 물기, 잡기

인지적 미성숙	이기적인 행동하기, 거짓말하기, 물건 가져가기, 속이기

출처: Fields & Fields(2006) 재구성.

영유아의 문제행동에 대해 여러 연구자들은 영유아의 발달이 미성숙하기 때문에 발생한다고 보고, 문제행동의 변화과정을 유아의 여러 발달 영역과 연계하여 설명하고 있다. 연령이 증가함에 따라 문제행동이 줄어드는 이유로 첫째, 인지발달 측면에서 연령이 증가하며 조망능력이 발달하여 자신의 행동을 바람직한 방향으로 맞춰나가기 때문이고, 둘째, 언어발달 측면에서 언어를 유창하게 사용함에 따라 대화나 협상 같은 대안적 문제해결 방안을 습득하기 때문이다. 셋째, 사회성발달 측면에서는 사회적 상호작용이 증가함에 따라 다양한 문제 상황에 적응하여 문제를 해결하게 되며, 넷째, 유아의 연령이 증가하면서 문제행동으로 인식되는 행동양식이 성인이 보기에 보다 적합한 방식으로 조정되기 때문이라고 보았다.

표 5-3 연령이 증가하면서 문제행동이 줄어드는 이유

구분	관련 연구 내용 요약
인지발달	연령이 증가하며 유아는 자신에 대해 점차 지각하게 되면서 행동을 통제하게 되고, 조망능력이 발달하면서 타인에게 자신이 어떻게 보일지에 대해 관심을 갖게 된다. 이에 자신의 행동을 좀 더 바람직한 방향으로 맞춰나가게 되기 때문에 문제행동이 줄어든다(이귀숙, 2007).
언어발달	인지발달과 더불어 언어발달이 진행되면서 유아는 싸움이나 공격성 대신 대화나 협상과 같은 대안적인 문제해결 방안을 습득하기 때문에 문제행동이 줄어든다(김수정, 정익중, 2017; Tremblay, 2000).
사회성발달	4세 유아는 5~6세에 비해 집단생활이나 사회적 상호작용의 경험이 부족하여 자신의 행동을 조절하지 못해 문제행동이 발생할 수 있다. 반면 6세 유아는 상대적으로 사회적 상호작용의 경험이 많아지고, 행동이 점차 수용가능하거나 적응적으로 바뀐다. 즉, 문제상황에 적응하여 문제를 해결하게 됨으로써 문제행동의 빈도가 줄어든다(우수경, 2017b).
행동양식	유아의 연령이 증가하면서 문제행동으로 인식되는 행동양식이 성인이 보기에 보다 적합한 방식으로 조정되기 때문에 줄어든다(이완정, 김미나, 2018).

출처: 황혜정(2019) 인용 재구성.

유아교사는 영유아의 문제행동이라고 진단했던 행동들이 단지 미성숙으로 인해 발생하는 정상적인 행동, 즉 연령 특징적인 행동일 수도 있다는 것을 유의해야 할 것이다. 따라서 각 발달단계에 따라 자기조절력을 신장시킬 수 있는 방안을 마련해야 한다.

5) 지능

지능에 대한 정의는 다양하고 논쟁적이다. 터만(Terman)은 지능을 추상적인 개념으로 사고할 수 있는 능력으로 보았고, 스턴버그(Sternberg)는 문제를 효과적으로 해결하는 능력으로 보았다. 현대에 와서 지능은 다차원적인 것으로 개인이 다양하게 문화적으로 가치가 있는 활동에서 문제를 해결하고 결과를 창조하고 새로운 지식을 발견할 수 있도록 하는 능력(Gardner, 1983)으로 보고 있다.

지능에 대한 많은 연구에서 영유아기는 신경계 및 뇌발달이 이루어지는 시기로 보고 신체활동을 통한 직·간접적인 자극, 주변 환경에 대한 다양한 경험은 지능발달의 중요한 요인으로 보고 있다. 또한 영아기의 지능은 유전적 요인이 더 많고 연령이 증가함에 따라 주변 환경의 영향, 특히 가정환경이 지능발달에 더 중요하게 작용한다(김현주 외, 2019).

따라서 새로운 주변 환경의 다양한 자극에 대한 경험과 탐색을 가능하게 하는 애정적이고 협력적인 부모의 양육태도는 지능발달에 중요한 영향을 미친다.

(1) 지체된 학습자

다양한 이유, 예를 들면 유전적 결함이나 영양결핍 등으로 충분한 뇌발달이 이루어지지 않는 경우 지능발달에도 영향을 미칠 수 있다. 학습장애나 정신지체, ADHD(주의력결핍 과잉행동장애)가 아닌 다른 독특한 인지와 정서, 행동, 사회성발달 양상을 보이며, 주변에서 흔히 느린 아이, 답답한 아이, 공부를 못하는 아이 등으로 불리는 아이들이 있다.

표준화 지능검사를 실시했을 때 IQ 70~79 사이에 속하는 아동으로 보통 '경계선 지능(borderline Intellectual function, BIF)'[1] 아동이 그들이다. 보통 느린 학습자로 통칭되는 이들은 일반 학교에서 성적이 낮고 눈치 없는 행동 등으로 자주 야단을 맞거나 친구들로부터 따돌림을 당하는 등의 적응상의 어려움을 겪는다(박찬선, 장세희, 2018).

어린 영유아의 경우 진단의 어려움으로 인해 부모나 교사들은 이런 영유아들을 판단하기에 매우 어렵다. 부모님으로부터 '우리 아이는 조금 느려요'라는 말을 듣거나 '발달지체'를 의심하고 검사를 받아 보는 정도이다. 유아교사도 교실에서 또래 친구들과 비교하여 느리거나 활동이 서투른 영유아를 접하지만, 그들에 대해 진단을 받아보도록 부모에게 권유하기를 어려워하고 있는 실정이다. 이러한 영유아들은 전문가들도 어떤 문제가 있다고 진단하기에는 쉽지 않다. 영유아들의 변화 가능성에 무게를 두고 일부 문제가 있는 기능에만 '지연' 또는 '지체'라는 진단명을 내리고 있다. 다른 발달은 정상이지만 언어가 느린 영유아의 경우 진단을 받으면 '언어발달지체'라고 명명하기도 한다.

발달지체(developmental delay)[2] 아동은 자신의 나이보다 훨씬 더 어린 전형적인 발달을 보이는 아동과 동일한 수행을 보이는 것으로(Allen & Schwartz, 2003), 또래 연령의 아동보다 발달이 지연되거나 느린 경우를 말한다(변호걸 외, 2016).

---

1 표준화 지능검사에서 지능의 평균을 100으로 보고, 표준편차를 15점으로 봤을 때, IQ 130 이상은 최우수, IQ 120~129는 우수, IQ 110~119는 평균 상(上), IQ 90~109는 평균, IQ 80~89는 평균 하(下), IQ 70~79는 경계선 수준, IQ 69 미만은 매우 낮음으로 해석하고 있다.

2 발달지체(發達遲滯, developmental delay)란 정상적인 발달 속도와 비교하여 유의미하게 느린 발달의 양상을 보이기 때문에 예측되는 장애의 의심 상태 또는 발달의 속도가 상대적으로 지나치게 느리기 때문에 발생한 다양한 장애의 유형을 통칭한다. 장애에 대한 부정적인 고정관념을 갖게 할 수 있나는 우려 때문에 주로 학령기 이선의 아동에게 사용된다. 「장애인 등에 대한 특수교육법」에서 특수교육의 대상으로 발달지체를 별도의 장애 유형으로 분류하고, 학습에 곤란을 겪을 수 있는 다양한 아동들에게 특수교육의 기회를 제공하도록 하고 있다(특수교육학 용어사전, 2009).

(2) 앞선 학습자

'영재'란 재능이 뛰어난 사람으로서 타고난 잠재력을 계발하기 위하여 특별한 교육이 필요한 사람이다(「영재교육진흥법」 제2조 정의). 그러나 유아기의 영재성은 정확히 분간하기 어려우며, 설사 판별한다 할지라도 재능이 영속적으로 성장한다고 단언할 수 없다(한기순, 2006). 따라서 유아기의 영재교육은 판별 결과에 치중하기보다는 잠재적으로 영재적 성향을 보이는 아동에게 필요한 능력을 잘 배양할 수 있도록 포괄적 교육환경과 자극을 제공하는 차원에서 폭넓게 이루어질 필요가 있다(태진미, 2019).

일반 유아에 비해 지능이 높고 창의적인 특성을 가진 유아영재는 도전적이지 않은 활동에 대해 쉽게 산만해지거나 다른 유아들을 방해하는 형태로 문제행동을 보일 수 있다. 선행연구들 중에는 유아영재가 만일 자신의 지적 발달수준에 적합한 도전적인 교육을 받지 못하는 상태로 유아교육기관에 다닌다면, 자연히 기관의 교육에 불만족하게 되고 산만함이나 등원 거부 등 다양한 부적응 양상을 표출하게 된다(김지혜, 유미현, 전유영, 2015)고 보고하고 있다. 이러한 과정에서 자녀의 재능 성장이 정체되거나 사장, 소멸되는 것을 우려해 학부모들은 유아교육기관을 넘어 사교육에 눈을 돌리게 된다(송규운, 2008; 한기순 외 2005). 한편 이러한 문제는 유아교육기관의 선생님이나 교육기관의 교육과정에 대한 불신이나 불만족으로 이어지게 되어 성공적인 원생활을 저해하는 중요한 문제로 이어지기도 한다.

일반 영유아들과 일반교육과정으로 교실에서 활동하는 영재아는 이미 알고 있는 내용이거나 수준이 낮은 활동에 지루하게 느낄 수 있고, 반대로 유아교사의 활동보다 앞서 나가려 하거나 너무 많은 질문을 하거나 또래 친구와 어울리지 못하고 독단으로 하려는 경향이 많아 이러한 행동들을 문제행동으로 인식할 가능성이 많다.

일반적으로 영재아는 높은 지적 호기심, 발달된 언어능력, 높은 창의력, 우수한 사고능력과 높은 주의집중력의 인지적 특성을 가지고 있다. 영재아의 지적 욕구를 이해하고 상상력, 관찰력, 높은 민감성을 지닌 창의적 특성 또한 충족시켜야 한다. 하지만 이러한 특성은 부정적으로도 표현될 수 있는데, 과다한 질문이나 넘치는 의욕, 인내심 부족, 잘난 체하거나 따지는 등의 논쟁, 규칙을 깨거나 다른 복잡한 규칙의 설정, 전통적인 교수-학습방법을 거부하거나 타인에 대한 관심이 부족하고 자기 일에만 몰입하는 것 등이다. 이러한 특성으로 교실 내에서 또래와의 관계나 유아교사와의 관계에서 부정적인 영향을 미칠 수 있다(태진미, 2019). 영재아들은 집중성, 민감성, 감수성, 높은 열정, 좌절에 대한 참을성 부족, 내·외적 기대 충족에 대한 압력, 완벽주의 등과 같은 특성을 가지고 있기 때문에 사회적·정서적 문제에 대해 더 쉽게 상처를 받을 수 있고, 특히 가족이나 학교가 최적의 환경을 제공하지 못할 경우 갈등을 겪을 수 있다(장선철, 2010).

한편 장애를 가지고 있으면서 영재성을 동시에 가지고 있는 장애영재아(the gifted with disability)의 경우도 있다. 장애영재는 장애와 영재집단이 교차되는 영역에 있으며, 보다 세심하고 특별한 교육서비스가 필요한 특수교육대상자이다(김동일, 1999). 예를 들어, 학습장애 영재 중 언어영역의 학습 장애를 가진 유아는 지능검사의 언어적 영역에서 우수한 수행을 보이지만 단기기억, 계열화, 시지각에서 상대적으로 낮은 수행을 보이고 읽기장애 등을 보이기도 한다. 장애영재 중에는 ADHD(주의력결핍 과잉행동장애)와 같이 정서행동장애를 가지고 있는 경우도 있다. 이런 유아의 경우 매우 창의적이지만 동시에 ADHD의 특징인 과잉행동, 충동성, 주의력결핍 등을 보이기도 한다. 분명히 머리가 좋은 영특한 유아인 것 같은데, 주의력이 매우 떨어지고 산만하며, 충동적인 성향을 보인다면, 이 유아가 필요로하는 지원은 일반적인 ADHD 유아와는 분명히 차이가 있다.

아주 드문 경우이지만, 발달장애 혹은 자폐증 등의 장애와 영재성을 동시에 보이고 스스로 독립적인 활동은 하기 어려우나 특정 영역에서 놀라운 능력을 발휘하는 서번트 신드롬(Savant syndrome)의 경우도 있다. 따라서 영재성을 가진 유아의 문제행동은 문제행동에 대한 기본적인 접근과 더불어 영재성, 즉 좋은 재능을 조기에 발견해 재능이 사장되지 않고 잘 계발할 수 있도록 긍정적 측면의 지원이 병행되어야 한다. 영재아들은 인정이나 성취욕구가 상대적으로 높기 때문에 문제행동이나 장애 등의 부정적 측면에 지나치게 치중하기보다는 유아영재가 가진 좋은 재능을 긍정적으로 성취해나가는 지원을 해 줌으로써 그 과정에서 부정적 측면이 보강되도록 지원하는 것이 훨씬 효과적이라는 견해가 많다(이신동, 박성옥, 태진미, 2016).

2. 부모 요인

1) 부모의 양육태도

영유아의 문제행동은 영유아가 속해 있는 환경, 특히 가정환경이 유아발달에 미치는 영향이 큰 것으로 보고 그중 부모의 심리적 특성 환경을 가장 중요한 환경적 요인으로 보고 있다(Davies & Dumenci, 1999 ; Barber, 1994 ; 민현숙, 문영경, 2009 재인용). 양육태도는 양육행동, 양육방식 등과 같은 의미로 사용되는데, 특히 어머니는 영유아의 발달과 성장에 가장 강력한 영향력을 행사하는 것으로 보고되고 있다.

베커(Becker, 1964)는 양육태도를 부모 또는 양육자가 자녀를 양육함에 있어서 나타내는 반응 양식으로 보고 자녀의 인지적·정의적 발달에 중요한 요인이며 양육태도가 아동의 성격과 행동에 영향을 미친다고 하였다(박성연, 이숙, 1988; 이찬숙, 2008).

바움린드(Baumrind, 1978)는 자녀와 의사소통하며 자신의 행동을 표현하는 정서적 풍토를 창출하는 부모 태도를 '부모의 양육방식'이라는 용어로 표현하였다. 그는 부모의 양육방식을 애정(responsive)과 통제(demanding)의 두 요인으로 구분하여 통제의 수준, 의사소통의 명료성, 성숙 요구, 온정이라는 네 가지 차원에 관련된 태도 및 행동이 어떻게 조합되느냐에 따라 권위 있는(authoritative), 허용적(permissive), 권위주의적(authoritarian) 유형 세 가지로 구분하였고(조복희, 1999), 이후 연구들은 권위형, 허용형, 권위주의형, 방임형의 네 가지 유형으로 구분하고 있다.

(1) 권위형: 높은 애정과 높은 통제수준의 권위 있는(authoritative) 양육태도

이 유형의 부모는 자녀의 의견을 경청하되 상황에 따라 적절히 자녀의 행동을 통제한다. 즉, 융통성 있고 일관성 있는 훈육을 하며 자녀에게 애정적이고 수용적이다. 또한 성숙한 행동에 대한 표준을 설정해 이를 지키도록 하고 사전에 충분히 설명할 기회를 가진다. 자유를 허용하며 부모와 자녀가 함께 상의하며 가족활동에 참여시킨다. 이러한 부모의 자녀는 자존감이 높고 자신을 잘 통제하며 의욕적이고 자기 만족감이 높다. 친구들과도 원만한 관계를 형성하는 등 이후 아동발달을 긍정적으로 예측한다.

(2) 허용형: 높은 애정과 낮은 통제수준의 허용적(permissive) 양육태도

애정은 높으나 통제수준은 낮은 허용적이고 비지시적, 자유분방한 양육방식으로 규칙이나 제한도 거의 없는 방임적 양육태도를 보인다. 이러한 부모의 자녀는 자신감 있고 적응을 잘 하는 편이나 자아존중감이 낮고 사회성이 부족한 편이다.

(3) 권위주의형: 낮은 애정과 높은 통제수준의 권위주의적(authoritarian) 양육태도

권위 있는 부모와는 반대로 자녀의 행동을 통제하는 데 협박이나 체벌 등의 강압적인 방법을 사용하고 부모의 규칙을 강요하며 따르도록 요구한다. 자녀와 효율적이지 않은 의사소통을 하고 자녀의 자유를 제한한다. 이런 유형의 자녀는 자존감이 낮거나 불안정한 정서를 가지며 원활한 대인관계를 하지 못하며 반항적인 성격을 가진다.

(4) 방임형: 낮은 애정과 낮은 통제수준의 방임형(reglectful) 양육태도

낮은 애정과 낮은 통제수준이 결합된 '나는 양육을 포기한다. 자녀가 무엇을 하든 별로 상관하지 않는다'의 태도로 훈육을 포기하는 무관심한 양육이다. 가장 적절하지 않은 양육태도로 이러한 유형의 자녀는 정서적으로 고립되거나, 독립심도 없고 화를 잘 내며, 충동적인 성향을 보인다.

한편 조복희(1999)는 한국 부모의 양육방식을 아이와 친밀한 시간을 갖는지, 아이의 의견을 존중하고 표현할 수 있는지, 아이가 물으면 잘 설명하는지, 가족 규칙을 함께 결정하는지, 아이의 행동과 성취한 일에 관심을 갖고 있는지, 아이와 이야기해 주고 놀아주는지 등을 보이는 온정적 양육과 엄격하게 예절을 가르치고, 잘못했을 때 벌을 주거나, 순종하게 하거나, 지켜야 할 규칙과 규율을 세우고 아이가 지키게 하고, 아이의 행동을 제한하거나 아이의 짜증을 받아주지 않는 통제적 양육으로 분류하였다.

표 5-4 부모의 양육방식 하위영역

부모의 양육방식 하위영역	하위영역의 문항 내용
온정적 양육	아이와 친밀한 시간을 갖는다. 아이의 의견을 존중하고 표현할 수 있게 한다. 아이가 물으면 잘 설명한다. 가족 규칙을 아이와 함께 결정한다. 아이의 행동이나 아이가 성취한 일에 관심을 갖고 있음을 보인다. 아이와 이야기해 주고 놀아준다.

부모의 양육방식 하위영역	하위영역의 문항 내용
통제적 양육	나는 아이가 어려도 엄격하게 예절을 가르친다. 나는 아이가 잘못했을 때는 반드시 벌을 주고 반성하게 한다. 나는 아이가 내 말에 순종하게 한다. 나는 지켜야 할 규칙, 규율을 세우고 아이가 지키도록 한다. 나는 가정교육을 위해 아이의 행동을 제한한다. 나는 아이가 짜증내는 것을 받아주지 않는다.

출처: 조복희(1999).

부모의 양육태도는 자녀의 발달에 커다란 영향을 미치며 자녀의 성격형성뿐만 아니라 자녀의 전반적인 성장·발달에 있어서 무척 중요하다. 특히 영유아의 사회적·정서적 발달에 미치는 영향은 크다.

부모의 양육태도는 가정의 사회적·경제적 지위, 부모－자녀의 성별, 결혼만족도, 부모 자신이 그의 부모로부터 양육 받아 온 방식, 부모가 지각하는 역할과 태도, 부모의 인성, 연령, 자녀의 수, 지역차 등 다양한 변인에 의해 다양한 형태로 달라진다(이은경, 2013 재인용).

유아의 문제행동에 주요한 요인인 부모의 양육태도 중 애정적이지 않고 거부적이며 통제적인 양육행동은 아동들의 문제행동을 야기할 수 있다(정현희, 2003). 어머니의 양육행동 중 온정적 양육행동이 유아의 문제행동을 감소시키고 부정적인 통제적 양육행동보다 긍정적인 양육행동이 영향력이 크다고 보며, 또래나 교사의 영향에 비해 어머니의 온정적 양육행동이 유아의 문제행동에 가장 큰 영향을 미치는 것으로 나타나 부모교육에서도 특별히 온정적 양육행동의 중요성에 대한 교육이 필요하다고 하겠다(우수경, 2017).

2) 부모의 정서

(1) 양육 스트레스

부모역할에 영향을 미칠 수 있는 특성 중 하나인 양육 스트레스는 개인과 환경과의 일상적인 교류 결과로 경험하게 되는 일상적인 무료함, 신경질, 성급함, 당황, 좌절감 등의 일상적 스트레스를 의미한다(강희경, 1999).

2015년 가족실태조사에 따르면 영유아 자녀의 주양육자는 부모가 95.1%, 조부모 4.5%, 타인 0.3%, 조부모 외 기타 친인척이 0.2%로 조사되었다. 또한 양육 시 긴급돌봄조력자의 도움을 받았는지에 대해서는 전체 응답자 2,163명 중 긴급돌봄조력자는 부모 본인 37.3%, 조부모 33.4%로 나타났고, 15.5%는 도움 받기 어렵다고 응답하였다.

표 5-5 양육시 긴급돌봄조력자 도움 비율

주양육자	부모	조부모	타인	기타
	95.1%	4.5%	0.3%	0.2%
긴급돌봄조력자	부모 본인	조부모	도움받기 어렵다	
	37.3%	33.4%	15.5%	

출처: 2015가족실태조사(국가통계포털 http://kosis.kr. 2019-09-22).

양육에 대한 스트레스를 경험하는 어머니는 자녀와의 상호작용에서 더 부정적 · 적대적인 것으로 나타났으며(Crick & Booth, 1991; 민현숙, 문영경, 2009 재인용), 어머니의 양육 스트레스는 그 특성이 변화하지 않고 지속적이며 유아가 발달하는 동안에도 유아의 부적응에 직 · 간접으로 영향을 줄 수 있다고 보았다(Crinic et al., 2005).

또한 최근의 사회현상으로서 유아를 제대로 훈육하지 못하는 상황에 대해 어머니를 비하하며 조롱하거나 식당 등의 노키즈존 등 양육에 비협조적인 사회적 분위기도 부모의 양육 스트레스를 증가시킬 수 있다.

(2) 아버지의 양육참여와 결혼만족도

배우자가 있는 여성 및 남편(15~49세)의 평일 및 주말 육아시간을 조사한 결과 여성의 경우 평일 육아시간은 4.8시간, 주말 육아시간은 6.3시간인 반면 남편의 평일 육아시간은 1.2시간, 주말 육아시간은 3.5시간으로 나타나 아버지의 육아참여시간이 현저히 낮은 것으로 나타났다(이소영, 2018).

현대의 가족은 맞벌이부부의 증가와 같은 사회경제적 요인으로 아버지의 자녀양육 참여에 많은 영향을 미치고, 아버지와 어머니 모두가 공동양육자로서의 역할을 지향하는 추세이다.

부모의 역할도 시대에 따라 변하고 있다. 어머니는 육아 및 가정관리 영역뿐만 아니라 공동 부양자로써의 책임도 맡고 있으며, 특히 오늘날의 아버지는 부양자 외에 자녀양육에 다양하게 참여하고 있다. 아버지의 역할 수행이 자녀에게 미치는 긍정적인 효과에 대한 다양한 연구가 아버지의 양육 참여의 중요성을 잘 보여주고 있다.

아버지는 자녀와의 상호작용을 통해 아동에게 영향을 미칠 뿐만 아니라 어머니의 행동에도 영향을 미친다고 보고되고 있다. 아버지의 양육참여는 어머니의 산후우울증 및 양육 스트레스를 예방할 뿐만 아니라, 자녀에 대한 어머니의 민감성과 반응성을 높여줄 수 있어 애착형성에 큰 도움을 준다(황혜정 외, 2012).

한국아동패널조사[3]에 따르면 출생 초기, 즉 0세에 아버지의 양육참여 정도를 놀이 · 이야기 상대, 습관 · 생활지도, 식사 · 목욕, 물품 · 장난감의 4가지 영역을 기준으로 상하집단으로 구분하여 조사한 결과, 초기에 4가지 영역의 양육참여가 높았던 집단은 5년 후에도 높을 확률이 약 80%로 나타났다.

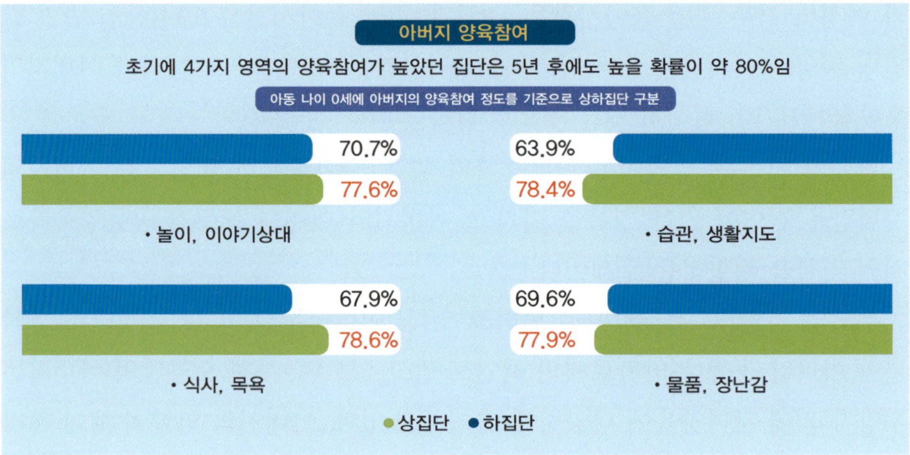

그림 5-1 집단별 아버지양육 참여 유지율(4세 기준)

출처: 한국아동패널(http://panel.kicce.re.kr/kor/publication/07.jsp. 2019-09-22)

유아기 자녀와 시간을 보내는 아버지들은 아버지-자녀 관계를 탄탄하게 하고 자녀에게 성 정체감, 인지적 · 사회적 발달 그리고 자아존중감을 준다. 간접적으로는 자녀양육에 대한 어머니에 대한 노력을 지지함으로써 결혼관계와

3 한국아동패널은 우리나라 영유아를 대상으로 실시하는 종단연구로 2008년 4월부터 7월 중에 전국에서 표집된 의료기관에서 출생한 신생아를 대상으로 하여 성인기에 진입하는 시점인 2027년까지 매해 실시할 예정인 연구조사이다. 조사내용은 아동 특성, 부모 특성, 가족 특성, 학교 특성, 육아지원서비스 특성, 지역사회 특성, 육아지원정책 특성에 걸쳐 광범위하게 수집된다. 또한 매해 실시되는 일반조사 외에 조사대상 아동의 약 10%에 해당하는 아동들에게는 중요한 발달과업이 일어나는 민감적 시기에 맞춰 관찰, 면접, 검사 등의 조사방법을 사용하는 심층조사가 세 차례에 걸쳐 이루어질 계획이다.

어머니-자녀 관계의 질을 강화하는 역할을 한다(Campbell, 2007).

부부관계의 질은 어머니보다 아버지의 경우 부모-자녀 상호작용에 더 많은 영향을 미치며 결혼만족도가 높은 아버지는 자녀에게 반응적이다. 아버지의 양육참여와 결혼만족도가 높을수록 유아의 외현화 문제행동은 감소하며, 어머니의 우울이 높을수록 유아의 외현화 문제행동은 높아진다. 또한 어머니가 지각하는 사회적 지원인 정서적 지원이 높을수록 유아의 외현화 문제행동은 감소하는 것으로 나타났다(성다겸, 2018). 부부관계가 좋고 양육에 대해 부부가 서로 협력하는 가족 상호작용 유형은 부모의 자녀양육태도에도 영향을 미치고, 영유아의 특성에까지 영향을 미칠 수 있다.

결혼문제와 갈등 등의 혼란은 영유아의 문제로 연결될 수 있으며, 긴장되고 갈등이 있는 가정환경은 영유아에게 직·간접적으로 영향을 줄 수 있다. 부모가 가장 중요한 사회화의 주체이기 때문에 영유아는 모방과 모델링을 통해서 부모의 대인적 문제해결 스타일과 부정적인 정서조절 스타일을 습득할 수 있다(Campbell, 2007).

육아기 근로시간 단축제도 및 육아휴직, 기업의 일·가정 양립제도 등의 법제화를 통해 2009년 육아휴직자 중 아버지는 1.4%, 2017년에는 13.4%로 아버지의 육아휴직도 꾸준히 증가하는 추세이지만 아직도 많이 부족한 것이 현실이다. 아버지의 양육참여를 이끌기 위해서는 아버지들 스스로 자녀양육참여의 필연성과 중요성을 인식해야 하며, 이를 지지하기 위한 법적·제도적 뒷받침이 이루어져야 한다(황혜정 외, 2012). 또한 유아교육기관에서는 주기적인 부모교육을 계획하고, 특히 아버지들을 위한 육아정보와 부모역할에 대한 다양한 부모교육을 계획해야 한다.

(3) 부모의 우울감

볼비(Bowlby)는 아동의 문제행동을 이해하기 위해서는 부모의 정서적인 문제, 즉 심리적 부적응을 관찰하는 것이 중요하다고 하였다. 즉, 우울한 부모의 자녀들은 우울, 불안 등의 내재화 문제와 공격 등의 외현화 문제를 보인다(곽소현, 2005). 또한 버칠과 스틸스(Burchill & Stiles, 1991)는 우울한 어머니의 자녀들이 학습문제, 문제행동 및 정신과적 문제에 처할 위험성이 높다고 주장하였다(민현숙, 문영경, 2009).

민현숙 외(2009)는 어머니의 우울은 어머니의 행동, 인지, 정서에 영향을 주고 그 결과 아동의 심리적 적응에 문제를 일으킬 수 있고, 어머니가 불안할수록 유아의 내면화, 외현화 문제행동이 많이 나타나고 있다고 보았다. 특히 어머니의 우울은 그 정도가 낮더라도 유아의 문제행동을 예측하는 중요한 변인으로 자녀의 발달에 부정적 영향을 미친다고 하였다. 한편 아버지의 우울 역시 유아의 문제행동 간에 영향을 미치며 아버지의 우울이 낮은 경우, 자녀에게 긍정적인 양육태도를 보일 가능성이 높고 이는 자녀의 문제행동을 낮게 한다.

부모가 환경에 부적응하고 난폭한 정서를 가지고 있고, 유아에 대한 배려 없이 마음대로 행동하면 유아는 공격적이고 통제가 잘 되지 않는 것으로 나타났으며, 우울증을 가지고 있는 성격의 어머니들은 우울증을 가지고 있지 않은 어머니들보다 민감하거나 긍정적인 상호작용이 없기 때문에 자녀들에게 자신의 감정들을 조절하는 데 어려움을 겪는다. 그리하여 자녀들이 문제행동을 일으키고 또래 간에 문제들이 야기되는 위험이 있다고 밝혀졌다(Kaiser & Rasminsky, 2013).

3) 가정환경

(1) 맞벌이부부의 증가

2017년 맞벌이인 경우는 49.9%, 외벌이인 경우는 49.5%에서 2018년 맞벌이의 경우 61.6%, 외벌이의 경우 38.4%로 맞벌이부부는 꾸준히 증가 추세로 나타났다.

표 5-6 맞벌이부부의 비율

특성별	2017			2018	
	예(맞벌이)	아니오 (외벌이)	모름 · 무응답	예(맞벌이)	아니오 (외벌이)
소계	49.9	49.5	0.6	61.6	38.4

출처: 2018청년사회 · 경제실태조사(국가통계포털 http://kosis.kr. 2019-09-22).

어머니들의 경제활동 참여로 인한 맞벌이가정 증가와 현대의 가족구조의 변화로 많은 영유아가 부모들과 충분한 시간을 함께 하지 못하고, 유아교육기관에서 보내는 시간이 점차 늘어나고 있다. 하루에 8~10시간 동안 어린이집이나 유치원 등의 교육기관에서 생활하고 있으며, 저녁 8~9시까지도 어린이집이나 유치원에서 생활하고 있는 것으로 나타났다(이미화, 2005).

이렇듯 부모와의 격리된 시간이 길어지고 기관에서의 시간은 늘어나면서 영유아가 받는 스트레스 또한 증가하고 있다. 아주 어린 연령, 최소 생후 3개월부터 기관을 이용하는 영유아의 경우 아주 수월하게 기관 생활을 하는 경우도 있지만, 의욕이 없고 무기력하게 누워 있거나 의미 없이 돌아다니거나 피곤해하거나 위축되어 있는 경우도 있고, 유아교사의 지시에 항상 부정적이고 고분고분하지 않으며 공경적인 성향을 보이는 등의 행동을 보이는 경우도 있다.

영유아가 어린이집이나 유치원을 이용하는 시간이 긴 경우 문제행동이 많이 나타난다고 보았는데, 종일제 프로그램을 이용하는 유아가 반일제 프로그램을 이용하는 유아보다 자유선택활동시간에 피로감을 호소하거나 목적 없이 배회하는 등의 행동이 많았고, 대집단활동시간에는 공격적인 행동이 많이 나타난다고 보고되고 있다(박화윤, 안라리, 하양승, 1998; 신혜원, 2018).

또한 부모와의 격리는 많은 유아들에게 있어 문제행동의 근원이 되며, 유아들은 상실, 거절, 단념, 두려움, 분노, 무능, 공격을 포함한 다양한 정서를 경험하게 되고, 이러한 부정적 정서는 이후 문제행동으로 발전될 가능성이 높다(지성애, 홍혜경, 2003).

맞벌이가정이라고 해서 영유아들이 무조건 문제되는 행동을 하는 것도 아니고 부모가 가정에서 돌본다고 해서 무조건 안정적 정서를 보인다고 일반화할 수는 없다. 하지만 부모와의 충분한 정서적 교감이 부족하기 쉬운 여건인 만큼 그러한 가능성이 있다는 것에 대해 유의할 필요가 있다.

맞벌이부모의 경우 영유아의 의사와는 상관없이 유아교육기관에 보내지는 강제적 격리로 인해 부모로부터의 관심이 결핍되었다고 느끼는 영유아의 문제행동이 발생할 수 있다. 대표적인 문제행동으로는 분리불안, 떼쓰기, 폭발적 울음 등으로 부모로부터의 관심을 끌기 위해 부정적인 행동으로 표출된다. 영유아들이 보이는 문제행동의 다수가 부모 또는 교사로부터의 관심을 얻기 위해 보이는 경우가 많다. 예를 들면, 교실에서는 활동을 잘 하면서도 등하원 시간에 엄마만 보면 울거나 회피하는 행동을 보이거나, 교실에서 교사에게만 안겨 있으려 하고, 교사의 관심이 다른 곳으로 이동하면 갑자기 우는 행동을 반복적으로 보이는 경우이다.

(2) 가족구조의 변화

최근 급속한 사회경제적 변화와 더불어 환경변화는 다양한 가족 형태로 나타나고 있다. 가장 일반적인 가족 형태로 자리 잡은 핵가족뿐만 아니라 부(아버지) 또는 모(어머니)를 중심으로 구성된 한부모가족, 이혼·재혼가족, 조부모가정 등 다양한 가족구조가 혼재하고 있다.

실직, 가난, 차별, 부부 갈등, 학대와 방임, 유아에 대한 애정 억제, 통제적 양육 환경, 지나친 영유아에 대한 기대와 책임감 지우기, 너무 많은 자녀들, 친척 간의 파괴적 관계, 문맹과 교육의 결핍, 질병과 신체적 장애 등을 가지는 복합적인 양상의 결손가정의 경우 영유아가 제대로 보살핌을 받지 못해 문제행동을 보일 확률이 높다.

최근 우리 사회는 사회구성원으로서 다양한 국가의 결혼 이민자나 외국인 근로자 등 이주자의 증가로 새로운 다문화사회를 이루고 있다. 2018년 조사에서 결혼 이민자 · 귀화자는 여성이 82.7%, 남성이 17.3%이고, 만 5세 이하 미취학 자녀 중 76.0%는 어린이집 · 유치원에 다니고 있는 것으로 나타났다. 부부 간 문화적 차이에 대해서 응답자의 절반 정도가 식습관(50.7%)에서 차이를 느끼고 있으며, 자녀 양육방식(28.2%), 가족행사 등 가족 의례(28.0%)에서 차이를 경험했다고 응답하고 있다. 특히 2015년 조사에서는 16.1%였던 자녀 문제 관련 갈등이 2018년에는 24.1%로 증가하였다. 이러한 차이는 부모의 양육행동에도 차이를 보일 수 있고 부부간 불화 또는 다툼의 원인이 되기도 한다.

다문화가정의 만 5세 이하 자녀양육에서 부모역할의 어려움으로는 '내가 바쁘거나 아플 때 자녀를 돌봐줄 사람을 찾기 어려워서'(26.9%)를 꼽은 사람이 가장 많았고, 다음은 '자녀에게 한글을 직접 가르치기 어려워서'(26.3%), '배우자나 다른 가족과의 의견 차이'(12.8%), '한국 유치원, 학교에 대해 잘 몰라서'(9.1%) 등의 순이고, '어려움이 없다'는 응답은 21.8%였다.

표 5-7 다문화가정 부모가 느끼는 자녀양육 시 부모역할의 어려움

구분별	2018				
	내가 바쁘거나 아플 때 자녀를 돌봐줄 사람을 찾기 어려움 (%)	자녀에게 한국어를 직접 가르치기 어려움 (%)	어려움 없음 (%)	자녀 양육에 대해 배우자나 가족과 의견 차이 (%)	(한국의) 어린이집, 유치원, 학교 등에 대해 잘 모름 (%)
소계	26.9	26.3	21.8	12.8	9.1

출처: 2018전국다문화가족실태조사(국가통계포털 http://kosis.kr. 2019-09-22).

또한 탈북한 북한주민들이 국내에 정착하며 새터민아동도 점차 증가 추세에 있는데 새터민아동들은 외로움, 불안, 걱정, 소외감을 경험하고, 소속감 결여와 낮은 자아존중감을 나타내는 것으로 조사되었다(전익수, 2001). 이런 불안감은 이후 이탈행동이나 대인기피, 우울증, 자신감 결여와 부정적인 자기개념, 열등감을 가지는 것으로 조사되었다. 이러한 다양한 가족구조의 변화로 현장의 유아교사는 교육과정 진행 시 세심한 배려와 융통성 있는 교수과정의 수정이 필요하며, 증가하는 다양한 가족 구조의 학생들을 위해 우리 사회의 구성원으로 받아들이기 위한 준비가 필요하다.

(3) 학대

가족구성원 간에 갈등과 불화, 다툼, 불합리한 양육태도와 훈육에 대한 잘못된 사고방식 등은 학대의 발생 가능성을 높이는 요인이다. 학대받은 아동은 전반적인 발달에 있어 부정적 경향을 보이고 있다. 학업성취도가 낮고 사회·정서적 발달에 문제가 발달하며 인지발달 등에도 커다란 영향을 미친다. 지속적인 학대의 경우 신체적인 변형뿐만 아니라 두뇌발달에도 치명적인 손상을 입게 되고 정서발달에도 영향을 끼쳐 우울, 불안, 흡연, 알코올 중독, 약물복용 등을 유발하며 가출, 비행 더 나아가서는 자살 등의 문제로 연결된다.

2015년 총 11,715건의 아동학대가 발생하였고, 이 중 정서학대가 2,046건으로 가장 많았고 다음이 신체학대로 1,884건이었다. 2017년에는 22,367건으로 2015년에 비해 거의 두 배 가까이 증가하였다. 특히 정서학대가 4,728건으로 두 배 이상 증가하였고, 그 다음은 신체학대로 3,285건으로 나타났다.

표 5-8 학대사례 유형별 피해아동 보호현황

학대사례 유형별	2015	2016	2017
계	11,715	18,700	22,367
신체학대	1,884	2,715	3,285
정서학대	2,046	3,588	4,728
성학대	428	493	692
방임	2,010	2,924	2,787
중복학대	5,347	8,980	10,875

출처: 2018학대피해아동보호현황(국가통계포털 http://kosis.kr. 2019-09-22).

또한 아동학대 발생장소로는 2017년 가정 내에서가 17,989건으로 가장 많았고, 그 다음이 학교 1,344건, 어린이집 843건, 집 근처 405건, 복지시설 299건, 유치원 269건으로 나타났다. 가정 내에서의 학대비율이 80%를 차지하며 학교와 보육시설에서의 학대발생비율도 높게 나타났다. 정서적으로 불안정한 사람들이 늘어가며 사회 곳곳에서 어린이들을 건강하게 돌보지 못하고 심지어 학대까지 하는 문제들이 점점 늘어가고 있는 추세이다.

표 5-9 아동학대 발생장소

아동학대 발생장소	2015	2016	2017
계	11,715	18,700	22,367
가정 내	9,641	15,371	17,989
집 근처 또는 길가	213	353	405
친척집	78	150	129
이웃집	19	20	11

아동학대 발생장소	2015	2016	2017
어린이집	432	601	843
유치원	207	247	269
학교	258	609	1,344
학원	68	159	197
병원	49	68	65
복지시설	362	311	299
숙박업소	61	90	71
종교시설	24	61	23
파악 안됨	17	16	34
기타	286	644	688

출처: 2018학대피해아동보호현황(국가통계포털 http://kosis.kr. 2019-09-22).

상습적인 학대와 방임은 유아의 신체적·정신적 고통을 야기할 뿐만 아니라 자아존중감을 파괴하고 문제행동의 발생 원인이 될 수 있다. 학대받았던 유아들은 일반 유아보다 미숙하고, 동기 부족과 낮은 주의집중력을 보인다. 공격적으로 행동하기도 하고, 다른 유아에게 상처를 입히기도 하고, 의도적으로 다른 사람을 괴롭히며, 스스로 분열하기도 한다(지성애,홍혜경, 2003). 유아교사는 영유아를 보호해야 할 사회적 책무가 있기 때문에 아동학대 신고의무자로서 등하원 시 영유아의 감정과 신체적 변화를 항상 확인해야 하며, 유아교사 스스로 영유아도 성인과 마찬가지로 권리를 가지고 있음을 알고 영유아의 인권을 보호하고 존중하는 태도를 가져야 할 것이다.

(4) 가정의 사회경제적 배경

가족의 기본적인 의식주 생활, 부모의 양육에 대한 신념 및 가치관은 언어 및 생활양식을 매개로 하여 아동의 인성 및 행동발달, 언어 및 인지발달, 학업 성취 등에 영향을 미친다(조복희, 2014). 또한 농어촌과 도시지역, 산간벽지 등 지역에 따라서도 주어진 환경이 다르고 이로 인해 생활양식과 자녀양육태도는 달라질 수 있다.

여러 선행연구에서 가정의 사회경제적 배경은 아동의 문제행동에 직접적으로 영향을 미치기보다는 바람직하지 못한 양육태도를 통해 간접적인 영향을 미치는 것으로 나타났다(Mcloyd, 1990). 낮은 사회경제적 지위로 인한 지적·사회적 자극의 결여는 정상적인 양육태도의 결여를 가져오고, 이로 인해 유아의 적응에 부정적인 영향을 미쳐 유아의 문제행동을 증가시키는 원인으로 해석된다(이선경, 이재연, 1998).

(5) 미디어 노출

최근 우리 주변의 공공장소나 식당 등에서 영유아들이 스마트폰을 보고 있는 장면을 흔히 볼 수 있다. 떼를 부리는 것을 미리 걱정해 아이의 손에 스마트폰을 쥐어 주는 부모들이 늘어나고 있는 것 또한 현실이다. 이렇게 어린 시절부터 스마트폰에 노출된 영유아는 청소년기에도 스마트폰에 과몰입하는 잠재적 위험군이 될 확률이 더욱 높아진다.

영유아 스마트폰 과의존 실태조사(과학기술정보통신부, 2108)에서 유아동의 과의존위험군을 조사한 결과 잠재적 위험군 유아동(만 3~9세)은 2016년 16.7%, 2017년 17.9%, 2018년 18.7%로 증가하였고, 고위험군 아동은 2016년 1.2%, 2017년 1.2%, 2018년 2.0%로 나타났다. 전체적으로 과의존위험군 아동은 2016년 17.9%에서 2018년 20.1%로 증가하여 유아동의 스마트폰 사용의 과의존위험도가 매년 증가하고 있음을 알 수 있다.

표 5-10 연도별 스마트폰 과의존 실태

응답자 특성별	2016				2017				2018			
	과의존위험군			일반사용자군	과의존위험군			일반사용자군	과의존위험군			일반사용자군
	소계	고위험군	잠재적 위험군	소계	소계	고위험군	잠재적 위험군	소계	소계	고위험군	잠재적 위험군	소계
유아동 (만3~9세)	17.9	1.2	16.7	82.1	19.1	1.2	17.9	80.9	20.7	2.0	18.7	79.3

출처: 2018스마트폰 과의존 실태조사(국가통계포털 http://kosis.kr. 2019-09-22).

그런데 과의존 예방교육 경험 여부를 묻는 질문에는 유아동 77.5%가 예방교육 경험이 없으며, 일반사용자군은 82.1%가, 과의존위험군의 82.7%가 예방교육을 받은 적이 없다고 응답하였다.

표 5-11 과의존 예방교육 경험 여부

응답자특성별	2018	
	있다	없다
과의존위험군	17.3	82.7
일반 사용자군	17.9	82.1
유아동(만3~9세)	22.5	77.5

출처: 2018스마트폰 과의존 실태조사(국가통계포털 http://kosis.kr. 2019-09-22).

효율적인 스마트 기기의 활용은 유아의 흥미를 자극하고 정보화 능력, 문제해결력, 비판적 사고능력, 창의적 능력, 탐구능력, 사회적 기술 등의 발달에 도움을 줄 수 있다, 그러나 영유아기의 과도한 스마트폰 사용은 뇌 발달뿐만 아니라 언어, 인지, 정서 등 전반적인 발달에 커다란 부정적 영향을 미칠 수 있다. 따라서 부모와 교사는 영유아들이 효과적으로 미디어를 이용할 수 있도록 체계적인 예방교육이 필요하다.

3. 유아교육기관 요인

육아정책연구소의 유아교육보육통계(2018)에 따르면 2016년 유치원과 어린이집을 이용하는 0~5세 영유아수는 총 3,044,577명 중 2,137,364명으로 영유아 70.2%가 이 두 기관을 이용하고 있다. 이 중 3~5세의 경우는 1,275,128명으로 90.7%의 높은 이용률을 보이고 있다. 2017년 유치원과 어린이집 이용률은 만 3세의 경우 90.3%, 만 4세의 경우 90.9%, 만 5세는 90.8%로 나타나 대부분의 유아가 유치원 또는 어린이집을 이용하고 있음을 알 수 있다.

2018년에는 전체 영유아 중 절반 이상인 51.2%가 어린이집을 이용하고 있으며, 유치원 27.8%, 반일제 이상 기관 미이용은 17.8%, 반일제 이상 학원 등 이용은 3.3%로 나타났다.

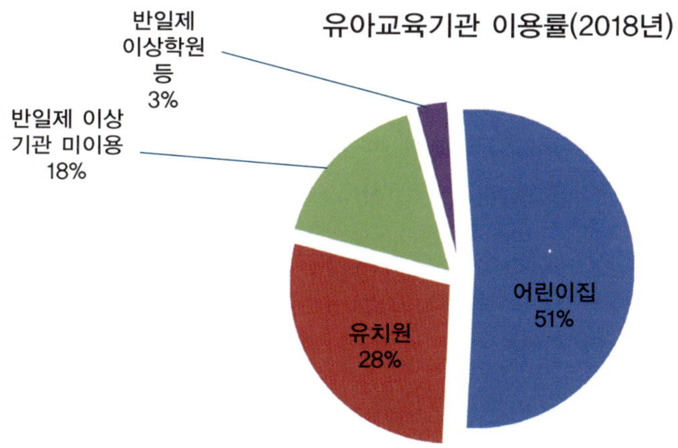

그림 5-2 2018년 전체 영유아의 유아교육기관 이용률

출처: 육아정책연구소(2018).

즉, 대다수의 영유아가 하루의 일부분을 유치원 또는 어린이집에서의 일상을 경험하고 있는 것이다. 따라서 유아교사는 유아의 생애 초기에 마주하는 첫 경험이기도 하고, 교실 내에서 영유아의 행동을 보다 상세히 관찰할 수 있고, 그들의 문제점을 부모보다 더 먼저 발견할 수 있으며(Emst, 2013), 영유아 문제행동에 대해 적절한 중재를 제공하기 위한 최적의 역할을 담당하는 존재이다(Shepard & Dickstein, 2009). 유아교사는 하루 일과를 진행하며 영유아와 상호작용하며 밀접하게 관찰하고 정서 및 학습발달에 효과적인 학습 환경을 준비하고 이 환경 속에서 영유아를 지원하는 중요한 책임을 가지고 있으며, 학급의 분위기를 결정하는 강력한 힘을 가지고 있다(Burts, Schmidt, Duham, Charlesworth, Hart & Craig, 2007).

또한 유아에게 언어적 · 인지적 학습 환경을 제공하고 또래와의 긍정적인 상호작용을 촉진시키는 역할을 수행하며(차인영 외, 2016), 이러한 과정을 통하여 관찰되는 영유아의 문제행동을 판별할 수 있다(홍성호 외, 2016).

1) 유아교사

(1) 연령 및 경력

유아교사의 개인변인에 따른 유아문제행동 지도전략수준을 살펴보면 나이가 많은 교사일수록 일상생활에서의 경험과 다양한 정보로 인하여 습득한 기술이 유아문제행동지도에 도움이 되는 것으로 나타났다. 유아교사가 경력이 많아질수록 유아의 문제행동에 대한 다양한 경험을 통하여 유아문제행동에 대해 학습할 수 있는 기회가 많고, 유아의 문제행동에 대한 이론적 지식들을 통하여 유아문제행동을 예측할 수 있다. 이러한 과정을 통하여 유아의 수준에 맞는 교육들에 대해 파악할 수 있는 능력이 길러지고, 각각의 유아 및 유아의 문제행동에 맞는 교사의 지도전략의 습득이 이루어졌기 때문이라고 추론하고 있다(김숙경, 2015).

(2) 전문성

유치원과 어린이집의 만 3세 이상 학급의 담임교사 176명을 대상으로 하는 유아의 문제행동인식 및 문제행동지도전략 연구(차어진, 권연희, 2013)에서 유아교사의 전문성 발달수준에 따라 유아의 문제행동에 대한 교사인식을 알아본 결과, 전문성 발달수준이 높은 교사가 낮은 교사보다 유아의 공격적·반사회적 행동, 방해하는 행동, 파괴적 행동을 더 문제라고 인식하고 있었다. 이러한 결과는 유아교사의 전문성 발달수준에 따라 유아문제행동인식 및 문제행동지도전략에도 차이가 있음을 볼 수 있다.

(3) 사회적 지지와 교사효능감

사회적 지지란 개인이 사회적 관계를 통해 타인들로부터 얻을 수 있는 모든 긍정적 자원으로 사랑, 존중과 같은 심리적 자원뿐만 아니라 물질적 자원을 포함하며(Schwarzer & Nina, 2007), 교사효능감이란 학생의 수행에 긍정적인 영향을 미치는 자신의 능력에 대한 교사의 신념이라고 정의할 수 있다(Gibson & Dembo, 1984).

보육교사 416명을 대상으로 사회적 지지와 교사효능감이 영유아 문제행동 지도전략에 미치는 영향에 대한 연구(조주희, 박혜준, 2018)에서는 교사가 사회적 지지를 더 많이 받는다고 지각한 경우 긍정적 예방전략과 긍정적 반응전략을 더 많이 사용하는 것으로 나타났다. 즉, 사회적 지지가 긍정적이면 예방적인 문제행동 지도전략에 영향을 미친다고 본 것이다. 특히 보육교사에 대한 사회적 지지가 높아지면 보육교사가 긍정적이고 예방적인 전략을 더 많이 사용한다는 것으로 나타났다.

또한 사회적 지지가 직접적으로 긍정적 문제행동 지도전략에 영향을 미치지는 않았지만, 교사효능감으로 연결되어 긍정적 문제행동 지도전략에 영향을 미쳤으며, 교사효능감이 높은 경우 긍정적 예방전략과 긍정적 반응전략의 사용이 더 많았다고 보고하고 있다. 유아교사가 긍정적이고 예방적인 방법을 사용하여 아동의 문제행동을 지도할 수 있도록 하기 위해서, 유아교사에 대한 사회적 지지를 높이고 교사효능감 증진을 위한 사회제도적 방안을 마련해야 한다(조주희, 박혜준, 2018).

(4) 정서지능과 문제해결능력

메이어와 샐로비(Mayer & Salovey)에 의하면 정서지능(emotional intelligence)이란 자신의 감정(또는 기분)들과 다른 사람들의 감정을 점검하는 능력, 그 감정들을 구별하는 능력 그리고 이러한 정보를 이용하여 자신의 사고와 행동을 이끄는 능력을 의미한다. 즉, 정서지능은 감정 정보처리능력이며, 감정 정보처리능력은 자신과 다른 사람들의 감정을 정확하게 지각하고, 인식하며, 적절히 표현하는 능력, 삶을 향상시키는 방법으로 자신과 타인의 감정을 적합하게 그리고 효과적으로 조정하는 능력, 동기를 부여하고 계획을 수립하고 목표를 성취하기 위해서 감정들을 이용하여 자신의 행동을 이해하고 이끄는 능력을 말한다(교육심리학 용어사전, 2000).

이미경(2017)은 정서지능이란 개인과 타인의 정서를 인식하고 자신의 행동을 조절하는 능력과 정서가 포함하고 있는 지식과 정보를 활용해 이를 대인관계에 적용시킬 줄 아는 능력으로 정의하고 있다.

정서지능이 높은 교사는 자신의 정서에 대한 이해와 표현이 적절하며, 영유아의 정서를 잘 인식하고, 유아가 보이는 행동에 정서를 조절하여 반응할 수 있는 능력이 높다고 보았으며(김민숙, 2016), 레이치와 데이(Leitch & Day, 2001)는 교사의 정서지능은 효과적인 의사결정에 중요한 부분을 차지하고, 교사의 교직생활 전반에 중요한 역할을 한다고 보고, 교사의 정서지능이 교수행위에 미치는 영향을 강조하면서 정서지능의 중요성을 강조하였다.

문제해결능력이란 문제를 해결하려는 교사의 현재 상태와 도달하려는 목표

상태의 차이를 인식하여 그 차이를 줄이려는 활동이며, 당면한 문제상황에 대한 적극적인 대처 방안을 모색하고 이를 실행하여 문제를 해결하는 대응능력이다(이석재 외, 2003).

유아교사가 문제해결능력이 부족할 때 위기상황에 대처하기 위한 다양한 해결책들을 찾지 못하고 더 이상 가능성이 없다고 판단하여 성급하게 이직을 결정하거나(박지혜, 2009) 아동학대, 유아교육기관에게 책임을 전가, 동료교사와의 갈등(송은경, 2012) 및 학부모와의 소통이 원활하지 못하게 되어 유아들에게 부정적인 영향을 미치는 경우가 발생한다고 하였다(유재경, 2013). 반면 교사의 문제해결능력이 높을수록 교사의 행복감이 높았고, 직무 스트레스 또한 낮았다고 보고되고 있으며(최영옥, 2011), 교사의 직무 스트레스가 낮을수록 교사의 유아문제행동 지도전략의 수준이 높아 긍정적인 전략의 사용빈도는 높아지고, 부정적 지도전략의 사용빈도는 낮아진다는 연구결과를 보고하였다(김관비, 2011; 권혜진, 2017 재인용).

보육교사가 유아교육기관에서 일어나는 어떤 현상이나 일에 대하여 자신의 마음에서 느껴지는 기분을 정확하게 인지하고 표현하는 교사일수록, 또 이와 함께 문제상황에 대한 개인의 감정이나 견해 또는 사상 등을 정확히 인식하여 문제상황에 대한 문제점을 정확하게 찾아 적극적으로 대처하려는 문제의식의 태도가 강할수록, 영유아 문제행동지도전략을 잘 사용한다(권혜진, 2017).

(5) 정서적 · 신체적 소진

하루일과계획부터 교육계획안의 작성 및 실행, 영유아와의 끊임없는 상호작용, 교재교구의 개발, 학부모와의 면담, 행정서류의 작성, 동료교사와의 협력, 원장과의 관계 등 유아교사의 업무는 지나치게 과다한 수준이다. 끊임없이 반복되는 업무와 영유아와의 상호작용은 일과 관련한 스트레스로 나타나 정서적 · 신체적 소진상태가 될 수 있다.

유아교사로서 자신의 일을 열심히 했으나 눈앞에 성과가 바로 보이지 않는 교육의 특성상 성과나 보상 없이 매일의 일과에 피곤하고 탈진하는 상태가 되다보면 영유아와의 상호작용에 소홀해 지고 의미 없는 반응이나 냉담해지는 모습을 보일 수 있다.

유아교사는 어린 영유아들을 끊임없이 애정으로 보듬고 배려해야 하는 직업이다. 이러한 직업 특성상 특히 유아교사들의 정서적 소진은 현장에서 빈번하게 나타나는 현상이고, 다른 직업군에 비해 스트레스를 유발하는 요소들이 많다고 볼 수 있다.

유아교사가 정서적으로 탈진 또는 소진된 상태일 때 영유아와의 상호작용 또한 부정적으로 인식될 가능성이 높다. 즉, 같은 행동을 보인 영유아라도 유아교사의 정서에 따라 그 행동을 문제행동으로 인식할 가능성이 높다. 예를 들어, 4세 영아가 교실에서 놀이 중 소변 실수를 했다면 그 연령대에 일어날 수 있는 행동임에도 불구하고, 교사가 정서적으로 소진되어 있는 상태라면 '나를 더 힘들게 하는' 아이라 느끼고 더 엄격하게 야단치거나 냉담하게 반응할 수 있다.

유아교사가 느끼는 정서적 소진은 교사 자신뿐만 아니라 영유아를 부정적 측면으로 볼 가능성이 더 높고, 유아교사 스스로 자신이 유아교사라는 직업에 적합하지 않은 사람이라고 생각하여 문제행동지도를 포기하거나 아예 이직을 고려하는 등 부정적 영향을 미친다(장주연, 2019).

현장의 유아교사는 잘못된 행동을 하는 유아를 '나쁜 아이'라고 낙인찍기보다는 '지원이 필요한 영유아'로 보고, 지속되는 문제상황 속에서도 이러한 관점을 유지하도록 노력하는 것이 중요하다. 하지만 정서행동적 문제를 가진 영유아가 예전에 비해 증가하면서 교실상황에서 유아교사들은 이러한 유아들의 문제행동 지도에 어려움을 겪고 있다. 특히 최근 미디어 등에서 아동학대 관련 사고가 이슈화되고, CCTV 설치 의무화 등 영유아교육기관에 대한 사회의 감시와 불신이 증가하며 유아교사들은 영유아들의 문제행동지도에 특히 더 어려움을 갖고 있으며, 학부모와의 불편한 관계로 이어질까 아예 지도를 포기하는 경우도 있다. 영유아들의 행동이 개선되지 않을 경우 그로 인한 스트레스와 업무 과다 등으로 문제행동 지도와 연구 시간의 부족, 지도에 대한 전문지식의 부족, 유아 문제행동에 대한 부모와 교사 간의 인식 차이로 인한 어려움 등으로 순간적인 교사 개인의 판단에 의해 지도되거나 다시 반복되는 부정적인 패턴을 보이고 있다(이순자, 유수옥, 2012).

따라서 영유아 문제행동지도와 관련하여 교사교육 프로그램을 다양하게 개발하고 유아교사의 업무를 줄일 수 있는 실질적인 교사지원체제 방안을 마련하기 위한 노력이 이루어져야 한다. 그 방편으로 체계적인 교사교육과 훈련, 관련 지도서의 발간 및 보급, 예비교사교육 단계에서의 유아 행동지도 관련 교사교육의 강화, 현장의 교사들이 실질적으로 도움을 받을 수 있는 지원체제 등이 마련되어야 하고(이순자, 유수옥, 2012), 유아교사들이 실질적으로 쉴 수 있는 방안, 즉 자신을 돌아보고 점검할 수 있도록 유아교육현장에서의 휴가 및 휴게시간의 확보, 보조인력의 배치 등의 지원이 확대되어야 할 것이다.

교사 인터뷰
(강○○ 11년차 교사)

"아무리 이야기해도 설득이 되지 않을 때, 방향을 제시하거나 설득을 해도 이해하지 않고 바꾸지 않고 잘못된 방법을 고집부릴 때가 가장 힘들고 … (중략) …단체생활이기 때문에 다른 영유아에게 피해되는 행동을 계속해서 교사가 자꾸 개입하게 되니 정신적으로도 피곤할 때가 많아요. … (중략) 집에서는 허용의 폭이 넓지만 단체생활을 하다보니 기관에서는 규칙과 지켜야 되는 약속이 있을 수밖에 없는데, 이러한 규칙이나 약속을 유아가 잘 따르지 않을 때나 다른 영유아에게 부정적인 영향을 미치거나 다툼이 계속 될 때가 정말 어려워요.

다양한 양상으로 나타나는 아동의 문제행동은 부모나 교사 등 성인이 제대로 인식하지 못하여 적절하게 중재하지 못할 때 고착되거나 악화되기 때문에(Campbell, 2007) 아동의 문제행동을 올바르게 인식하고 원인과 유형에 따라 적절하게 개입하는 유아교사의 역할이 중요하다(조주희, 박혜준, 2018).

현장의 많은 유아교사들은 영유아들의 일상생활을 공유하며 발생하는 문제행동을 지도하는데 있어, 어려움과 두려움을 가지고 있다(권정윤 외, 2012). 특히 아동학대에 대한 인식이 확대되면서 유아교사들은 문제행동을 지도하며 스트레스를 경험하거나 좌절하기도 한다. 문제행동을 지도하는 지도전략은 유아교사 개개인의 여러 변인에 따라 달라질 수 있다. 즉, 유아교사 개개인의 차이에 따라 같은 영유아의 행동에 대해서 다른 반응이 나타날 수 있다.

[생각해 봅시다]

■ 문제행동 규정 시 고려사항

▶ 유아교사는 자신이 '문제'라고 느끼는 영유아의 다양한 행동을 문제행동 또는 지도가 필요한 행동으로 규정하는 경향이 있음

▶ 특히 문제행동으로 규정한 순간 문제가 됨: 부정적 용어의 사용은 부정적 시각을 갖게 함

▶ 유아교사의 감정과 태도에 영향을 미침: 또 하나의 성가신 일(짜증, 불만, 부담), 교사 능력 증명에 대한 부담감, 부모(해당 영유아의 부모와 그 외 부모)와의 불편한 관계임

▶ 정말 문제인가에 대한 판단이 필요함
- 영유아가 당연히 어려움을 느낄 만한 상황: 학기 초 적응, 동생 출생, 부모 관계 악화
- 영유아의 문제가 아니라 유아교사의 학급 운영 미숙으로 인해 발생한 문제 상황: 영유아의 수준보다 너무 낮거나 높은 유아교사의 기대

출처: 김희진 외(2018).

표 5-12 매슬랙과 잭슨(Maslach & Jackson)의 소진 척도

(보기) 다음 요령에 따라 설문지에 대한 응답을 하여 주시기 바랍니다.
※ 매우 강하게 느낀다고 생각하실 때 7
※ 강하게 느낀다고 생각하실 때 6
※ 약간 강하게 느낀다고 생각하실 때 5
※ 보통이라고 생각하실 때 4
※ 느끼지 않는 편이라고 생각하실 때 3
※ 거의 느끼지 않는다고 생각하실 때 2
※ 전혀 느끼지 않는다고 생각하실 때 1
에 ○ 표시를 해 주십시오.

1. 어린이와 하루의 일과를 끝내고 나면 보람을 느낀다.	7 6 5 4 3 2 1
2. 나는 내 일 때문에 정서적으로 메말라 버린 느낌이다.	7 6 5 4 3 2 1
3. 나는 하루 일과가 끝나면 기진맥진한 느낌이다.	7 6 5 4 3 2 1
4. 나는 일부 학생들을 마치 물건처럼 비정하게 다루고 있는 것 같다.	7 6 5 4 3 2 1
5. 근무에 지쳐 피로를 느끼는 경우가 많다.	7 6 5 4 3 2 1
6. 나는 사람들과 더불어 온종일 일한다는 것에 아주 긴장이 된다.	7 6 5 4 3 2 1
7. 나는 일 때문에 기력을 다 소모한 느낌이 든다.	7 6 5 4 3 2 1
8. 나는 현재의 직업에 종사한 이래로 사람들에 대해 더욱 냉담하게 되었다.	7 6 5 4 3 2 1
9. 나는 매우 활기에 찬 느낌이다.	7 6 5 4 3 2 1
10. 나는 일 때문에 좌절감을 느낀다.	7 6 5 4 3 2 1
11. 나는 맡은 일이 너무 벅차다고 느낀다.	7 6 5 4 3 2 1
12. 나는 일부 원아들에게 어떤 일이 일어나고 있는지 전혀 관심이 없다.	7 6 5 4 3 2 1
13. 나는 사람들을 직접 대해서 일한다는 것에 지나치게 많은 스트레스를 받는다.	7 6 5 4 3 2 1
14. 나는 원아들과 화기애애한 분위기를 쉽게 만들 수 있다.	7 6 5 4 3 2 1
15. 나는 현재의 직업에서 가치 있는 일들을 많이 성취하였다.	7 6 5 4 3 2 1
16. 나는 진퇴양난에 처한 것 같은 기분이 든다.	7 6 5 4 3 2 1

출처: 이치균(2017).

2) 유아교육기관의 환경

영유아들이 활동하는 실내·외 물리적 공간은 무척 중요하다. 물리적 환경 자체가 문제를 야기하는 경우가 있는데, 특히 영유아들이 사용하는 공간의 면적이 좁을 경우 영유아들이 서로 간의 공간을 침범 당했다고 느낄 가능성이 크기 때문에 영유아 간 다툼과 공격이 증가할 수밖에 없다.

실내공간을 배치할 때는 교실에는 영유아들이 편하게 쉴 수 있어야 하는 휴식공간을 포함하여 다양한 영역으로 구성하고 교구장의 배열, 교재교구, 활동 등은 연간교육계획과 월간교육계획 그리고 하루의 일과계획에 따라 영유아들의 발달 특성에 맞추어 계획되고 배치되어야 한다.

또한 연령에 따라 영유아의 놀잇감과 개수, 구성과 조작방법 등이 달라야 한다. 교구장들이 비좁게 공간을 분리하고 있는 경우라면 영유아들이 몰려 있게 되어 신체적 접촉이 많아지게 되고, 그 결과로 다툼 등의 행동이 증가하게 된다.

영유아 시기의 신체적 발달은 급속도로 이루어지기 때문에 이 시기의 신체적 발달을 위한 지원은 필수적이다. 영유아들은 신체발달뿐만 아니라 지적발달을 위해서도 몸과 근육을 다양하게 움직일 필요가 있는데 신체활동은 뇌발달에 영향을 미치고 뇌발달은 인지과정을 촉진한다. 신체활동을 거의 하지 않는 유아들은 신체와 공간지각이 지체되기도 하며, 공간에 대한 혼란은 행동문제뿐 아니라 읽기와 쓰기에도 어려움을 줄 수 있다(Marjorie, 2006).

유아교육기관에서 일과 중 충분한 신체활동은 영유아들의 욕구해소에도 도움이 되며 충분한 휴식을 할 수 있는 조건이 되기도 한다. 어린이집의 하루일과에서는 영아의 경우 30분 이상의 실외활동, 유아의 경우 1시간 이상의 실외활동을 필수적으로 규정하고 있다. 하지만 영유아가 충분한 신체활동을 할 수 있는 공간, 즉 강당이나 체육실, 실내·외 놀이터 등을 갖추고 있는 유아교육기관이 충분히 많지 않고 미세먼지나 황사와 같은 날씨의 영향을 받는 환경 등으로 충분한 신체적 활동을 할 수 없는 실정이다.

한국아동패널조사에서 영유아가 기관에서 보내는 시간은 2010년 2세였던 영아가 6.5시간, 2014년 6세 때에는 7.2시간을 보내 기관에서의 시간은 증가하였음을 알 수 있다. 또한 실내외놀이시간은 2010년 실내놀이시간 2.8시간, 실외놀이시간 2.5시간에서 2014년 6세의 경우 실내놀이시간은 1.9시간, 실외놀이시간은 1.2시간으로 오히려 유아기로 갈수록 놀이시간이 줄어들었음을 알 수 있다.

표 5-13 유아의 시간 사용

(단위: 시간)

	2세 (2010)	3세 (2011)	4세 (2012)	5세 (2013)	6세 (2014)	7세 (2015)	8세 (2016)
수면시간	9.8	9.9	9.9	9.9	9.8	9.6	9.5
기관에서의 시간[4]	6.5	7.4	7.1	7.2	7.2	5.6	5.7
놀이시간(실내)[5]	2.8	1.4	2.1	2.1	1.9	1.5	1.5
놀이시간(실외)	2.5	1.2	1.4	1.3	1.2	0.8	0.9

출처: 육아정책연구소(각년도). 한국아동패널 조사결과 중 관련 자료 발췌하여 구성; 육아정책연구소(2017). 2016 유아교육 보육 주요 통계. p. 59.

신체적으로 활동적인 아이들은 더 건강하며 궁극적으로 더 적극적이고 건강한 성인으로 성장하게 되며 그렇지 않은 또래에 비해 높은 자존감을 가지는 경향이 있으며, 신체적으로 좋은 민첩성, 균형, 조정, 힘 그리고 속도를 가지는 것은 사회적 상호작용과 또래 수용을 향상시킬 수 있다(Marjori, 2006).

유아교육기관에서는 영유아가 자유롭게 활동할 수 있는 충분한 공간을 제

---

4 7세 이상의 경우에는 학교에서 보내는 시간.

5 놀이시간(실내)은 2세와 3세는 책읽기, 4세에서 6세는 장난감, 책보기 등 실내놀이임.

공하여 에너지를 발산할 수 있는 경험을 제공하는 것은 필수적이다. 따라서 유아교사는 신체활동을 증진할 수 있는 환경을 조성하고, '유아중심환경'이라는 관점에서 유아의 문제행동을 계속적으로 정의내리고 평가해야 하며, 유아보다는 물리적 환경을 변화시켜야 할 경우도 있음(지성애, 홍혜경, 2003)을 인식해야 한다.

문제행동을 예방하고 조절하기 위해서는 물리적 환경의 점검이 우선되어야 한다. 바람직한 환경구성을 위해 점검해야 할 내용은 다음과 같다.

- ▶ 다양한 흥미 영역 중 지속적으로 갈등 상황이나 문제행동이 나타난다면 해당 영역의 환경 구성을 점검해 본다(부족한 놀잇감의 수, 좁은 공간, 부적절한 교구장의 배치, 이동 동선의 중복 등).
- ▶ 영유아들이 손쉽게 놀잇감과 교구 등을 선택할 수 있는지 점검해 본다(눈높이에 맞춘 교구장, 손쉽게 이용할 수 있는 놀잇감 배치 등).
- ▶ 영유아들이 모이는 공간은 영유아의 수에 따라, 집단의 크기에 따라 면적을 확보해야 한다(영역별 활동할 수 있는 영유아의 수를 감안하여 흥미 영역 공간 배치).
- ▶ 영유아들의 발달에 적합하고 흥미를 유발할 수 있는 교재교구를 배치한다(수준이 너무 높아 어려워 포기하거나 너무 낮아 흥미를 잃어 관심 없어 하는 경우).
- ▶ 유아교육기관의 모든 물리적 환경은 반드시 영유아가 자유롭고 안전하게 움직일 수 있도록 배치해야 한다(온수조절장치, 출입문 손끼임방지, 콘센트나 전기용품의 안전 관리, 날카롭거나 위험한 물품사용의 금지 등).

문제행동을 보이는 영유아의 욕구를 파악하고 이를 해소하기 위해서 우선 영유아를 둘러싼 주변 환경, 즉 교실의 풍토를 먼저 점검하고 평가해야 한다.

[생각해 봅시다]

■ 문제행동의 원인 발견하기

바람직하지 않은 행동을 하는 영유아를 이해하기 위한 안내로서 유아교사는 다음의 질문을 스스로에게 해 봅시다.

1. 환경이 아동들의 요구를 충족시켜 주고 있는가?
   충분한 움직임이 가능한가?
   충분한 사생활 보장이 되는가?
   충분한 공간인가?
   충분한 재료가 준비되어 있는가?

2. 프로그램이 아동들의 요구를 충족시켜 주고 있는가?
   적절한 도전의 과제인가?
   개인적 흥미를 유발하는 활동인가?
   의미 있는 과제나 활동인가?

3. 행동 기대가 아동들의 연령에 적합한가?
   발달적으로 적합한가?
   문화적으로 적합한가?
   기질적으로 적합한가?

4. 충족되지 못한 신체적 욕구를 가지고 있는가?
   배가 고픈가?

피곤한가?
뛰어놀고 싶은가? (에너지를 발산하고 싶은가?)

5. 충족되지 못한 정서적 욕구를 가지고 있는가?
   우정에 대한 욕구?
   신뢰에 대한 불안?
   자존감에 대한 욕구?
   개인적 힘에 대한 욕구?
   주목을 받고 싶은 욕구?

6. 갖추고 있지 못한 사회적 기술이 있는가?
   조망 수용이 가능한가?
   놀이에 끼어들기를 하는 방법의 미숙?

7. 의사소통기술에 도움이 필요한가?
   나-전달법을 제대로 할 수 있는가?
   협상을 할 수 있는가?

8. 행동이 부적절한 역할 모델의 결과인가?
   텔레비전이나 스마트기기의 의존도?
   존경하는 성인-부모 또는 교사의 행동을 모델링?
   동경하는 또래에 대한 행동을 모델링?

9. 어떤 행동이 왜 중요한지를 이해하고 있는가?
   결과가 따르는 경험이 있는가 없는가?

10. 자신의 욕구를 충족시키는 부적절한 방법을 배웠는가?
    부적절한 행동에 대해 받은 주목의 경험이 많은 경우?

출처: Fields & Fields(2006) 재구성.

3) 또래관계

피아제(Piaget)는 또래와의 경험이 유아의 자기중심적인 지향성에서 벗어나게 하고, 다른 사람의 관점을 고려하게 하는 데 필수적이고, 유아의 사회성발달 측면에서 또래집단 경험이 성인과의 경험에서 제공될 수 없는 발달을 촉진시키기 때문에 또래집단 경험의 중요성을 강조하였다.

또래관계는 유아의 놀이에 중요한 영향을 미치며 사회성발달에도 중요한 요소이다. 또래관계는 영유아기를 거쳐 아동기에 접어들면서 더욱 중요해지고 청소년기에 가서는 여러 측면에서 가장 많은 영향을 미치는 중요한 인간관계가 된다(서현아 외, 2016). 가정에서 주양육자인 부모와의 관계에서 유아교육기관에 들어오면서 타인과의 관계를 접하게 된다. 주로 지시나 성인 주도의 수직적 관계인 부모와의 관계와는 달리 또래와의 관계는 주로 수평적인 상호작용을 통해 서로 다양한 지식과 사회적 기술을 습득하게 된다. 영유아들은 또래관계에서 점차 자기중심성에서 벗어나 또래와의 관계를 이해하고 상황에 맞는 행동을 배우게 된다. 즉, 상황에 맞는 사회적 역할과 규범을 배우고 사회적 조망능력을 발달시키며 사회적 기술을 습득하게 된다(문혁준 외, 2013).

유아교육기관에서 영유아의 행동이 불안하거나 과잉행동, 또래보다 미성숙한 행동을 보이는 영유아는 또래와의 관계를 형성할 때 어려움을 겪기도 한다. 특히 다른 영유아를 공격하거나 활동을 방해하는 등 유아교육기관에서 문제행동을 많이 자주 보이는 영유아는 그렇지 않은 영유아보다 교사로부터 신체적 · 언어적 · 물리적 제약을 더 많이 경험할 수밖에 없다(송진숙, 권희경, 2003). 유아들은 자주 같이 놀이하는 친구를 선호하고 서로 강하게 결속된 '좋은 친구들'을 선호하며, 다른 유아들은 배제시킨다(Campbell, 2007 재인용).

유아의 문제행동은 유아의 사회적 능력으로부터 직접적인 영향을 받으며, 문제행동을 보이는 유아들은 사회적 능력이 부족하고, 대인 문제해결력이 낮아 또래관계가 좋지 않으며(이윤옥, 1997), 일상생활의 스트레스에도 적합하게 대처하지 못하고 자기조절능력이 필요 이상으로 과도하고 우울하고 경직된

태도 등으로 상호작용이 어렵다(이명희, 1998).

사회적 능력의 하나인 협조성은 유아의 친사회적 행동의 중요한 요소로 협조성이 높은 유아는 또래나 교사로부터 쉽게 인정받으며, 별 어려움 없이 새로운 환경에 적응할 수 있게 되지만, 협조성이 낮은 유아는 또래들에게 수용되지 못하고 따돌림을 당하는 경우가 많으며, 주의산만, 과잉행동 등과 같은 문제행동을 나타낸다(조희숙, 공숙자, 김선옥, 2003).

한편 부모의 양육태도는 자녀의 또래관계 형성에도 영향을 미친다. 긍정적인 부모와 자녀와의 관계는 영유아에게 또래관계를 탐색하고 즐기도록 이끌어 주는 반면, 부정적인 부모와 자녀와의 관계는 또래관계를 공격적으로 이끌거나 회피하는 등의 행동을 유발할 수 있다.

또래와의 상호작용을 통해 협력하고 타협하는 방법을 알게 되며 타인을 배려하고 사랑하는 마음이 성장함으로써, 전체 속에서 자신의 역할과 가치를 알게 되는 과정을 통해 다른 사람의 가치를 인정할 수 있는 사회성을 기를 수 있다(정영혜, 2018).

발도르프 교육학자 랭(Peter Lang)은 아이들은 탄생부터 사회적 존재이며 배우면서 사람의 관계 상태에 적응하고자 하며, 이런 학습과정들은 근원적으로 가정에서 시작되며 유아교육기관에서 지속된다고 보았다. 따라서 유아교육기관은 사회적 체험의 장을 위한 토대들을 더 많이 만들어야 한다고 지적하고 있다. 이를 위해 유아교사는 교실 내의 영유아들이 하루 일과 안에서 또래관계를 어떻게 형성하는지를 관찰하고, 또래와의 관계 형성에 어려움이 있는 영유아를 파악하여 지도할 수 있는 교수계획을 수립해야 한다. 즉, 다양한 사회적 상호작용이 일어날 수 있는 협동적 환경을 구성하여 친사회적 기술을 습득할 기회를 제공해야 한다.

4) 기관의 협력체계

교사가 경험한 어린이집 아동학대 이야기

이○○ (전 어린이집 교사)

"…(생략) … 아동학대의 해결 대책이 CCTV 설치로만 귀결되면서 교사들의 인권침해는 물론 교사로서의 자부심과 자존감에 큰 상처를 입혔으며, 잠재적인 아동학대범이라는 부정적 인식이 확산되는 점이 정말 안타깝습니다. CCTV로 교사들을 통제, 감시하는 접근은 결코 근본적인 대책이 될 수 없다고 봅니다.

또한 영유아와의 소소한 상황에서도 부모님의 불신과 오해를 초래하여 보육 실내에 설치된 CCTV를 교사보다 더 신뢰함에 따라 학부모님과의 신뢰형성에도 큰 저해가 되고 있습니다.

특히 영유아가 다치거나 가정에서 자녀가 하는 어떤 이야기를 듣고, 오해를 하면 사실 여부를 CCTV로 확인하다보니 단순한 접촉이나 다른 아동을 돌보느라 미처 발견하지 못한 상황 등에서도 학대로 몰릴 때가 있습니다. 조금만 의심되면 교사를 불신하여 CCTV를 확인하는 상황은 비일비재하며, 현장에서 일어나는 모든 사건·사고가 교사의 과실로만 치부되고 있습니다. … (생략)"

출처: 영유아와 보육교사의 인권을 함께 보장하기 위한 「아동학대 없는 어린이집」 정책토론회 (육아정책연구소, 2018-11-13) 내용 발췌.

유아교육기관에서의 효과적인 영유아교육 및 보육이 이루어지기 위해서는 영유아의 발달에 대한 전문적 지식과 함께 영유아의 개별적 특성을 이해하고 배려하며 개별차를 존중하는 유아교사를 필요로 하고 있다. 하지만 현장에서는 많은 유아교사들이 과다한 업무로 피로감을 느끼고 있으며, 유아교육기관 내에서의 위계적 관계나 동료교사와의 반목, 의사소통의 부재 그리고 원장과 교사 간의 갈등 등으로 신체적·정서적 소진을 토로하고 있다. 또한 부모와의 원활하지 못한 관계도 유아교사의 스트레스로 연결될 수 있다. 영유아에 대한 과도하거나 까다로운 요구와 기대, 교사에 대한 불신과 인신공격 등은 유아교사에게 커다란 영향을 미치고 이는 교실 현장에까지 영향을 미칠 수 있다. 직무 스트레스 및 업무 가중 상황에서 유아교사는 의도치 않게 통제되지 않는 부정적 감정과 태도를 영유아에게 투영하여 나타낼 수 있고, 이는 자칫 아동학대로까지 연결될 수 있다.

(1) 학부모와 유아교사의 협력체계

유아교사는 영유아를 교육하는 데 있어 다양한 협력을 필요로 한다. 학부모, 특히 어머니와의 긍정적이고 협조적인 관계 유지는 영유아보육 및 교육에 필수적이다.

학부모가 자신의 자녀에 대한 정보, 즉 자녀의 특성, 성격이나 장단점 등을 유아교사에게 제공하고, 유아교사와 긍정적인 상호작용이 이루어질 때 영유아의 전인적 발달이라는 공동의 목표를 이룰 수 있다. 학부모와 교사 사이의 긍정적인 상호작용은 상호존중의 분위기를 형성하고 신뢰를 이루는 첫 걸음이다.

초임교사들은 유아의 문제행동지도에 대한 어머니와의 의사소통에 있어서 어머니와의 인식 차이로 인해 어머니가 유아교사의 말을 신뢰하지 않기 때문에 솔직하게 이야기할 수 없다고 토로한다(권정윤 외, 2013).

학부모를 협력자로 인식하고 유아교사와 학부모가 신뢰관계를 구축하고, 함께 영유아를 양육할 수 있는 환경을 구성해야 한다. 각 가정과 지역사회가 정보를 교환하고, 실천을 통하여 의견을 교환하고, 양육의 즐거움이나 어려움을 확인하고 공유하는 것이 필요하다(윤혜경, 2017).

특히 지속적인 학부모교육 등을 통해 기관에서의 영유아에 대한 훈육 실천 방법을 제공하고, 학부모의 의견을 수렴하고 교육과정에 반영하며, 수업 참관 및 학부모 참여를 유도하여 신뢰와 믿음을 심어주어 가정과의 협조체계를 구축해야 한다.

브론펜브레너(Bronfenbrenner, 1979)는 가정과 유아교육기관이 협력하기 위한 노력을 다음과 같이 제시하고 있다.

첫째, 교육의 목적에 동의하기 위해 노력한다.

둘째, 유아교육기관과 가정은 서로를 지원하고 연계성을 유지하기 위해 노력해야 한다.

셋째, 부모나 다른 가까운 가족이 유아와 함께 기관에 와서 시간을 보낼 수 있도록 배려한다.

넷째, 가정과 기관 간의 상호적인 의사소통이 이루어져야 한다.

다섯째, 부모-교사 간의 의사소통은 서로 직접 만나서 이루어지는 것이 가장 좋다.

(2) 기관 내의 교사협력체계

유아교사는 영유아의 성장, 발달의 자연스런 과정에서 보호와 교육의 전문가이자 지지자, 부모의 역할을 대리하는 양육자 그리고 영유아의 정상적인 발달을 돕는 협조자이다. 유아교사는 영유아에게 영향을 줄 뿐 아니라 영향을 받는 상호적인 존재이다. 만 1세를 맡는 유아교사와 만 5세를 맡는 유아교사는 요구되는 역할도 다르며, 유아교사 행동에 대한 영유아들의 반응도 다르다. 따라서 유아교사는 영유아들의 수준과 요구에 맞추어서 적응을 해가며 유아교사로 성장하며 많은 변화를 경험하는 존재이다(강유정 외, 2017).

「영유아보육법」에서 "보육교직원"이란 어린이집 영유아의 보육, 건강관리 및 보호자와의 상담, 그 밖에 어린이집의 관리 · 운영 등의 업무를 담당하는 자로 정의하고, 영유아를 보육함에 있어 영유아에게 신체적 고통이나 고성·폭언 등의 정신적 고통을 가해서는 안 되며, 영유아의 생명·안전보호 및 위험방지를 위하여 주의의무를 다하여야 한다고 명시하고 있다.

영유아는 유아교사에게 인정받고 싶어 하고, 사랑받고 싶어 하며, 자신을 알아주고 격려해 주길 바란다. 유아교사는 영유아에게 제일 가까운 사람 중 하나이며 자신의 학급 내 모든 영유아에게 커다란 영향력을 갖고 있음을 알아야 한다.

유아교사는 신체적·사회적·정서적·지적 발달을 균형 있게 격려할 수 있도록 교육방법을 연구하고 적용하며, 교실환경을 구성하고 영유아를 가르치는 교육자이다(윤혜경, 2017). 유아교사로서 학급을 운영하기 위해서는 유아교사로서의 전문적 지식, 즉 영유아에 대한 이론적 지식과 교수 기술 그리고 이를 현장에서 실행할 수 있는 실천적 지식과 기술을 가져야 할 뿐 아니라 영유아를 있는 그대로 받아들이고 이해하며, 공감해 줄 수 있는 능력을 갖추어야 한다. 또한 영유아를 둘러싼 가족과 주변 환경, 더 나아가 사회환경에 대한 이해가 있어야 하고, 유아교사 자신에 대한 이해도 필수적이다.

초임교사의 경우 학교에서 배운 이론적 지식만을 가지고 현장에 투입되어 다양한 행동과 정서를 가진 영유아들을 지도해야 한다. 만 1세의 영아가 보이는 행동과 발달 특성, 만 5세 유아가 보이는 행동과 발달 특성은 서로 다르다. 또한 가정과 기관에서의 영유아의 행동과 정서는 다르게 나타날 수 있다. 학급 내에서 영유아가 보이는 행동들이 정상적인 발달로서 그 연령대의 특징적인 행동인지 아닌지를 진단해야 하는 것은 경력교사라도 쉬운 일은 아니다.

유아교육기관에서 유아의 문제행동지도와 관련하여 어머니들의 가장 큰 요구는 유아교사의 객관적 태도와 객관적 평가로 나타났다(권정윤 외, 2013). 이를 위해 유아교사는 문제행동을 보이는 유아일지라도 다른 유아들과 동일한 객관적 태도로 유아의 이야기를 경청해 주는 공정한 중재자, 지원자가 되도록 노력해야 한다. 한편 객관적 평가를 위해서 유아의 행동에 대해 정확한 관찰과 다양한 데이터를 수집하는 등의 노력이 필요하다. 유아교사는 유아의 문제행동에 대한 이해와 객관적인 관찰을 통해 관찰일지를 작성하고, 필요한 경우 영유아발달검사나 체크리스트 등의 객관적 자료를 수집해야 한다. 그리고 경력교사나 원장과의 상담 등을 통해 구체적인 지도방법을 찾아보는 등의 방안을 강구해야 한다.

유아교육기관 내에서 유아교사들 간의 협력과 지원체계는 영유아보육 및 교육에 있어서 중요한 부분이다. 유아교사들은 끊임없이 교사로서의 전문성 신장을 위해 노력해야 하고, 기관 내에서도 유아교사의 전문성 강화와 관련하여 체계적인 교사교육을 수립하여 실행해야 한다. 예를 들면, 동료교사와의 원내 자율장학 및 수업 관찰 등을 통해 수업 개선을 위해 노력하거나, 초임교사에 대한 경력교사와의 멘토링을 통해 다양한 교수법에 대한 조언을 하는 것 등이다. 또한 정기적인 교사협의회를 통해 교실 내에서 발생하는 다양한 문제상황에 대해 이야기를 나누고 서로의 경험과 대처 방안 등을 논의하는 것도 도움이 될 수 있다. 특히 유아교사들이 필요로 할 때 인력 지원 등의 실질적 도움을 통해 유아교사의 직무 스트레스를 줄이는 것도 필요하다.

동료교사와의 협력, 유아교육기관과 부모와의 협력, 지역사회와의 협력 등은 유아교육 및 보육의 목표를 함께 해결해 갈 수 있는 좋은 방안이다. 성공적인 전인적 유아 발달을 위해 영유아와 가장 밀접한 환경인 학부모와 유아교사, 유아교육기관 간에 서로 협력하여 안전한 환경 속에서 영유아의 전인적 발달이라는 공동의 목표를 설정해 나가는 것이 중요하다. 그러기 위해서는 유아교사와 학부모 그리고 유아교육기관은 서로의 역할을 이행하며 상호협력적인 관계의 파트너십이 구축될 수 있어야 한다.

표 5-14 대상별 · 상호협력적 파트너십의 내용 및 영유아의 권리

대상	파트너십의 내용
유아교육기관	• 전문성 함양을 위한 교사지원 계획하기(다양한 기관내외 교육, 연수 등) • 교사 협력체계 구축하기(동료장학, 경력교사장학, 멘토링, 보조인력 지원 등)
유아교사	• 교사 전문성 함양 등 자기계발에 적극 참여하기 • 인간적인 다정함과 배려심 갖기
학부모	• 양육에 대한 정보 교환하기 • 기관과 교사에 대한 신뢰 보여주기(부모교육, 부모참여수업, 면담 등)
	영유아의 권리
영유아	• 기본적 욕구를 충족할 수 있는 권리(생존권) • 안전한 보호를 받을 권리(보호권) • 발달에 적합한 교육을 받을 권리(발달권) • 의견을 말하고 존중받을 권리(참여권)

■ 이럴 땐 어떻게 할까요?

▶ 중앙 및 각 자치구의 육아종합지원센터에서는 보육교직원의 상담 창구를 마련하여 업무와 관련된 상담 및 심리적·정서적 지지 프로그램을 마련하고 있다.

출처: 중앙육아종합지원센터(http://central.childcare.go.kr. 2019-09-22).

■ 교사가 바꿀 수 있는 환경적 요인과 교사가 바꾸기 어려운 환경적 요인(Essa, 2010)

• 교사가 바꿀 수 있는 환경적 요인들

① 물리적 환경 - 교구장 배치, 이동동선, 교실공간의 크기, 공간의 형태, 제공되는 교재·교구의 양 등이 적절하지 않은 경우 문제행동을 유발할 수 있다.

② 발달에 적합하지 않은 교사의 기대 수준 - 유아 개개인의 독특한 특성, 필요, 행동을 알아야 한다. 너무 높은 기대나 낮은 기대는 과도한 행동을 유발할 수 있다.

③ 일관적이지 않은 메시지 - 동일한 행동임에도 어느 때에는 수용될 수 없는 행동이라 하고, 어느 때는 수용될 수 있다고 하는 말과 태도는 영유아에게 혼란을 야기할 수 있다.

④ 자극에 대한 지나친 예민함 - 일부 유아들에게는 교실 환경의 디자인, 장식, 색깔, 소음, 활동 내용, 움직임 등이 지나치게 과도하게 느껴질 수 있다.

• 교사가 바꾸기 어려운 환경적 요인들

① 건강문제 - 유아가 아플 때 성인보다 대처능력이 낮고 언어로 표현할 수 없을 수도 있기에 문제행동으로 나타날 수 있다.

② 알레르기 - 음식과 환경적인 알레르기로 인해 과잉행동을 하거나 까다롭게 굴거나 집중시간이 짧을 수 있다.

③ 영양결핍 - 아침을 굶고 오는 영유아는 쉽게 피곤해 하거나 영양섭취가 부족하거나, 고르지 못한 경우도 활발하게 행동하지 못하는 등의 행동이 나타날 수 있다.

④ 감각의 손상 - 시각이나 청각 등에 문제가 있는 경우 불안정해 보이고, 서툴고, 비협조적이거나 시끄럽고, 과도하게 행동하고 파괴적인 행동이 나타날 수 있다.

⑤ 내적 트라우마 - 극심한 불안정 애착이나 아동학대 등으로 트라우마 등을 겪은 영유아는 이후 발달에서 문제행동을 나타낼 수 있다.

⑥ 가정환경 변화에 따른 스트레스 - 부모의 불화(별거, 이혼 등), 가정폭력, 경제문제, 동생의 출생, 이사 등의 일상적이지 않은 환경 등도 문제행동을 유발할 수 있다.

⑦ 현대생활의 스트레스 - 지나친 조기교육 및 사교육, 잦은 양육자 교체로 인한 일관성 없는 규칙과 기대로 인한 부작용으로 문제행동이 나타날 수 있다.

⊙ 영유아의 문제행동을 수정하기 전에 교사의 노력에 의해 수정할 수 있는지를 판단하는 데 유용하게 사용할 수 있다.

출처: Essa(2010).

제2부

유아교육기관에서의 영유아 문제행동의 지도

6장

유아교육기관 차원의 긍정적 행동지원

유아교육기관 차원의 긍정적 행동지원(KWPBS)에서는 개별중재와 함께 예방적 차원의 보편적인 문제행동지도가 중요한 부분을 차지한다. 유아들의 문제행동을 자세히 들여다보면 환경이나 교수방법을 조금만 달리하여도 쉽게 개선되는 것들이 생각보다 많이 있기 때문이다. 또 어떤 경우는 유아가 가진 문제행동이라기보다 문제행동을 유발하는 환경이나 교수방법에 더 큰 원인이 있는 경우도 있다.

이 장에서는 유아들의 문제행동 유발을 최소화할 수 있는 학급 차원의 보편적 예방지원방법을 소개하고자 한다.

교육목표

1. 문제행동지도에서 교사의 역할에 대해 이해할 수 있다.
2. 긍정적 행동지원을 위한 물리적 환경구성 방법을 이해할 수 있다.
3. 긍정적 행동지원을 위한 학급 규칙설정 방법을 이해할 수 있다.

유아교육현장에서 교사들이 학급을 운영하면서 겪는 어려움 중의 하나가 유아들의 문제행동을 지도하는 일이다. 실제로 교실상황에서 문제행동을 보이는 유아를 대할 때 교사들은 '엄하게 해야 하나?', '달래줘야 할까?', '내가 지금 지도하고 있는 방법이 옳은가?' 등 수많은 고민에 빠지게 된다. 특히 공격적이거나 교사의 제안을 강하게 거부하는 유아들을 지도할 땐 혹시 아동학대로 의심받지는 않을까 걱정이 앞서기도 한다. 유아교육기관 차원의 긍정적 행동지원(Kindergarten-Wide Positive Behavior Support, KWPBS)은 이러한 교사 개인의 고민을 기관과 가정으로 확장하여 함께 나누고, 협력과 소통을 통해 유아의 긍정적인 행동을 유도하고 지속시키기 위한 것이다.

긍정적 행동지원(positive behavior support, PBS)은 과거 문제행동에만 초점을 두고 문제행동을 없애거나 감소시키는 행동수정 방법과 달리 아동이 그 행동을 보이는 이유, 즉 아동의 의사소통 의도를 파악하고 이에 적합한 중재방법을 계획하고 실행하는 것이다(조윤경 외, 2017). 유아들은 사회적 기술이나 의사소통능력이 아직 미숙하여 자신이 원하는 것을 적절하게 나타내지 못하는 경우가 많다. 그러다 보니 문제행동을 통해 자신의 존재감을 드러내거나, 채우고 싶은 욕구를 표현하기도 한다. 따라서 긍정적 행동지원(PBS)에서는 유아가 문제행동을 일으키는 근본적인 원인을 파악하고, 원하는 바를 올바른 방법으로 표현하고 얻을 수 있도록 유아에게 기대하는 긍정적인 행동을 대안으로 제시한다.

유아교육기관 차원이라는 것은 긍정적인 행동지원을 '개인'에서 '학교'라는 기관으로 확장하여 적용하는 '학교 차원의 긍정적 행동지원'(양명희, 2016)에서 착안하여, 유아교육기관에 적합하도록 응용한 것이다. 유아들은 자연스러운 환경에서 일관되고, 반복적이며, 지속적인 생활지도와 함께 문제행동지도를 하는 것이 매우 중요하다. 그런데 '학교 차원의 긍정적 행동지원' 시스템이 이러한 내용을 담고 있다. 예를 들면, 문제행동을 하는 학생에게 체계적이고 연속적인 개별중재와 함께 문제행동을 일으킬 만한 환경을 개선해 줌으로써, 중재와 예방을 동시에 진행하여 문제행동 개별지원이 필요하지 않은 일반 학생들에게도 긍정적인 영향을 줄 수 있도록 한다는 것이다. 따라서 체계적이며 지속적인 지원을 통해 유아들의 긍정적인 행동을 유지하기 위해서는 유아를 둘러싸고 있는 교육기관과 함께 가정의 협력이 필요하기 때문에 이를 위한 구체적인 지원체계와 전략을 마련해야 한다.

즉, 유아교육기관 차원의 긍정적 행동지원(KWPBS)은 긍정적 행동지원(PBS)의 핵심 요소인 아동인권존중, 개별중재를 포함한 예방적 차원의 문제행동지도 전략, 가정과 교직원의 협력 시스템 등을 포함한다. 이를 통해 유아들의 문제행동의 직접적인 중재뿐만 아니라 바람직한 행동의 지속적인 유지를 위해 자연스러운 환경 속에서 직·간접적으로 긍정적인 행동을 지원하는 체계적이고 생태학적인 지원전략이라고 할 수 있다.

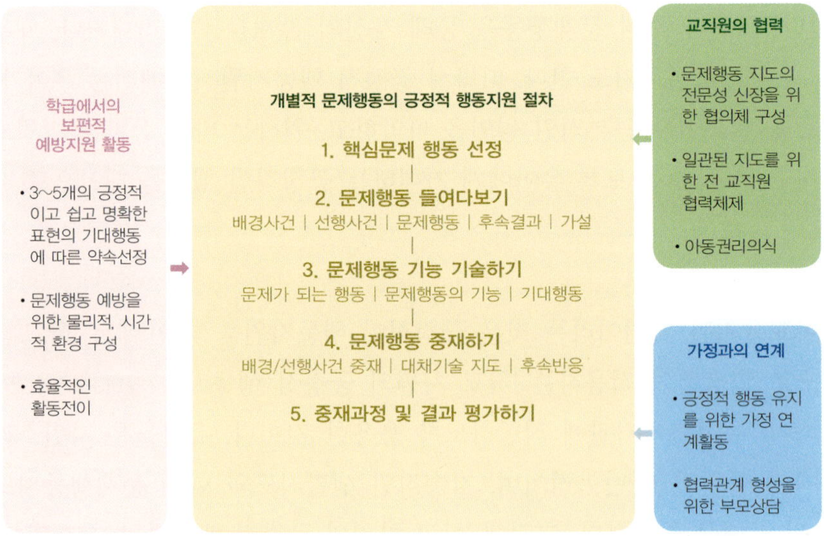

그림 6-1 유아교육기관에서 유아들의 긍정적인 행동지원을 위한 절차

• **학급차원에서의 보편적 예방지원활동**(1차적 예방차원의 지원전략)

학급에서 기대하는 바람직한 행동들을 정하여 특정 대상이 아닌 학급 구성원 전체를 대상으로 실시하는 보편적 중재활동

• **개별적 문제행동의 긍정적 행동지원 절차**(2차적 개별중재전략)

보편적 중재에도 불구하고 문제행동을 지속적이고 반복적으로 보이는 유아를 대상으로 실시하는 개별중재전략

• **교직원의 협력**

문제행동지도의 전문성, 일관성, 지속성 유지를 위한 교직원 협의체제

• **가정과의 연계**

문제행동의 위험성 및 빈도에 따른 가정과의 정보공유 및 상담

긍정적 행동 유지를 위한 가정과의 연계활동 및 협력자적 관계 모색

유아교육기관에서 유아들의 긍정적인 행동지원을 위한 실제적 절차를 요약하면 위와 같다. 이러한 유아교육기관 차원의 긍정적 행동지원에 대한 구체적인 내용은 다음에서 자세히 살펴보도록 한다.

1. 문제행동지도에서의 교사 역할

2019년 5월 통계청의 보육시설이용(어린이집, 유치원) 아동수를 보면 2009년 총 1,712,410명에서 2018년 2,091,740명으로 22%p 정도 증가했음을 알 수 있다. 출산율 저하로 인해 아동수는 줄어드는데 보육·교육시설을 이용하는 영유아가 증가한 것은 거의 대부분의 영유아들이 이러한 시설을 이용하고 있음

을 대변해 준다. 또 다른 특징으로는 0세반, 만 1세반 영아들의 어린이집 이용이 점점 증가하고 있다는 것이다. 이렇듯 사회적인 변화와 요구에 따라 유아들이 유아교육기관에 입소하는 연령은 더 낮아지고, 이용시간은 더 길어지고 있다(보건복지부, 2018). 따라서 교사는 부모와 함께 유아들을 가장 가까운 곳에서 오랜시간 보호하고 교육하는 중요한 사람 중의 하나이다. 유아의 문제행동을 효과적으로 지도하기 위해서는 부모와의 소통과 협력도 중요하지만, 부모 다음으로 오랜 시간 함께 생활하는 교사가 유아의 문제행동을 바르게 이해하고 적절한 지원을 할 수 있는 전문적 역량을 길러야 할 것이다.

문제행동지도에 앞서 교사는 유아들이 함께 어울려 생활하고, 사회에서 용인되는 적절한 방법의 자기표현기술과 의사소통방법을 익힐 수 있도록 가르치는 생활지도를 해야 한다. 교실에서 발생하는 문제상황을 아동의 나쁜 행동이 아닌 실수로 보고, 이 역시 교육의 기회로 삼아야 하며, 유아의 바람직하지 못한 행동을 이해하기 위해 세심하게 관찰하고, 문제행동 뒤에 숨겨진 유아들의 욕구를 찾아 근본적인 문제가 해결되도록 노력해야 한다. 또한 문제행동으로 교사나 친구들에게 어려움을 주는 유아일지라도 교실에서 배제되고 거부되는 것이 아니라, 교실의 한 구성원으로서 인정받고 존중받으며 사랑받고 있다는 느낌을 받을 수 있도록 교실환경 및 분위기를 유지하고 개개인의 유아들을 격려해야 한다(서현아 외, 2016).

데노, 카르와 벨(Denno, Carr & Bell)은 영유아 문제행동과 관련된 교사지침서에서 교사는 교실에서 문제행동을 보이는 영유아가 긍정적인 변화를 가져오도록 노력해야 한다고 이야기하며, 교사가 지켜야 할 문제행동지도에 대한 네 가지 기본 원리를 다음과 같이 제시했다(이순자, 손영수, 2015).

첫째, 염려되는 유아의 많은 행동은 기본적인 원리에 근거하여 지도할 때 예방될 수 있다.

문제행동은 유아가 적극적으로 참여할 수 있는 교육과정계획을 통해 예방

될 수도 있기 때문에 교사는 유아가 교실에서 스스로 자신을 통제하며 또래들과 잘 지내도록 발달적·개인적으로 적절한 교육과정과 유아가 참여하는 학습 환경의 요소를 제일 먼저 이해하고 적합한 학습 환경을 조성해야 한다.

둘째, 진정한 변화를 위해서는 영향을 주는 모든 요인을 이해해야만 한다.

문제행동이 발생하는 맥락은 다면적이다. 이러한 요인들은 각 개인에게 독특하게 작용하며, 합쳐진 모든 요인은 행동의 생태학적 맥락을 제공한다. 이러한 요인은 교실 밖에서의 관계와 상황을 나타낼 수도 있고, 과거에 발생했던 상황을 반영할 수도 있다. 어떤 유아의 경우 정신건강 문제와 개별적인 행동중재를 필요로 할 수 있다. 그렇지만 교사는 유아들의 긍정적인 참여를 증진시키는 사회적 기술발달에 영향을 주는 많은 활동을 계획하고, 문제행동에 적절히 반응하며 효과적인 중재를 제공하는 교사 자신의 역할을 해야 한다.

셋째, 통제할 수 없다는 생각이 들더라도 교사가 할 수 있는 것은 언제나 존재한다.

유아의 문제행동에 미치는 영향들은 여러 가지일 수 있으며, 교사가 이러한 요인들을 모두 통제할 수는 없다. 그럼에도 불구하고 교사는 교육현장에서 할 수 있는 방법들을 연구하고 유아들의 긍정적인 행동지원을 위해 최선의 노력을 기울여야 한다.

넷째, 진정한 변화는 시간을 필요로 하므로 우리는 시간을 투자해야만 한다.

교실에서 발생하는 문제행동에 대해 교사가 보이는 반응은 문제행동과 그 행동이 암시하는 사회적·정서적 상황을 감소시키거나 다루는 데 효과적이라고 입증된 것에 근거하여 교사는 인내심을 가지고 문제행동을 보이는 유아의 가정과 연계하며 문제행동을 지도하기 위한 장기적인 계획을 수립해야 한다.

2. 긍정적 행동지원을 위한 물리적 환경구성

유아들의 바람직한 행동이 자연스럽게 유도되고 잠재적인 문제행동의 실행을 최소화하기 위해서는 적절한 물리적 환경의 구성이 매우 중요하다. 여기서의 물리적 환경은 단순히 교실이나 놀이터 등의 공간적인 부분만을 의미하는 것이 아니라 교육의 목표를 가지고 계획된 모든 공간과 자원을 의미한다.

교사는 학기 초에 편안하고 안정된 학급을 조성하는 데 많은 시간과 노력을 기울여야 한다. 이러한 초기의 노력을 기울인 안정적인 물리적 환경은 일년 동안 교사가 유아들을 관리하는 데 드는 에너지를 절감시켜 주고, 유아들의 긍정적인 행동지원 및 문제행동 사전예방의 보조역할을 하게 된다. 실제로 유아들의 잦은 문제행동으로 인해 학급운영이 어렵다고 느끼는 교사라면 그것이 유아들의 문제인지 문제를 유발하는 환경(공간배치, 자료의 양, 일과시간, 과제수준 등) 때문인지를 객관적으로 살펴보고 점검할 필요가 있다. 다음은 교사가 학급에서 보편적으로 유아들의 긍정적 행동을 지원할 수 있는 다양한 물리적 환경 구성에 대해 살펴보고자 한다.

1) 유아 개인과 물리적 환경

유아 개인의 사적인 공간으로 개인 사물함이나 신발장 등 자신의 소지품을 보관하거나 정리하는 공간과 대·소집단 등의 개인 자리를 유아 개인의 물리적 환경으로 볼 수 있다. 자신의 물건을 잘 챙기거나 정리하지 못하는 유아들의 문제행동을 줄이기 위해서 교사는 편의에 의해 '가, 나, 다' 순이나 일련번호로 자리를 배정하지 말고, 유아들이 스스로 자신의 소지품을 잘 구분하고 정리를 용이하게 할 수 있도록 고려하여 환경을 구성해 줄 필요가 있다. 또한 대·소집단 등의 개인 자리도 유아들이 앉고 싶은 자리에 자유롭게 앉을 수 있도록 하는 것도 중요하지만, 개개인의 성향을 파악하고 자리를 적절히 조절하여 주어야 또래 갈등 및 산만함으로 인한 문제발생을 줄일 수 있게 된다.

긍정적 행동지원을 위한 유아 개인의 물리적 환경 Tip

▶ 개인사물함 및 소지품

- 사진, 이름표, 스티커 등을 활용하여 개인 영역의 공간과 개인 소지품을 분명하게 구분해 주기
- 유아의 신체적 특성(신장)이나 성향을 고려한 사물함, 신발장 등의 자리배치
  (예: 키가 작은 유아는 아래쪽 사물함, 신발장 칸 배정, 소지품을 자주 분실하거나 개인 사물함 등을 잘 못 찾는 유아는 맨 첫 번째 칸 배정)

문제행동 예방 효과

- 소유권에 대한 유아들 간의 분쟁을 줄일 수 있습니다.
- 주변 정리가 어려운 유아들에게 자신의 소지품을 잘 정리할 수 있도록 돕습니다.
- 자신의 사물함이나 신발장 등을 잘 찾을 수 있도록 도와줍니다.

▶ 대 · 소 그룹의 자리배치

- 유아들의 시야가 가로막혀 답답하지 않도록 유아들의 신장 고려 및 여유로운 공간의 구성
- 의자에 앉기 힘들어 하는 유아는 카펫자리, 카펫자리에 앉기 힘들어하는 유아는 의자자리
- 쉽게 산만해지는 유아 - 대그룹 시 맨 앞자리, 소그룹 시 인원이 적은 그룹이나 차분한 유아들 주변에 배치
- 예민한 유아 - 그룹인원이 적고 과밀하지 않은 여유로운 공간에 자리배치

문제행동 예방 효과

- 성향이 맞지 않는 유아들 간의 또래갈등을 줄일 수 있습니다.
- 수업 시간에 유아들의 주의가 분산되지 않도록 도움을 줍니다.
- 유아들로 하여금 주변으로 인한 스트레스를 줄여 문제상황을 예방합니다.

2) 교실 안의 물리적 환경

(1) 자유놀이 환경구성 및 내용

자유놀이시간에 유아들의 흥미에 따라 자유롭게 놀이를 계획하고 실행하는 공간이 자유놀이공간이다. 이 공간에서는 유아들이 제시된 자료나 놀잇감을 가지고 자신의 흥미나 요구를 충족시키며, 개인 혹은 소그룹으로 놀이에 참여한다. 요즘은 유아들의 놀 권리를 위해 일과 중 1시간 이상의 충분한 자유놀이시간을 확보하도록 되어 있다. 이 시간을 통해 유아들은 자신이 원하는 놀

이를 충분히 자유롭게 실행하기도 하지만, 그만큼 유아들의 문제행동이 많이 나타나는 시간이기도 하다. 자유놀이공간의 구성 및 제공되는 자료의 질과 양, 자료교체 시기 등 교사의 준비에 따라 자유놀이시간은 유아들이 독립성과 창의성을 기르며 스스로 활동하는 교사에게 여유로운 개별놀이 관찰 및 지원의 시간을 허락하기도 하지만, 여기저기서 발생하는 문제행동 중재에 급급한 고통스러운 시간이 될 수도 있다. 따라서 유아들의 흥미를 고려한 준비된 자유놀이 환경 구성은 문제행동의 발생을 사전에 예방하도록 돕는 중요한 요소이다.

① 교실 안 놀이공간의 배치

2019년 누리과정이 개정되면서 유아중심, 놀이중심의 교육과정으로 개편되었다. 교육부 고시 제2019-189호 유치원교육과정에 따르면 교사는 유아가 흥미와 관심에 따라 놀이에 자유롭게 참여하고 즐기도록 하고, 다양한 놀이와 활동을 경험할 수 있도록 실내외 환경을 구성하여 지원하라고 명시되어 있다. 이는 예전의 자유선택놀이의 흥미 영역 구성과 달리 유아의 흥미와 놀이 진행에 따라 융통성 있게 놀이공간을 바꾸어 주고, 원하는 놀이에 자유롭게 참여하도록 지원하라는 뜻이다.

기존의 흥미 영역에서 놀이중심의 공간으로 어떻게 배치하면 좋을지 교사들의 고민이 많을 것이다. 교실에서의 놀이공간은 혼자서 조용히 탐색하거나 쉴 수 있는 조용한 공간과 친구들과 함께 협동하며 활발하게 상호작용하는 활동적인 공간으로 크게 나눌 수 있다. 또한 물이나 전기 등의 사용으로 유아들의 이동에 방해가 되지 않도록 공간을 배치해야 하는 놀이공간도 있다. 따라서 놀이공간을 합리적으로 배치하기 위해서는 활동의 목적과 종류, 유아들의 동선, 필요 자원, 소음의 정도 등을 종합적으로 고려해야 한다. 이 원리는 기존의 흥미 영역 구성과 크게 다르지 않지만 유아들의 놀이가 좀 더 통합,

융합되고 확장될 수 있도록 놀이공간도 통합하여 구성하는 것이 좋다. 기존의 흥미 영역 구성을 놀이중심 공간 구성으로 어떻게 통합하여 운영하면 좋을지 제시하면 표 6-1과 같다.

표 6-1 흥미 영역 구성과 2019 개정 누리과정에서의 놀이공간

구분	흥미 영역	놀이공간 배치 시 고려사항	자유놀이공간
조용한 영역	언어 영역	• 햇빛이 잘 들고 유아들의 이동이 적은 조용한 공간에 배치 • 아늑한 분위기가 들 수 있는 책꽂이나 낮은 교구장으로 공간 분리	교구놀이공간 (탐색, 조작)
	수 · 조작 영역	• 밝고 조용한 공간에 배치	
	과학 영역	• 햇빛이 잘 들고 조용하고 안정된 공간에 배치 • 유아들의 수집품을 전시할 수 있는 관찰대 설치가 가능한 곳	Maker-Space (감각, 창작)
	미술 영역	• 수도의 사용이 용이하며 유아들의 방해가 적은 공간에 배치 • 인공조명 사용시 그림자가 생기지 않는 위치 • 제공된 자료를 용이하게 사용하고 정리할 수 있는 교구장 및 작품 건조, 전시할 수 있는 건조대 비치	
활동적인 영역	역할 영역	• 공간을 넓힐 수 있는 여유로운 곳에 배치 • 놀이의 확장을 위해 블록 영역과 인접한 곳에 위치	활동놀이공간 (창의, 표현)
	쌓기 영역	• 블록을 최대한으로 활용하여 구성할 수 있도록 충분한 공간 확보 • 영역 구분과 소음방지를 위한 카펫이나 놀이방 매트 활용	
	음률 영역	• 유아가 편안하게 마음대로 움직일 수 있는 공간 • 소음방지를 위해 벽 쪽에 밀착하고 바닥에 카펫이나 매트 활용	

앞에 제시된 예시는 유아들의 흥미와 요구에 따라 얼마든지 공간의 배치와 놀이의 통합이 달라질 수 있음을 고려하고 학급의 특성에 맞게 수정·활용하도록 한다.

긍정적 행동지원을 위한 놀이공간 구성 Tip

- 가능한 한 유사한 놀이를 통합하여 유아들의 놀이가 확장될 수 있도록 지원하기
- 놀이공간을 여유롭게 구성하되 교실에서 뛰고 싶은 욕구가 들지 않도록 교구장 등을 적절히 활용하여 공간 분할하기
- 교실을 분할하여 공간을 마련할 때는 가급적 뚫린 교구장을 활용하여 교사의 사각지대 최소화하기
- 무엇이든 고정된 것은 없으므로 유아들과 생활하며 유아들의 놀이 요구와 학급 특색에 맞게 조금씩 수정해가기

문제행동 예방 효과

- 적절한 놀이공간 구성은 유아들로 하여금 편안하게 놀이에 몰입하게 하므로 문제행동 발생을 줄일 수 있습니다.
- 교사의 시선이 확보되도록 구성된 공간은 유아들의 안전사고를 예방하고 놀이상황의 관찰을 용이하게 합니다.

※ 생각해 봅시다!

놀이 이름표를 사용하여 놀이공간의 사용 인원을 제한하는 것에 어떻게 생각하나요?

– 놀이 이름표는 한정된 놀이공간에 많은 수의 유아들이 한 번에 몰리지 않도록 인원수를 제한하기 위한 방법으로 주로 사용되었습니다. 그러나 요즘은 유아들의 놀이 욕구를 제한 하는 좋지 않은 방법으로 보는 교육자들의 의견이 많아지고 있습니다.
여러분은 어떻게 생각하시나요?

놀이 이름표의 사용 유무를 떠나 나의 권리와 욕구도 중요하지만 다른 사람에게 피해가 가지 않도록 스스로를 조절하고 절제하는 것도 유아기에 배워나가야 할 사회적 기술이기에 자유놀이 시간에는 유아들의 놀이욕구를 충족시켜 주는 동시에 서로를 배려하고 존중하는 마음도 함께 기를 수 있도록 지도해 주세요!

존중과 배려는 문제행동 예방에 있어 가장 중요한 핵심요소입니다.

② 놀이공간의 자료

유아들의 놀이 욕구를 자극할 만한 다양한 자료를 때에 따라 제공하는 일은 생각보다 쉽지 않다. 때로는 놀이공간에 제시된 자료의 다양함과 풍부함이 오히려 유아들을 산만하게 만들기도 하지만, 대부분의 경우 제시된 자료가 얼

마나 새롭고, 매력적이고 흥미로운지, 또 현재 놀이 대상의 발달에 적합한지에 따라 유아들이 놀이에 몰입하는 정도가 확연히 차이가 난다. 유아들이 놀이에 몰입한다는 것은 그만큼 문제행동 발생 확률이 줄어든다는 것을 의미하기도 한다. 따라서 놀이공간에 자료를 제시할 때 다음의 사항을 고려해 보도록 한다.

긍정적 행동지원을 위한 놀이 공간 자료 Tip

- 너무 많고 다양한 자료를 한 번에 제공하려 하지 말고 유아들의 놀이 흥미가 어디에 있는지를 파악하고 놀이를 확장하는 데 필요한 적절한 자료를 찾아 제시하기
- 유아발달의 적합성을 고려한 가급적 매력적이고 참신하고 흥미로운 교구를 선정하여 제시하기
- 자료의 제시방법, 교체 시기 고려하기
  (귀가시간, 모임시간을 활용하여 놀잇감의 올바른 사용법 및 정리방법을 정확히 설명해 주기
  유아의 흥미가 낮아진 놀잇감은 적절한 시기에 새로운 것으로 교체하거나 다른 수준의 놀이방법을 제시하여 원래의 목적과 달리 사용되거나 훼손되어 방치되지 않도록 하기)
- 놀이 후 유아 스스로 정리하기가 용이하도록 다양한 방법 사용하기
  (놀잇감 정리바구니와 정리장 위치에 같은 스티커 붙이기, 무거운 블록은 여러 바구니에 나누어 담기 등)

문제행동 예방 효과

- 발달에 적합하고 흥미로운 놀잇감은 유아들로 하여금 놀이에 쉽게 진입하게 합니다.
- 놀잇감의 올바른 사용법 제시는 공동의 물건을 함부로 사용하는 문제행동을 예방할 수 있습니다.
- 정리를 쉽게 할 수 있도록 구조화된 환경은 자신의 주변을 정리하는 습관을 형성하는 데 도움이 됩니다.

(2) 발달에 적합한 환경구성

학급에서 환경구성을 할 때 가장 먼저 고려해야 할 것이 대상 연령이다. 영아(만 0~2세)들은 집처럼 편안하면서도 쾌적하고 안전하게 주변을 탐색할 수 있는 환경이 마련되어야 하고, 이를 통해 감각자극 및 대소근육발달이 활발하게 이루어지도록 해야 한다. 유아(만 3~5세)들은 다양한 경험과 자극이 제공되고 개인차에 따라 자발적으로 활동을 선택하고 적극적으로 참여할 수 있는 독립심과 창의성이 길러질 수 있는 환경을 구성해야 한다. 또한 사회성발달이

시작되는 시기이므로 유아들끼리의 협동 및 소통이 원활하도록 고려하여 환경을 구성한다.

환경구성에 대한 내용은 유아교육과 관련된 여러 교과에서 깊이 다루고 있어 문제행동지도에 있어서 유의할 사항만 간단히 제시하면 표 6-2와 같다.

표 6-2 발달에 따른 환경구성 시 고려사항

	영아(만 0~2세)	유아(만 3~5세)
환경구성	• 위험한 장애물 없이 영역을 통합하고 넓게 구성하여 영아들의 활동공간을 확보하고 교사의 사각지대를 최소화함	• 유아들의 호기심과 탐구심을 자극할 만한 다양한 놀이환경 구성 • 독립적인 놀이, 협동놀이의 적절한 조화
자료구성	• 감각 및 신체운동발달을 촉진하는 자료 • 다양함보다는 같은 종류의 적정한 양 제공	• 구체적이고 직접적인 조작이 가능한 자료 • 흥미, 개인차를 고려한 수준별 자료 제공

영아반의 경우 공간을 많이 나누어 구성하는 것보다 활동성이 많은 발달적 특징을 고려하여 가급적 놀이공간을 통합하고 장애물을 최소화하는 것이 좋다. 이를 통해 영아들의 활동공간을 확보해 주고 교사의 시야도 넓게 확보함으로써 문제행동의 사전예방 및 조기 발견이 용이하도록 한다. 제공되는 자료 또한 자기중심적이고 양보가 쉽지 않은 영아들의 특징을 고려하여 다양한 자료보다는 영아들이 좋아하는 색상이나 모양들의 교구를 같은 것으로 많은 양을 제공하여 주는 것이 문제 발생을 줄일 수 있다.

유아반은 호기심과 탐구심이 왕성한 시기로 구체적이고 직접적으로 관찰, 탐구해 볼 수 있는 다양한 놀이를 통합하여 구성해 준다. 이때 발달의 개인차를 고려하여 같은 내용이라도 수준별로 제시해 주면 유아 개인의 수준에 따라 놀이에 몰입할 수 있게 되므로 유아 개개인의 흥미를 유지시켜 주는데 도움이 된다. 또한 또래와의 상호작용이 왕성하게 이루어지는 시기이므로 독립적인 놀이자료 제공과 동시에 보드게임, 협동작업, 역할놀이 등 여럿이 그룹으로 활동할 수 있는 환경을 구성해 주는 것도 유아들의 사회성발달에 많은 도움이 된다.

3) 교실 밖의 물리적 환경

유아들이 주로 생활하는 교실 외에 복도, 화장실, 놀이터 등의 공간이 교실 밖의 물리적 환경이다. 이러한 공간은 교실처럼 오랜 시간을 머물지 않지만 유아들이 빈번하게 사용하는 공간이며, 교사의 부재나 사각지대가 많은 곳이기 때문에 문제상황 발생 시 안전사고와 직결되는 경우가 많다. 따라서 유아들 스스로가 행동을 조절하고 규칙을 지켜 바르게 사용할 수 있도록 긍정적 행동 지시문을 활용하여 환경을 구성해 주는 것이 중요하다.

복도 및 계단 | 화장실 | 놀이터

긍정적 행동지원을 위한 교실 밖 물리적 환경 Tip

- 복도나 계단 – 이동방향(우측통행)에 따라 발자국이나 화살표 표시하기
- 화장실 – 손 씻기, 양치하기, 실내화 정리 등 올바른 사용방법을 그림이나 사진으로 제작하여 긍정적 행동지시문 게시하기
- 놀이터나 숲체험활동 – 활동 전 교실에서 예측되는 사고들을 중심으로 안전교육 실시
  놀이기구마다 유의사항 반복하여 알려주기
  위험한 놀이기구 주변에 경계선 표시해 주기
  (그네, 미끄럼틀 등은 경계선 밖에서 줄을 서서 기다리도록 하기)

문제행동 예방 효과
- 제시된 긍정적 행동지시문을 통한 지속적인 반복교육은 유아 스스로 기본생활을 익혀 나갈 수 있도록 돕습니다.

3. 긍정적 행동지원을 위한 일과 구성

일반적으로 유아의 하루 일과는 리듬감 있고 균형감 있게 운영되어야만 놀이활동에 대한 흥미가 집중되고 안정적으로 생활할 수 있다(신혜원, 2018). 즉, 정적인 활동과 동적인 활동, 유아들의 선호활동과 비선호활동의 적절한 분배와 계획적인 활동 순서가 유아들의 문제행동을 예방하는데 많은 도움이 된다. 또한 유아들이 학급에서 이루어지는 하루 일과를 이해하고 시간에 따라 스스로가 어떤 행동을 수행해야 할지 예측할 수 있다면 좀 더 수월하고 안정적으로 하루를 보낼 수 있을 것이다.

제2019-189호 유치원교육과정에서는 1일 4~5시간 기본 교육과정 시간을 편성하여 각 기관의 실정에 적합한 교육계획을 수립하도록 한다. 이때 하루 일과 중 바깥놀이를 포함하여 유아의 놀이가 충분히 이루어지도록 편성·운영하도록 하고 있으며, 이를 바탕으로 표준보육과정 및 누리과정에 따른 영유아교육기관의 하루 일과를 예로 제시하면 표 6-3과 같다.

표 6-3 표준보육과정 및 누리과정에 기초한 어린이집/유치원의 하루 일과 운영

어린이집 하루 일과 예시(만 2세)		유치원 하루 일과 예시(만 4세)	
07:30~09:00	등원	08:00~09:00	등원
09:00~10:00	자유놀이활동		
10:00~10:30	정리정돈 및 대소변 가리기 / 손 씻기	09:00~12:00	아침 모임 및 오전 간식 자유놀이활동 대소그룹 활동
10:30~11:00	오전간식		
11:00~11:40	바깥놀이		
11:40~13:00	점심준비 및 식사 / 대소변 가리기		
13:00~15:00	낮잠 준비 및 낮잠	12:00~13:00	점심식사 및 휴식
15:00~15:30	낮잠 깨기 및 대소변 가리기		
15:30~16:00	오후간식		
16:00~16:30	신체활동	14:30~15:00	바깥놀이 조용한 활동 및 휴식 귀가지도
16:30~17:30	자유놀이활동		
17:30~19:30	조용한 놀이 / 귀가준비 및 귀가		

※ 일과 순서 및 내용은 유아들의 요구에 따라 조정될 수 있음.

표 6-3과 같은 일과 구성은 지침서에 제시된 내용을 중심으로 임의로 작성한 것이며, 개정된 누리과정에서는 학급 구성원들과 함께 만들어가는 교육과정을 지향하므로 교사는 유아들과 활동내용 및 순서를 함께 정하여 일과를 운영하는 것이 바람직하다. 때에 따라서는 정해진 시간표의 일과구성이 아니라 유아들의 요구에 따라 한두 개의 활동만으로도 일과를 구성할 수 있다. 일과 구성의 핵심은 유아들이 지금 하고 있는 일과 다음에 해야 할 일을 예측하고 준비할 수 있도록 하는 것이다. 불안감이나 충동성이 높은 유아들에게 일과 구성의 안내는 원에서의 하루 활동을 이해하고 예측하게 함으로써 일과 순서에 따라 스스로 행동을 조절하여 활동에 참여할 수 있도록 도움을 준다. 한편 2019 개정 누리과정은 '아동·놀이중심 교육과정'이라고 명명되고 있는데, 하루 일과까지도 과거와 같이 교사중심으로 미리 계획해 운영하기보다는 유아의 요구와 특성을 고려해 탄력적으로 운영할 것을 권고하고 있다. 따라서 유아교육기관에서 하루 일과 운영 시 기본적인 흐름으로 삼을 뿐 과도하게 일과계획에 맞춰 운영하는 것은 바람직하지 않다.

다음은 유아교육기관에서 보편적으로 시행하고 있는 일과활동에 따라 유아

에게 일어날 문제행동을 예측하고 사전에 긍정적인 행동을 지원할 수 있는 방법들을 살펴보고자 한다. 다음의 제시된 순서는 시간표처럼 정해진 것이 아니며 학급 운영 시 일과 중에 일어나는 주요 활동들을 중심으로 구성하였다.

1) 등원 맞이

유아들은 등원과 동시에 유아교육기관에서 하루 일과를 시작한다. 짧고 분주한 시간이지만 유아들의 배경사건 이해를 통해 잠재되어 있는 문제행동을 예측하고 중재할 수 있는 중요한 시간이다. 긍정적인 행동을 지원하기 위해 교사는 등원 맞이 시 다음과 같은 역할을 해야 한다.

(1) 철저한 수업준비 및 구조화된 교실 환경 점검

일과 시작 전 교사의 수업준비 상태와 교실 환경에 따라 안정된 일과가 진행될지 분주한 일과가 진행될지 하루가 결정된다. 사전에 잘 준비된 수업과 자신의 소지품 등을 유아 스스로 정리할 수 있도록 구조화된 환경은 교사가 등원 시간에 유아들과 인사를 나누며, 신체 및 정서 상태를 꼼꼼히 점검할 수 있는 여유를 준다. 따라서 등원 맞이 전 교사는 안정적인 일과 운영 시작을 위한 수업준비 및 교실환경을 점검하는 것이 우선이다.

(2) 유아들의 신체 및 정서 상태 점검

등원 시 유아들의 신체 및 정서 상태를 살피는 것은 단순히 다친 곳 없이 등원했는지 유아들의 기분이 좋고 나쁜지를 파악하는 것에 그치는 것이 아니다. 문제행동을 보이는 배경사건 정보를 바탕으로 유아의 감정을 이해하고 수용해 줌으로써 기분 좋게 하루를 시작할 있도록 지원해 주는 것이다. 예를 들면, 엄마와의 헤어짐이 싫어 울면서 등원한 유아가 그 감정을 해소할 틈도 없이 일과에 참여하기를 요구받을 경우 기질에 따라 활동거부하기, 떼쓰기, 공격적인 행동 보이기 등으로 하루 종일 교실에서 문제행동을 표출할 수 있다. 이때 등원 맞이 시간에 교사가 미리 문제행동을 보이는 배경사건을 파악하고 "엄마랑 오늘은 헤어지기 싫었구나, 많이 속상하지?"하며 유아의 마음을 읽어주고 자발적으로 활동에 참여하도록 기다려준다면 부정적인 감정 그대로 일과를 시작하는 것보다 훨씬 문제행동 발생을 줄일 수 있다.

(3) 교사 및 가정과의 정보전달체계 마련

유아들의 배경사건을 이해하고 적극적인 중재를 하기 위해서는 등원하기 전까지 가정이나 등원 차량에서 어떻게 지냈는지, 문제행동을 보일만한 특별한 사건이나 원인이 있었는지를 파악하는 것이 중요하다. 따라서 학기 초 유아들이 평소와 달리 불편한 마음으로 등원했다거나 컨디션이 좋지 않은 경우에는 사전에 담임교사에게 정보를 제공할 수 있도록 학부모들에게 안내하고, 등원 지도를 담당했던 교사도 차량 안에서 있었던 특별한 사안은 담임교사에게 등원 직후 바로 전달될 수 있도록 하는 정보전달체계를 마련한다.

2) 일과계획

오늘 하루를 어떻게 보낼지를 정하는 일이 일과계획이다. 학급 전체로서는 시간표와 같은 활동 순서를 정하는 것이고, 유아 개인적으로는 자유놀이시간에 스스로 어떤 놀이를 하며 보낼지를 정하는 것이다.

(1) 학급 전체의 일과계획

앞서 말한 바와 같이 학급 전체의 일과계획은 유아들과 협의하여 정하는 것이 바람직하다. 일과계획은 꼭 아침에만 하는 것이 아니라 오늘 활동한 내용을 중심으로 내일은 무엇을 더 알아볼지, 어떤 활동들을 계획하여 진행하면 좋을지 전날 유아들과 상의하는 것부터 시작된다. 유아들과 정한 주요 활동을 중심으로 다음 날 아침 모임 시간에 어떤 순서로 진행하면 좋을지를 결정한다. 이때 무조건 유아들의 의견을 수용해 주는 것보다 동적인 활동, 정적인 활동, 활동의 시간 등을 고려하여 전체적인 흐름이 지루하거나 산만해지지 않도록 조절하는 역할을 교사가 해야 한다. 유아와 협의하여 정해진 일과는 교사가 일방적으로 정해 준 일과보다 유아들의 자발적 참여를 유도한다. 유아들과 하루를 어떻게 보낼지 정했다면 한쪽 벽면에 일과 순서를 게시하고 수시로 다음에 할 활동을 확인할 수 있도록 해 준다. 이는 유아들이 다음에 해야 할 일과를 예측하고 준비함으로써 쉽게 활동을 전이할 수 있도록 돕는다. 특히 자유놀이 후 정리를 거부하거나 다음 활동 전이를 어려워하는 유아에게는 활동 마무리 10분, 5분 간격으로 “긴 바늘이 6에 가면 정리하자”, “5분 후에 마무리할게” 등으로 반복적인 안내를 해 주어 마음의 준비를 할 수 있도록 하면 도움이 된다.

(2) 유아 개인의 일과계획

자유놀이시간에 사용하는 놀이계획표가 유아들이 주로 사용하는 개인의 일과계획이다. 놀이계획표는 유아 스스로 자유놀이시간에 어떤 놀이를 하며 보낼지를 정하고 놀이 후 평가해 보며 일상에서 계획–실천–평가를 연습해 보는 자료이다. 유아들의 개인 놀이계획표를 보면 지금 유아가 어떤 놀이에 흥미를 갖고 있는지를 파악할 수 있다. 꼭 모든 놀이에 흥미를 갖고 참여해야 하는 것은 아니지만, 좋아하는 한 놀이만 고집하는 것보다 다양한 놀이에 흥미를 갖고 참여할 수 있도록 교사가 도움을 준다면 하고 싶은 놀이계획에 차질이 있을 경우 다른 놀이를 대안으로 제시할 때 유아의 수용의 폭이 넓어질 수 있다.

3) 자유놀이활동

유아들이 자신의 흥미에 따라 다양한 활동들을 스스로 선택하여 놀이하는 시간이 자유놀이 활동이다. 누리과정에서는 온전히 한 시간 이상을 자유놀이 시간으로 배정하여 유아들이 충분히 놀이에 몰입할 수 있는 시간을 확보하고, 또래들과 상호작용하며 자기 조절력, 문제해결력 등 다양한 사회적 기술과 능력을 기를 수 있도록 하고 있다. 그러나 또래와의 상호작용이 많은 만큼 유아들 간의 문제상황이 가장 많이 발생하는 시간이기도 하다. 따라서 교사는 유아들의 발달을 지원하고 문제행동을 예방하며, 긍정적 행동을 지원할 수 있도록 다양한 역할을 자유놀이시간에 소화해내야 한다. 그러기 위해서는 사전에 환경에 의해 발생할 수 있는 문제상황을 최소화하기 위한 공간의 배치, 교·구재의 적절한 제공 등 물리적 환경구성에도 많은 노력을 기울여 보조적 도움을 받아야 한다.

(1) 자유놀이시간 문제행동 발생을 줄이기 위한 교사의 역할

① 안내자

교사는 놀잇감의 바른 사용법과 함께 존중과 배려로 서로가 즐겁게 놀이에 참여하는 방법을 안내한다. 이때 환경적으로 도움을 받을 수 있도록 하는 것이 규칙과 약속을 적어 게시하는 긍정적 행동 지시문이다. 대부분 규칙과 약속이라고 하면 '하지 말아야 할 것'을 먼저 생각하고 부정문으로 작성하기 쉽다. 그러나 반대로 기대하는 행동을 긍정문으로 작성하여 유아들이 잘 보이는 곳에 붙여 주어 유아들이 스스로 행동을 조절할 수 있는 기회를 제공한다.

② 관찰자

교사는 유아들의 놀이 모습을 잘 관찰하고 기록해야 한다. 관찰을 통해 교사는 유아의 성향이나 놀이의 흥미와 형태, 교우관계 등 다양한 정보를 객관적으로 수집한다. 이러한 정보를 바탕으로 어떤 유아가 어느 시간, 어떤 상황에서 문제행동을 하는지 파악하고 선행사건 중재를 계획할 수 있어야 한다.

③ 중재자

교사는 놀이시간에 발생하는 다양한 유아들의 갈등상황에 적절하게 개입하여 중재하는 역할을 해야 한다. 교사가 유아들의 갈등상황에 개입해야 할 때에는 개입 시점이 매우 중요하다. 너무 늦게 개입하면 유아들이 위험할 수 있고, 그렇다고 너무 일찍 개입하면 유아들이 갈등상황을 스스로 해결해 보는 기회를 잃을 수 있다. 따라서 교사는 자유놀이시간에 유아들의 성향을 미리 파악하고 관찰을 통하여 갈등상황 시 적절한 시점에 개입을 시도해야 한다.

갈등상황을 중재할 때는 문제상황에 대한 정확한 정보를 가지고 양쪽의 입장을 충분히 들어주고 공감해 주어야 한다. 중재 마무리 단계에서는 서로 잘못을 인정하고 수용하며 갈등상황을 종결했는지를 꼭 확인해야 한다. 감정 해소가 되지 않은 상황에서 교사나 성인이 강제로 문제상황을 종결하면 억울하고 속상한 감정을 가진 유아는 또 다른 문제행동을 유발시킬 소지가 많아진다.

④ 지원자

교사는 자유놀이시간에 모든 유아들이 자신의 놀이에 몰입하며 다양하게 확장시켜 갈 수 있도록 하는 지원자의 역할을 해야 한다. 그런데 교사가 놀이시간에 문제행동을 많이 보이는 유아에게는 지원자가 아닌 지적자가 되진 않았는지 돌아보아야 한다. 문제행동을 많이 보이는 유아일수록 교사의 지원이 더욱 더 필요함을 이해하고 긍정적인 표현과 방법으로 지원을 아끼지 않아야 한다. 예를 들어, 약속이나 규칙을 잘 지키지 못해 다른 사람들에게 방해가 되는 경우는 부정적인 말이나 지적으로 주의를 주는 것보다 "○○야~ 우리 반

약속 다시 한 번 볼까?"하며 유아 스스로 약속을 상기하고 긍정적인 행동으로 조금씩 조절할 수 있도록 기회를 주도록 한다. 반면에 놀이 참여를 거부하는 유아가 있을 수 있는데, 놀이에 참여하지 않는 이유는 여러 가지일 수 있다. 소극적이고 불안도가 높은 성격 때문일 수도 있고, 관심과 흥미가 없어서 그럴 수도 있다. 따라서 교사는 유아가 왜 활동에 참여하지 않는지 원인을 파악하여 소극적이거나 자신감이 없는 경우는 처음 놀이를 시작할 때 교사가 옆에서 도움을 주거나, 흥미나 관심이 적은 유아들은 개인적 관심과 수준에 맞는 활동자료를 제시해 주는 등 적절한 대안을 제시해 주는 적극적인 지원자가 되어야 한다.

4) 정리 및 전이와 이동

(1) 정리시간 및 전이

지금 하고 있는 활동을 마무리하고 다음 활동으로 넘어가기 위한 시간이 정리 및 전이 시간이다. 현재의 활동에서 다음 활동으로 전이를 할 때에는 정리시간이 필요하다. 이때 정리시간이 충분하지 않거나 유아들이 예측하지 못한 상황에서 갑자기 이루어질 경우 유아들로 하여금 불만이나 불안함을 조성하여 문제행동으로 연결될 소지가 많다. 따라서 정리시간 및 전이는 일과 중 비교적 짧은 시간이지만 활동과 활동 사이에 꼭 필요한 시간이며, 유아들이 자기의 흥미와 욕구를 조절해야 하는 시간이므로 생각보다 운영이 쉽지 않은 시간이다. 이에 학급일과 운영이 안정적인 교사들은 정리와 전이를 잘 조절하는 특징이 있다.

① 긍정적 행동지원을 위한 정리시간

- 정리시간 10분 전부터 정리시간이 다가옴을 반복적으로 알리며, 충분한 정리시간 주기

- 유아들로 하여금 활동을 마무리할 수 있는 마음의 준비와 시간적 여유를 허락함으로써 문제행동 발생을 줄인다.

• 정리가 오래 걸리거나 문제가 자주 발생하는 공간에서 교사도 함께 정리 돕기
  - 유아들에게만 정리를 시키고 교사가 다른 업무로 바쁜 시간을 보내지 않도록 하며, 정리하는 유아들을 두루 살피며 다음 활동을 준비한다.

② 긍정적 행동지원을 위한 전이시간

• 이전 활동의 적절한 마무리 시간 정하기
  - 개인차가 많은 유아기는 같은 활동이어도 마무리하는 데 필요한 시간의 차이가 크므로 이전 활동을 언제 마무리하면 좋을지 적절한 시간을 결정하고, 다음 활동에 소요되는 시간을 예측하여 활동 전이를 한다.

• 다음 활동을 위해 기다리는 시간 줄이기
  - 전이시간에는 기다림에 의해 유아들의 문제행동이 많이 나타난다. 따라서 이전 활동이 과제를 수행하는 것이라면 발달의 개인차를 많이 보이는 유아들의 기다림을 줄일 방법을 모색해야 한다.
    (예: 활동의 난이도를 조절하여 유아 개인의 발달 수준에 맞게 과제 제공하기, 과제를 마치고 기다리는 동안 유아 스스로 할 수 있는 간단한 활동 제공하기 등)

(2) 이동

움직여 자리를 바꾸는 것을 이동이라 하는데, 여기에서의 이동은 활동을 위해 학급 전체의 유아들이 복도나 계단 등을 이용하여 다른 공간으로 옮겨 가는 것을 의미한다. 이때 발생할 수 있는 문제상황은 경쟁심에 의한 안전사고

이다. 다른 곳으로 이동할 때는 유아들이 차례차례 줄을 서서 가게 되는데, 앞에 서고 싶어 하는 유아들이 경쟁심에 순간적으로 몰리다 보면 예기치 않은 사고가 발생하기도 한다. 따라서 교사는 안전한 이동을 돕는 다양한 방법들을 활용해야 한다.

① 긍정적 행동지원을 위한 이동방법

- 줄을 설 때 순서를 정하는 다양한 방법 활용하기
  - 줄서기 이름표: 학급 전체 유아의 이름표를 일렬로 세운 후 앞에 서는 친구들을 규칙적으로 바꾸어 주기
  - 뽑기 활용하여 줄서기: 번호를 유아가 직접 뽑거나 교사가 유아 이름표를 뽑는 순서대로 줄서기
  - 특징 찾아 줄서기: 빨간 옷 입은 친구, 머리 묶은 친구 등 교사가 말하는 특징을 가진 유아들부터 줄서기

- 계단, 언덕 등의 위험한 곳이나 빠르게 걸을 땐 친구 손 놓고 걷기
  - 신체발달 상황이 모두 다르고 조절능력이 능숙하지 못한 유아들이 짝꿍 손에 이끌려 함께 넘어지거나 도미노처럼 쓰러지는 등의 사고가 날 수 있기 때문에 계단이나 복도 혹은 야외에서도 길이 좋지 못한 곳은 혼자서 교사를 보고 잘 따라 올 수 있도록 지도하는 것이 더 큰 안전사고를 예방하는 길이다.

5) 대그룹활동

발달의 개인차, 흥미와 요구가 각각 다른 유아들, 특히 어린 연령의 유아는 대그룹활동을 지양하고 개별 혹은 소그룹활동을 진행하는 것이 바람직하다고 앞서 언급한 바 있다. 하지만 이야기 나누기, 집단게임활동 등 활동의 특성 및

상황에 따라 대그룹활동이 필요한 경우가 있다. 이때 교사가 문제행동 예방을 위해 고려할 사항을 환경적인 측면과 활동의 내용적 측면으로 나누어 생각해 볼 수 있다.

환경적인 측면은 물리적 환경에서도 이야기했듯이 충분한 공간 확보 및 유아들의 특성을 고려한 적절한 자리배치와 적절한 수업시간 안배이다. 환경적 측면의 자세한 사항은 앞의 내용을 참고하도록 한다.

활동의 내용적 측면은 발달의 수준이 모두 다른 유아들이 흥미를 갖고 활동에 집중하여 참여할 수 있도록 교육의 내용과 방법을 구성하는 것이다. 아이들이 쉽게 도전해 볼 만하고, 다음에 올 것이 궁금하여 교육활동에 몰입할 수 있도록 잘 계획된 수업내용은 대그룹시간에 유아들이 수업에만 집중하게 하므로 문제행동 발생을 줄일 수 있는 가장 좋은 방법이다.

만약 대그룹시간에 유아들의 문제행동이 많이 발생한다면 개별중재를 진행하기 이전에 교사의 교수방법이나 수업내용 등을 점검해 보고, 유아의 문제인지 교사의 문제인지를 객관적으로 살펴보는 것이 중요하다.

6) 간식 및 점심시간

영유아의 균형 있는 영양보충 외에 바람직한 식습관을 형성하도록 하는 기본생활습관교육의 연장이 간식 및 점심시간이다. 이 시간에는 배식을 하는 동안 기다림으로 인한 문제행동이나, 식습관으로 인한 유아 개인의 문제행동으로 나누어 살펴 볼 수 있다.

(1) 간식 및 점심시간의 긍정적 행동을 지원하기 위한 보편적 방법

- 식기류는 제자리에 가지런히 놓도록 하기
  - 배식을 기다리는 동안 식기류는 유아들에게 위험한 장난감이 될 수 있으므로 사전에 가지런히 놓고 배식을 기다릴 수 있도록 지도한다.

• 손과 발을 가지런히 두기
  – 발에 걸리거나 손으로 식판을 치는 등의 상황이 발생할 수 있으므로 사전에 손과 발을 가지런히 두어 다른 사람에게 방해가 되지 않도록 지도한다.

• 적당량의 음식을 골고루 정해진 시간 안에 먹기
  – 편식하는 유아, 과식하는 유아, 급하게 먹는 유아, 느리게 먹는 유아 모두 적절한 지도가 이루어질 수 있도록 계획한다.

• 영양교육 및 요리 활동 활용하기
  – 점심식사 전 오늘 나온 식단의 음식 영양소 소개하기 등은 간단한 영양교육이면서도 유아들에게 음식의 중요성을 알게 하여 식재료의 거부감을 줄이는 데 도움을 준다. 요리는 유아 편식지도를 위한 대표적인 활동이다.

(2) 간식 및 점심시간의 긍정적 행동의 개별적 지원 고려사항

• 가정과의 상담을 통해 식습관에 대한 사전 정보 수집하기
  – 식습관에 대한 문제발생 원인은 다양하다. 따라서 그 원인에 따른 중재지도의 범위와 내용도 달라지므로 식습관은 반드시 유아상태에 대한 사전 정보를 수집하도록 한다.

• 편식지도에 대한 학부모와의 합의 및 협력을 통한 일관성 있는 지도
  – 편식지도는 가정과의 일관성 있는 연계지도가 중요한데, 편식지도에 대한 부모의 견해가 교사와 다를 수 있다. 따라서 교사가 교육기관에서 모든 식습관을 바로 잡아 주어야 한다는 부담을 버리고, 부모와의 상담

을 통해 편식지도에 대한 방향과 방법을 합의하여 지도한다. 습관과 관련된 활동들은 일관성, 반복성, 지속성이 매우 중요하다.

- 여유로운 마음으로 유아 개인의 기호를 존중하며 편안하고 즐거운 시간이 되도록 분위기 조성하기
  - 식습관은 한 번에 고쳐지는 것이 아니므로 교사는 여유로운 마음을 가져야 한다. 또한 편식지도는 유아 개인의 기호를 인정해 주고 존중받는 분위기에서 시작되어야 하며 교사 스스로가 좋은 롤모델이 되어주도록 한다. 싫어하는 음식을 억지로 먹어야 하는 고통스러운 시간이 아니라 새로운 음식에 도전하는 모습을 격려하고 칭찬하며 최대한 편안하고 즐거운 시간이 되도록 노력한다.

7) 바깥놀이

놀이터를 이용하거나 숲 체험을 하는 등 주로 유아들의 활발한 대근육활동을 통해 유연성 및 민첩성, 신체조절능력을 기를 수 있는 시간이 바깥놀이시간이다. 이 시간은 유아들의 움직임이 크고 활발하며 주로 사용하는 기구들도 크다 보니 유아들의 안전에 대한 주의가 각별히 필요하다. 또한 활동공간도 넓고 유아들도 비교적 자유롭게 활동하는 시간이므로 다양한 상황의 문제들이 발생할 수 있다. 교사가 사전에 이 모든 것을 예측하고 예방할 수는 없지만 일반적으로 놀이터나 숲 등에서 주의해야 할 사항은 활동 전 교실에서 반드시 숙지하고 나갈 수 있도록 해야 한다.

(1) 바깥놀이 시 유아들의 긍정적 행동지원 방법

- 중요한 약속이나 규칙은 집중이 잘 되는 교실에서 사전에 충분히 전달하고 나가기

- 놀이기구의 올바른 사용법, 예측되는 문제상황들에 대해 사전교육을 실시한다.
- 놀이터 앞이나 숲 입구는 유아들이 산만해지기 쉬운 장소이므로 중요한 전달사항은 교실에서 충분히 이야기 나누고, 밖에서는 "약속 기억하고 있지?" 등으로 가볍게 상기시키며 유아들의 대기시간을 최소화한다.

• 문제 상황이 발생하면 좋은 교육기회로 삼고 유아들과 평가하는 시간 갖기
- 바깥놀이에서의 문제상황은 다양하고 예측할 수 없는 일들이 발생하기도 하므로, 새로운 문제상황이 발생하면 좋은 교육기회로 삼아 유아들과 평가해보고 다시 같은 일이 일어나지 않도록 긍정적 기대행동을 제시한다.

8) 화장실 다녀오기

주로 용변을 보거나 손 씻기, 양치하는 시간에 사용하는 공간이 화장실이며. 교사의 사각지대가 가장 많은 공간이기도 하다. 따라서 평상시 올바른 화장실 이용법에 대해 반복하여 지도하고, 유아 스스로 긍정적인 행동을 유지할 수 있도록 하여 교사가 보지 못하는 상황에서의 문제행동 발생을 줄여야 한다.

(1) 화장실 이용 시 유아들의 긍정적 행동지원 방법

• 손 씻기, 양치하기 등의 바른 순서를 사진 혹은 그림으로 제작하여 화장실에 게시하기
- 손 씻기, 양치하기는 개인위생 건강을 위해 꼭 필요하지만 비누, 물 등은 유아들의 놀이욕구를 자극하여 목적과 달리 문제상황을 자주 발생

하게 한다. 따라서 올바른 손 씻기, 양치하기 교육과 함께 환경적으로도 배운 것을 쉽게 기억하여 자발적으로 행동을 조절할 수 있도록 돕는다.

• 화장실 사용 인원 조절하기
  – 화장실에 너무 많은 유아들이 한 번에 들어가지 않도록 하여 안전사고 등에 유의한다.
  – 화장실 사용인원을 조절하는 방법에는 화장실 이용 목걸이나 이용 가능한 인원만큼 화장실용 실내화 개수를 놓는 방법이 있다. 무엇이든 인원조절 방법을 사용할 때는 이용 목걸이나 실내화가 없어 차례를 기다리다 용변 실수를 하는 일이 없도록 급할 땐 교사에게 도움을 요청하는 방법도 함께 지도해야 한다. 또한 유아들에게도 너무 오래 화장실에 머물 경우 다른 용변이 급한 친구에게 일어날 수 있는 상황을 미리 설명하고, 화장실은 놀이장소가 아니라 손을 씻거나 용변을 보는 등의 해야 할 일을 마치고 바로 교실로 돌아오는 것이라는 것을 인식할 수 있도록 한다.

• 다른 사람의 몸은 함부로 보지 않도록 하기
  – 교사가 보지 못하는 상황에서 유아들의 호기심으로 부적절한 행동을 하는 경우가 있으므로 성교육과 함께 화장실에서 다른 사람의 몸을 함부로 보거나 하는 등의 행동은 하지 않도록 사전에 교육한다. 최근 유아 성교육의 필요성에 대한 경각심이 커지고 있다. 어린시절부터 타인의 몸을 함부로 보거나 만지는 등의 좋지 않은 습관들이 형성되지 않도록 존중 문화의 정착을 위해 세심하게 지도할 필요가 있다.

[생각해 봅시다]

2019년 ○○시의 한 어린이집에서 자유놀이 시간에 만 5세 남아가 여아를 성추행했음에 대한 고발 사건이 사회적으로 큰 이슈가 되었다. 이 문제에 대해 피해 여아의 학부모, 가해 남아 및 함께 했던 세 남아들의 부모, 원장 및 교사의 대응 면에서 큰 차이가 있었다.

관련 기사를 검색해 읽은 후 이 문제의 원인 및 예방 방법, 사건 발생 이후의 바람직한 대응 방법에 대해 토의해 보자.

관련자료: QR코드를 인식하면 청와대 국민 청원 홈페이지의 관련 글로 연결됨

9) 낮잠 및 휴식

하루 일과를 잠시 멈추고 유아들이 편안하게 쉴 수 있도록 하는 시간이 낮잠 및 휴식시간이다. 유아들의 개별적인 생활리듬에 따라 학기 초에는 함께 낮잠을 자는 시간을 맞추기가 쉽지 않지만, 교사는 최대한 유아들의 개별적인 요구를 인정하고 낮잠이나 휴식시간이 편안한 시간이 되도록 해야 한다. 유아들은 충분한 수면이나 휴식을 취하지 못할 때 짜증이나 스트레스를 많이 표출할 수 있기 때문이다. 따라서 수면환경이나 애착인형 등 특별히 유아가 낮잠을 위해 필요한 것이 있다면 사전에 학부모와 상담을 통해 파악하고 유아가 최대한 편안한 상태에서 쉴 수 있도록 배려하는 것이 좋다.

10) 귀가지도

하루 일과를 마치고 유아들이 각 가정으로 돌아가기 위해 준비하는 시간이

귀가시간이다. 마지막까지 유아들의 안전한 귀가를 위해서는 교사가 귀가지도시간을 충분히 갖는 것이 좋다. 하원차량시각에 임박해서 활동을 마무리하고 급하게 유아들을 귀가시키다 보면 정말 중요한 것을 놓치는 경우가 많기 때문이다. 따라서 귀가준비시간에는 여유로운 마음을 가지고, 유아들이 모였을 때 옷을 두고 가지는 않는지, 가져가야 할 개인 소지품이나 안내문은 잘 챙겼는지, 꼼꼼하게 확인하도록 한다. 또한 문제행동을 예방하는 데 있어 가장 중요한 요소 중 하나는 유아 개개인이 사랑받고 인정받고 있음을 느끼도록 하여 정서적 안정감을 갖도록 하는 것이다. 이를 위해 매일 귀가지도시간을 활용하여 교사와 학급의 유아가 한 명씩 정서적으로 따뜻한 인사를 나누며 원에서의 하루 일과를 마무리하도록 한다.

4. 긍정적 행동지원을 위한 학급규칙 설정

학급에서 규칙을 정하는 것은 학급구성원들이 교실이라는 환경에서 함께 생활하기 위한 조건을 조성하고 행동 맥락을 결정하는 학급관리의 강력한 요소이다. 학급규칙을 정할 때 가장 중요한 것은 문제행동을 예방하기 위해 기대되는 행동을 판별하여, 학생에게 '하면 안 되는 행동'이 아닌, '해야 할 행동'을 긍정적으로 서술하는 것이다(Riffel & Mitchiner, 2019).

그 외에 학급규칙이 갖추어야 할 조건은 다음과 같다(Riffel & Mitchiner, 2019 재인용).

첫째, 학급규칙은 다섯 가지를 넘지 않아야 한다.
둘째, 관찰 가능하고 측정 가능해야 한다.
셋째, 학교 차원의 기대와 일관되어야 한다.
넷째, 쉬운 말로 기술되어야 한다.
다섯째, 학급 학생들의 발달 수준에 맞아야 한다.

여섯째, 학급의 요구를 보여 주는 자료에 근거해야 한다.

일곱째, 규칙을 만들 때 학생들의 참여를 가능한 최대화해야 한다.

여덟째, 교사의 적극적 모델링과 교수가 수반되어야 한다.

1) 학급 차원의 규칙 설정

앞에서 살펴본 바와 같이 규칙을 정할 때 가장 중요한 것은 기대하는 행동을 분명히 하고 긍정적인 표현으로 서술하는 것이다. 유아들에게는 규칙이라는 단어가 다소 어렵고 경직되게 느껴지므로, 약속이라는 표현으로 좀 더 자발적이고 자유로운 분위기를 만들어 지켜가도록 한다.

앞에서 언급한 학급규칙이 갖추어야 할 조건을 바탕으로 유아교육기관에서 약속을 정할 때 고려해야 할 사항을 제시하면 다음과 같다.

첫째, 학급구성원 모두가 참여하여 약속을 정한다.

'규칙'에 비해 '약속'은 상호 간의 신뢰를 바탕으로 합의된 사항이라는 의미가 강하다. 유아들이 직접 참여하여 만든 약속의 장점은 유아들이 약속을 지켜야 하는 이유를 더 잘 이해하고, 지키고자 하는 동기부여가 높으며 학급의 자율적인 분위기가 조성된다.

둘째, 약속은 구체적인 행동을 지시하는 긍정문으로 작성한다.

습관적으로 규칙 또는 약속이라 하면 '하면 안 되는 행동'과 같은 부정적인 인식이 강하다. "싸우지 않아요"와 "사이좋게 지내요"는 유아들에게 기대하는 행동은 같지만 기대하는 행동을 요구하는 태도는 다르게 느껴질 수 있다. '~하면 안 돼요'를 '~해요'라는 긍정문으로 바꾸는 연습을 통해 긍정적이고 자율적인 학급 분위기를 만들어 가도록 노력해야 한다.

셋째, 약속의 내용은 구체적이며 간결하여 유아들이 쉽게 이해하고 따를 수

있어야 한다.

'바르게 앉아요'라는 약속은 어떤 모습이 바른 모습인지를 한 번 더 생각하게 한다. 이를 '손과 발을 가지런히'로 바꾸어 구체적인 행동을 기술하고 바르게 앉아 있는 유아의 사진이나 그림을 함께 제시하면 유아들이 쉽게 이해하고 따를 수 있는 약속이 된다.

넷째, 규칙의 수를 한정한다.

유아들과 함께 약속을 정하다 보면 각자가 문제라고 느끼는 다양한 상황들에 대해 모두 약속을 만들고 싶어 한다. 하지만 많은 약속은 오히려 기억하기도 지키기도 어렵다. 따라서 모아진 의견들 중에 학급에서 가장 문제가 되는 상황과 관련이 높은 것을 우선순위로 정하여 학급 약속이 총 3~5개를 넘지 않도록 한다. 정해진 약속이 잘 지켜지고 있다면 유아들과 함께 현재 학급에 문제가 되고 있는 상황을 다시 진단해 보고 지켜야 할 약속을 바꿔나갈 수 있다.

표 6-4 유아교육기관차원의 기대에 따른 학급 약속(예시)

기대	학급 규칙
안전하게 지내요	• 교실과 복도에서는 걸어 다닙니다. • 화장실에서는 줄을 서서 기다립니다.
다른 사람을 존중하고 배려해요	• 다른 사람에게 친절하게 말합니다. • 함께 모여 앉을 땐 손과 발을 가지런히 합니다.
책임감을 가져요	• 내가 놀이한 장난감은 내가 정리합니다.

학급 약속을 정할 때 유아교육기관 차원에서 기대하는 안전에 관한 것, 타인을 배려하고 존중하는 것, 자신이 한 일에 대한 책임을 갖도록 하는 것 등의 내용이 골고루 포함되도록 한다. 표 6-4의 예시처럼 안전, 존중, 책임이란

커다란 틀을 가지고 아이들과 기대하는 바람직한 행동을 약속으로 정해 간다면, 단지 문제행동을 제지하기 위한 약속이라기보다 교육적 목표가 분명한 인성교육의 한 부분으로도 확장할 수 있다.

2) 긍정적인 학급약속 안내문 제작 및 활용

학급약속 안내문은 유아들이 스스로 행동을 조절할 수 있도록 돕는 보조역할을 한다. 따라서 글을 알지 못하는 유아들도 약속을 쉽게 이해하고 실천할 수 있도록 그림이나 사진을 활용하여 제작하는 것이 좋다. 약속 안내문을 제작할 때 학급의 모든 약속을 한 곳에 작성하는 것보다는 그림 6-2처럼 각 각의 약속을 하나씩 나누어 만들도록 한다.

그림 6-2 학급약속 안내문의 예

학급약속 안내문이 완성되면 유아들과 함께 어떤 약속이었는지를 이야기 나누고, 약속과 관련 있는 장소에 유아들의 눈높이를 고려하여 게시해 준다. 이를 통해 해당 장소에서 지켜야 할 긍정적인 기대행동을 반복적으로 암시함으로써 유아들로 하여금 바람직한 행동이 습관이 되도록 한다. 또한 일과 중 문제행동을 일으키는 유아가 있다면 바로 지적하거나 활동에서 배제하는 등의 부정적인 피드백을 주기 전에 함께 만든 약속 안내문을 보고 유아 스스로 행동을 조절할 수 있는 기회를 제공하도록 한다.

7장

개별적 문제행동의 긍정적 행동지원

보편적 예방지원에도 불구하고 교실에서 개별중재가 필요한 문제행동을 보이는 유아가 있다. 이때 교사는 유아의 문제행동을 객관적으로 관찰하고 정보를 수집하여 적절한 중재계획을 세울 수 있어야 한다. 이 장에서는 개별적 문제행동의 긍정적 행동지원 절차를 이해하고 행동지원 절차에 따라 중재계획을 세워보도록 한다.

교육목표

1. 개별적 문제행동의 긍정적 행동지원 절차를 이해할 수 있다.
2. 개별적 행동지원 절차에 따라 중재계획을 세울 수 있다.

유아교육기관 차원의 긍정적 행동지원 절차에서 개별적 문제행동의 긍정적 행동지원 절차의 내용을 정리하면 그림 7-1과 같다.

개별적 문제행동의 긍정적 행동지원 절차

1. 핵심문제 행동이 뭘까? — 유아가 보이는 다양한 문제행동 중에 가장 시급하다고 생각되는 행동 정하기

2. 문제행동을 들여다보자 — 문제행동을 일으키는 원인 분석을 위해 다양한 관찰을 통한 정보수집과정

배경사건	선행사건	문제행동	후속결과	가설
평소와 다른 사건 선행사건에 영향을 줄 만한 사건	문제행동 발생 전 문제행동에 영향을 미치는 사건	유아가 보이는 문제행동	문제를 일으킨 후 일어난 일들	관찰을 통해 얻어진 문제행동 발생에 대한 예측

3. 문제행동의 기능을 기술해볼까? — 유아가 반복적으로 문제행동을 하는 이유

문제가 되는 행동	문제행동의 기능	기대행동
유아가 보이는 문제가 되는 행동	관심, 활동 및 물건, 감각자극 등의 획득 및 회피	유아에게 기대하는 바람직한 행동

4. 문제행동을 중재해보자 — 관찰 및 분석을 통해 얻어진 유아의 문제행동을 수정하기 위한 직간접적 지원 활동

배경/선행사건 중재	대체기술지도	후속반응
문제행동의 원인이 되는 환경에 변화를 주어 문제행동 예방하기	긍정적인 행동으로 원하는 결과를 얻는 다양한 방법 지도	바람직한 행동이 증가하고 지속되도록 하는 다양한 전략(강화)

5. 중재과정 및 결과를 평가해보자 — 지원계획 실행과정 평가 및 수정 긍정적인 변화 평가

그림 7-1 개별적 문제행동의 긍정적 행동지원 절차

개별적 문제행동의 긍정적 행동지원 절차는 교사가 유아가 보이는 문제행동에 대해 관찰하고, 분석하는 과정을 통해 문제행동의 원인을 파악하고 유아에게 적절한 대안을 제시함으로써 유아 스스로 바람직한 행동으로 수정해 나

갈 수 있도록 지원하는 시스템이다.

따라서 교사는 유아의 문제행동을 대할 때 다음과 같은 사항을 고려하여 개별적 지원 여부를 결정해야 한다.

첫째, 지금 보이는 문제행동이 유아 자신과 타인을 위해 정말로 수정되어야 할 문제인가? 아니면 유아 개인의 의견을 존중해 주어도 될 문제인가?

유아들의 강한 자기주장과 개성이 교사들에게는 문제행동으로 보일 때가 있다. 문제행동은 유아 자신과 타인에게 위험이 되거나 방해가 되는 행동 또는 정상적인 신체·정서 발달상에 부정적인 영향을 주는 경우이지, 단순히 교사를 힘들게 하는 행동이나 교사 말을 안 듣는 행동이 아니다. 따라서 원하는 색이나 물건을 고집하거나 먹기 싫은 음식을 거부하는 등의 행동은 문제행동이라기보다 자기중심성이 강한 유아기에 존중받아도 되는 개인적 성향으로 인식하고 문제행동에 대한 개념을 바르게 갖는 것이 중요하다.

둘째, 지금 보이는 문제행동이 유아의 문제인가? 아니면 유아를 둘러싼 환경적(교실, 교수방법, 부모, 양육방법 등) **문제인가?**

긍정적인 행동이 장기적으로 유지되도록 하기 위해서는 유아가 보이는 문제행동에만 집중하여 중재하는 것보다 문제행동의 발생 원인을 정확히 분석하는 것이 중요하다. 문제행동 발생 원인을 분석할 때에는 유아가 보이는 문제행동이 유아의 문제인지 아니면 문제행동 유발을 자극하는 교사나 부모 또는 환경의 문제인지를 객관적으로 들여다보고 정확한 진단을 하도록 한다. 예를 들면, 교사가 수업을 안정되게 이끌어 나가지 못할 경우 유아들은 쉽게 주의가 산만해질 수 있다. 이때 유아들의 산만한 문제행동의 일차적 원인은 교사에게 있으므로 교사의 수업을 바꾸어 나가는 것이 첫 번째 중재과제가 될 것이다.

셋째, 교사가 지원할 수 있는 문제인가? 부모 혹은 전문가의 도움이 필요한 문제인가?

유아가 보이는 다양한 문제행동을 교사가 모두 중재하고 지원할 수는 없다. 따라서 유아교육기관에서 유아들의 개별적 지원을 계획할 때에는 유아가 보이는 문제행동 중재가 교사가 지원할 수 있는 문제인지, 부모가 해야 하는 것인지 아니면 전문가의 도움이 필요한 영역인지를 파악해야 한다. 부모나 전문가의 도움이 필요한 영역일지라도 교사는 교사의 역할을 다 해야겠지만, 지원 한계를 교사가 파악하고 있어야만 유아에 대한 중재목표를 적절히 하여 교사의 책임과 피로를 줄일 수 있다.

1. 핵심 문제행동 선정

문제행동으로 보이는 유아의 행동 중에 행동지원이 가장 시급하다고 생각되는 문제행동을 정하는 것이다. 교사가 여러 유아들의 모든 문제행동에 대해 한 번에 개별화된 행동지원을 시행하기는 어렵다. 따라서 문제행동을 보이는 유아들 중 행동지원을 가장 필요로 하는 유아를 선정하고 어떤 행동을 가장 먼저 지원해 줄지 결정하는 단계이다.

유아의 문제행동 중 행동수정을 요하는 우선순위는 대부분 위험한(파괴) 행동 – 방해행동 – 분산(상동)행동 순으로 나누어 볼 수 있다(양명희, 2016).

표 7-1 문제행동 유형

문제행동	위험한(파괴) 행동	방해행동	분산(상동)행동
행동 특징	할퀴고, 꼬집고, 물기 물건 던지기, 부수기, 자해하기	소리 지르기, 뛰어다니기, 물건 뺏기, 과잉행동	몸 흔들기, 소리 내기 등 같은 행동 반복하기

위험한(파괴)행동은 유아 자신뿐만 아니라 다른 사람의 안전을 위협하는 행동으로 가장 먼저 중재를 실시해야 하는 행동이다. 위험한(파괴) 행동은 다른 사람을 때리거나 할퀴고, 꼬집기, 물건 던지기 등의 공격적인 행동뿐만 아니라 자신의 신체를 해하는 자해행동도 포함된다.

방해행동은 소리 지르기, 뛰어 다니기, 물건 뺏기, 과잉행동 등이 포함된다. 직접적 또는 즉각적으로 자신이나 다른 사람을 해롭게 하는 것은 아니지만 교사들이 지도하기 어려워하는 행동 중에 하나이며(홍성호 외, 2016), 방해행동이 계속되면 학습에 부정적인 영향을 미치거나 파괴 행동으로 발전할 수 있다(양명희, 2016; 조윤경 외, 2017).

분산(상동)행동은 가벼운 방해행동으로도 볼 수 있는데 몸 흔들기, 입으로 소리 내기 등의 같은 행동이나 소리를 반복적으로 내어 주의를 분산시키는 것을 말한다. 앞의 두 가지 행동에 비해 낮은 중재 순위에 들어가지만 다른 사람들에게 부정적인 이미지를 갖게 할 수 있으므로 중재지도가 필요한 행동이다.

유아가 보이는 문제행동 중 어느 것을 가장 먼저 지원해야 할지 결정해야 할 때, 쿠퍼와 헤론, 휴워드,(Cooper, Heron & Heward, 2010)가 제시한 표적행동 우선순위 평가척도를 참고한 다음의 체크리스트를 활용하면 도움이 된다.

표 7-2 핵심문제행동 우선순위를 정하는 기준

<table>
<tr><td>유아이름</td><td></td><td>작성일시</td><td></td><td>작성자</td><td></td></tr>
<tr><td colspan="6">1. 유아가 보이는 문제행동들을 해당 칸에 적는다.
2. 질문에 따라 해당하는 점수를 표시한다.
3. 가장 많은 점수를 받은 행동부터 우선순위를 정한다.

(0=전혀 그렇지 않다. 1=거의 그렇지 않다. 2=조금 그렇다. 3=거의 그렇다. 4=매우 그렇다)</td></tr>
</table>

우선순위 기준	유아가 보이는 문제행동			
	1.___	2.___	3.___	4.___
이 행동은 유아나 다른 사람들에게 위험한 행동인가?	0 1 2 3 4	0 1 2 3 4	0 1 2 3 4	0 1 2 3 4
이 행동은 얼마나 자주 일어나는가?	0 1 2 3 4	0 1 2 3 4	0 1 2 3 4	0 1 2 3 4
이 행동은 오래 지속되어 왔는가?	0 1 2 3 4	0 1 2 3 4	0 1 2 3 4	0 1 2 3 4
이 행동이 수정되면 더 많은 강화를 받을 기회가 생기는가?	0 1 2 3 4	0 1 2 3 4	0 1 2 3 4	0 1 2 3 4
이 행동은 유아의 행동발달과 독립성 증진에 중요한가?	0 1 2 3 4	0 1 2 3 4	0 1 2 3 4	0 1 2 3 4
이 행동이 개선되면 다른 사람으로부터 부정적인 관심을 줄일 수 있는가?	0 1 2 3 4	0 1 2 3 4	0 1 2 3 4	0 1 2 3 4
이 행동이 개선되면 유아 주변인들로부터 긍정적인 강화를 받을 수 있는가?	0 1 2 3 4	0 1 2 3 4	0 1 2 3 4	0 1 2 3 4
이 행동은 성공적으로 변화시킬 가능성이 높은가?	0 1 2 3 4	0 1 2 3 4	0 1 2 3 4	0 1 2 3 4
이 행동지원에 비용이 적게 드는가?	0 1 2 3 4	0 1 2 3 4	0 1 2 3 4	0 1 2 3 4
총점				

표 7-2의 우선순위를 정하는 기준을 살펴보면 다음과 같다(양명희, 2016).

• 이 행동은 유아나 다른 사람들에게 위험한 행동인가?

유아가 보이는 문제행동이 다른 사람뿐만 아니라 유아 자신에게도 위험한 행동인가를 살펴 보고 해당 점수를 부여한다.

• 이 행동은 얼마나 자주 일어나는가? 이 행동은 오래 지속되어 왔는가?

빈도와 지속성을 살펴보는 문장으로 얼마나 자주, 긴 시간 지속된 문제행동인가를 점수로 표시한다. 오래되고 자주 보이는 문제행동부터 행동 수정을 지원하도록 한다.

• 이 행동이 수정되면 더 많은 강화를 받을 기회가 생기는가?

유아가 보이는 문제행동이 수정되었을 때 더 많은 강화를 받을 기회가 생기는 것이라면 유아는 더 많은 행동 수정의 기회를 얻을 수 있으므로 그런 행동에 높은 점수를 부여한다.

• 이 행동은 유아의 행동발달과 독립성 증진에 중요한가?

유아들의 발달과 독립성에 중요한 영향을 미치는 행동은 먼저 지원해 주어야 하므로 정상적인 발달 및 독립성에 많은 영향을 주는 행동에 높은 점수를 준다.

• 이 행동이 개선되면 다른 사람으로부터 부정적인 관심을 줄일 수 있는가?

• 이 행동이 개선되면 유아 주변인들로부터 긍정적인 강화를 받을 수 있는가?

이 행동이 개선되면 주변 사람들로부터 부정적인 관심을 줄이고 긍정적인 강화를 받을 수 있는지에 대한 문항이다. 여기에서는 문제행동 자체보다 문제행동 이후에 따라오는 다른 사람들과의 상호작용을 고려하여 점수를 부여하면 된다.

• 이 행동은 성공적으로 변화시킬 가능성이 높은가?

교사가 학급에서 교육적인 지원으로 성공할 가능성이 높은지를 고려하여 점수를 부여한다. 교사의 노력만으로는 어려운 전문가의 도움이 필요한 유아의 문제행동일지라도 유아의 긍정 적인 행동지원을 위해 교사는 교사의 역할에 최선을 다해야 할 것이다.

• 이 행동지원에 비용이 적게 드는가?

비용이라는 표현은 단지 금전적인 것만을 이야기하는 것이 아니다. 행동수정을 지원하기 위해 필요한 시간과 노력도 포함하여 점수를 산정하도록 한다.

2. 문제행동 관찰

이 단계는 문제가 되는 유아의 행동을 다양한 각도로 관찰하고 분석하여 구체적인 정보를 수집하는 과정이다. 이를 통해 문제행동의 근본 원인을 파악하여 중재를 진행함으로써 긍정적인 행동이 지속, 유지될 수 있도록 돕는다. 유아의 문제행동에 대한 정보를 얻기 위해 사용되는 관찰법은 다양하나 유아교사들이 흔히 사용하는 쉬운 관찰방법으로는 일화기록이나 체크리스트 등을 예로 들 수 있다. 일화기록은 특별한 서식이나 훈련이 없이도 유아의 문제행동을 관찰한 즉시 기록을 남길 수 있는 장점이 있으나, 빈도가 높은 문제행동의 경우에는 일일이 기록하는 것이 쉽지 않은 단점이 있다. 직접 관찰의 다른 예로는 체크리스트가 있으며 이는 교사가 시간을 단축할 수 있는 장점이 있으나 문제행동과 관련된 자세한 정보는 얻기가 어려우므로(조윤경 외, 2017) 대상과 상황에 따라 다양한 평가방법을 적절히 사용하는 것이 바람직하다.

표 7-3 ABC 체크리스트 양식예시

관찰자: 관찰일:
유아명: 관찰시간:

선행사건(Antecedents)	행동(Behavior)	후속결과(Consequences)
□ 과제 제시 / 지시 □ 관심 못 받음 □ 사회적 상호작용 □ 선호하는 물건 / 활동 제시 □ 선호하는 물건 / 활동 제거 □ 혼자 (관심, 활동 없음) □ 전이 □ 기타 ( )	□ 신체적 공격 □ 언어적 공격 □ 기물 파손 □ 과제 거부 □ 큰 소리 내기 □ 떼쓰기 □ 밖으로 나가기 □ 기타 ( )	□ 사회적 관심 □ 혼남 □ 관심 멀어짐 □ 과제 요구 □ 과제 제거 □ 선호하는 물건 / 활동 접근 □ 무반응 □ 신체적 제지 □ 활동에 대한 재지도 □ 타임아웃

※ 일화기록 등을 통해 얻은 정보로 항목의 내용은 변경, 수정하여 사용하도록 함
출처: 특수아행동지도(2017).

1) 배경사건

평소와 달리 있었던 일로 선행사건에 영향을 줄만한 사건이 배경사건이다. 수면 부족, 질병으로 인한 좋지 않은 컨디션, 부부 갈등으로 인한 가정불화 등은 유아로 하여금 평소와 다르게 예민하고 불안한 상태에 놓이게 하므로 문제행동을 일으킬 가능성을 높이게 된다. 문제행동에 반드시 배경사건이 있는 것은 아니나 문제행동과 선행사건의 연관 없이 예전에 있었던 배경사건으로 인해 문제행동에 영향을 주는 경우도 있다. 예를 들면, 또래와의 갈등에서 예전에 겪었던 불편한 감정을 가지고 있다가 문제행동을 유발할 만한 특별한 사건이 없음에도 예전의 경험을 가지고 느닷없이 친구를 때리거나 물건을 뺏는 등의 문제행동을 보이는 경우 배경사건이 문제행동의 직접적인 원인이 될 수 있다.

2) 선행사건

문제행동이 일어나기 전 여러 일들 중 문제행동에 영향을 미치는 사건이

선행사건이다. 문제행동이 주로 어떤 시간에 발생하는지, 주로 어떤 일과나 활동을 할 때 나타나는지, 주변 사람들과의 상호작용은 어떠한지를 중점적으로 관찰하여 정보를 수집한다.

3) 문제행동

유아의 연령에 기초하여 봤을 때 사회적으로 수용되기 어려운 행동이나 부적절한 행동을 말한다. 문제행동을 기술할 때에는 유아가 보이는 문제행동에 대해 정보를 수집하고, 최대한 관찰 가능하고 자세한 언어로 표현한다.

4) 후속결과

유아가 문제행동을 일으킨 후 얻게 되는 결과들을 후속결과라고 한다. 문제행동 이후 유아에게 어떤 환경적 변화가 일어났는지 또는 주변 사람들과 어떻게 상호작용하는지를 살펴보고 후속결과가 문제행동에 어떻게 강화요인으로 작용하고 있는지를 예측할 수 있도록 돕는다.

5) 가설

자료수집 및 관찰을 통해 얻어진 유아의 문제행동에 대한 예측이 가설이다. 가설 수립은 성공적인 중재계획에 있어서 매우 중요한 역할을 한다. 가설을 통해 선행사건 및 문제행동, 후속결과의 관계를 이해하고 예측할 수 있기 때문이다. 따라서 다양한 정보를 통해 선행사건 및 문제행동, 예측되는 문제행동의 기능을 포함한 가설을 수립해야 한다.

- 가설 수립의 예시: 지석이는(유아명) 교사가 정리시간을 알리면(선행사건) 정리에 참여하지 않고(추정기능) 친구들을 방해하며 교실을 돌아다닌다(문제행동).

수립한 가설에 대하여는 가설의 정확성을 확인하기 위해 가설 검증 단계를 거치는 것이 바람직하다. 가설 검증은 문제행동의 원인을 설명하는 가설을 실험적으로 검증하는 단계로 조건들을 시간에 따라 교대로 제시하면서 비교하게 된다. 예를 들면, '지석이는 교사가 정리시간을 알리면 정리에 참여하지 않고 친구들을 방해하며 교실을 돌아다닌다'로 가설로 세웠다면 일주일 간 검증의 시간을 정하고 하루는 평상시대로, 하루는 유아가 정리해야 하는 것을 정확히 지정해 주고 칭찬해 주는 시간을 주는 등 조건에 따라 유아의 행동 변화를 관찰한다. 유아에게 정리해야 할 범위를 지정해 주고 칭찬을 해 주었을 때 문제행동 발생이 줄었다면, 이는 가설을 지지하는 결과일 뿐만 아니라 중재의 방법으로도 사용할 수 있음을 보여준다(조윤경 외, 2017).

3. 문제행동 기능분석

문제행동의 기능이란 유아가 반복적으로 문제행동을 하는 이유이다. 또한 유아들은 자신을 둘러싼 사회적 환경에 대해 행위하는 것으로, 무언가를 얻거나 회피하기 위하여 다른 사람의 도움을 끌어들이는 의사소통의 행위로 여겨진다(Kaiser & Rasminsky, 2013).

문제행동이 갖는 기능에는 사회적인 관심, 활동 및 물건, 감각자극의 획득 및 회피로 나누어 분류해 볼 수 있다(양명희, 2016; 조윤경 외, 2017).

문제행동의 기능

- **좋아하는 자극의 획득**
  - 활동 및 물건의 획득
    원하는 물건을 얻거나 활동을 지속하기 위해
    (예: 원하는 장난감을 얻기 위해 드러눕기)
  - 2. 사회적인 관심의 획득
    타인과 상호작용하고 싶거나 관심 받고 싶을 때
    (예: 교사의 관심을 끌기 위해 소리 지르기)
  - 3. 감각자극의 획득
    자기 통제의 수단이나 단순한 놀이의 일종으로
    (예: 바닥이나 사물 반복적으로 두드리기)
- **싫어하는 자극의 회피**
  - 활동 및 물건의 회피
    특정한 과제나 상호작용을 회피하고자 할 때
    (예: 잠 자기 싫어 잠자는 시간에 울기)
  - 2. 사회적인 관심의 회피
    타인과의 상호작용이나 관심을 원치 않을 때
    (예: 또래에게 말 걸지 말라고 밀치며 울기)
  - 3. 감각 자극의 회피
    원하지 않는 감각자극에서 벗어나기 위해
    (예: 노랫소리가 너무 크다며 귀 막기)

그림 7-2 문제행동의 기능분류 및 의사소통적 기능

문제가 되는 행동을 선정하고 그림 7-2와 같이 유아의 문제행동이 가지고 있는 기능을 분석했다면 이를 바탕으로 유아에게 기대하는 긍정적인 행동을 설정해야 한다. 유아가 자신이 원하는 것을 얻거나 피하기 위해 사용했던 부정적인 방법 대신 같은 결과를 얻을 수 있는 긍정적인 기대행동을 목표로 정한다.

4. 중재활동

유아들의 문제행동을 감소 혹은 소거하기 위해 직간접적인 교사의 다양한 개입활동을 중재활동이라 한다.

1) 배경 / 선행사건 중재

문제행동을 유발하는 데 배경이 되는 일이나 문제행동이 발생하기 전에 문제행동을 일으키는 환경적 요소를 바꾸어 문제행동 발생 요인을 줄이거나 없애는 일이 배경사건 및 선행사건 중재이다. 배경 및 선행사건 중재는 문제행동 발생을 예방한다는 장점이 있으나, 특히 배경사건의 경우 교사가 파악하기도 통제하기도 어려운 경우가 많은 것이 단점이다. 따라서 교사는 가정과의 소통을 통해 유아의 배경사건을 충분히 이해하고 교사가 이를 중재할 수 있는지를 판단해야 한다. 만약 그렇지 못한 상황이라면 배경사건과 가장 인접한 선행사건을 변화시켜 배경사건이 문제행동에 영향을 미치지 못하도록 환경을 개선해 주는 노력을 해야 한다.

▶ 배경사건과 인접한 선행사건 중재의 예
'잠을 충분히 자지 못한 날 예민하여 문제행동을 일으키는 유아' (배경사건)
→ 등원 후 컨디션이 좋지 않으면 일단 잠을 자는 등의 휴식을 취하고 활동에 참여시키기 (배경사건과 인접한 선행사건 중재)

▶ 선행사건 중재의 예
'활동 과제에 흥미가 없어 교실을 이탈하는 문제행동을 하는 유아' (선행사건)
→ 과제수행의 능력이 있는지를 파악하고 유아의 능력에 적절한 수준과 양의 과제 제시 (선행사건 중재)

배경사건과 선행사건을 중재하기 위해서는 유아가 문제행동을 하는 행동의 기능을 파악하고 문제행동 뒤에 숨어 있는 유아의 요구를 이해해야 적절한 중재가 가능하다.

2) 대체기술 교수

배경사건이나 선행사건 중재처럼 교사가 유아의 문제행동이 발생하지 않도록 사전에 환경을 구성해 주고 미리 중재해 주는 것만으로는 근본적인 문제 해결이 어렵다. 따라서 유아 스스로 문제상황에서 사회가 용인하는 긍정적인 방법으로 문제를 해결해 나갈 수 있도록 구체적인 사회적 기술을 지도해야 한다. 이러한 기술을 지도하는 것도 문제행동을 예방하는 데 중요한 역할을 한다.

밤바라와 노스터(Bambara & Knoster, 1998)는 대체기술을 교체기술, 대처 및 인내기술, 일반적응기술 세 종류로 분류하였다(양명희, 2016).

표 7-4 대체기술의 종류

대체기술	의미	지도방법
교체기술	문제행동과 같은 결과를 가져올 수 있는 바람직한 기술	문제행동과 같은 결과를 얻을 수 있는 방법 찾기
대처 및 인내기술	힘들고 재미없는 상황에서 문제행동을 하지 않고 인내하며 대처할 수 있는 기술	강화지연 훈련
일반적응 기술	문제행동을 예방할 수 있으면서 의미 있는 생활을 향상시킬 수 있는 기술(학업기술, 사회성 기술 등)	설명, 모델링, 시연, 피드백, 연습 등

교체기술은 장난감을 얻기 위해 친구들 때리던 문제행동 대신 "장난감 빌려 줄래?"처럼 긍정적인 방법으로 장난감을 얻을 수 있도록 하는 기술이다. 대처 및 인내기술은 교체기술을 통해 장난감을 요구했는데 친구가 빌려주지 않을 경우 또 다시 문제행동을 하는 것이 아니라 친구가 빌려줄 때까지 인내하고 다른 장난감을 가지고 놀도록 하는 것이다. 이러한 기술은 하루 아침에 되는 것이 아니라 교사가 의도한 시간차에 의해 강화 반응을 하는 강화지연

훈련 등 평상시 많은 연습이 필요하다. 일반적응기술은 학업부진으로 인해 문제행동이 나타나는 경우는 학업기술을, 또래와의 상호작용에 문제가 있는 경우에는 사회성 기술을 지도하여 문제행동 예방뿐만 아니라 단체생활 및 또래 관계에서 성취감을 얻도록 돕는 기술이다.

3) 후속 반응중재

유아의 행동을 변화시키기 위해 행동 후에 따르는 결과를 가지고 중재하는 것이 후속 반응중재이다. 문제행동 이후의 반응에 따라 문제행동이 증가하기도 감소하기도 하기 때문에 후속 반응의 중재는 유아의 행동을 조절하는 데 효율적인 자극제가 된다.

바람직한 행동을 증가시키기 위한 방법으로 강화(reinforcement)를 사용하는데 강화는 어떤 행동 후에 즉시 자극을 제시하거나 제거함에 따라 그 행동의 발생 가능성을 증가시키는 것을 의미한다(양명희, 2016 재인용). 강화는 즐겁고 긍정적인 자극(칭찬, 선물, 토큰 등)을 통해 원하는 행동을 증가시키는 정적 강화와 싫어하거나 혐오하는 것을 제거해 줌으로써 원하는 행동을 증가시키는 부적 강화가 있다. 그러나 문제행동지도의 목표는 궁극적으로 유아 스스로 자발적 동기를 통해 문제행동을 줄여가는 것에 있으므로 초기에 바람직한 행동을 증가시키기 위해 강화를 사용했다면 점차 줄여가는 것이 바람직하다.

5. 중재과정 및 결과평가

개별적 문제행동의 긍정적 행동을 지원하기 위해 위와 같은 절차를 거쳤다면 이 계획이 유아의 문제행동지도에 적절했는지를 평가하고, 교사의 중재 없이도 긍정적 행동의 유지가 가능한지를 살펴보아야 한다. 만약 유아의 문제행동에 변화가 없다면 문제행동 가설 단계부터 되돌아보고 새로운 지원방법을 모색해야 할 것이다.

긍정적 행동지원 평가 시 점검해야 할 내용은 다음과 같다(조윤경 외, 2017).

- 긍정적인 변화가 있었는가?
- 지원계획은 잘 실행되었는가?
- 어떤 전략이 적절하였는가?
- 수정되어야 하는 전략이 있었는가? (어떤 전략이 수정되어야 하는가?)
- 중단하여도 되는 전략이 있는가?

평가를 통해 유아의 문제행동에 긍정적인 변화가 있다면 가정과의 소통과 협조를 통해 바람직한 행동이 유지될 수 있도록 지원해야 한다.

■ 개별적 문제행동의 긍정적 행동지원 절차의 실제

핵심 문제행동이 뭘까? (행동 특성 파악하기)
여섯 살(만 4세) 지석이는 언어발달이 늦어 치료실을 다니고 있으며, 활동적인 놀이를 좋아하는 남자아이이다. 자신이 좋아하는 놀이에 집중하고 있을 때에는 큰 문제행동을 보이지 않으나 정리시간이나 자신의 흥미가 덜한 활동을 할 때는 의자를 쓰러뜨리거나 바닥에 침을 뱉고 친구들의 놀이를 이유 없이 방해하며 교실을 돌아다닌다.

문제행동을 들여다보자 (문제행동 관찰)				
배경사건	선행사건	문제행동	후속결과	가설
언어발달이 늦어 전문치료기관에서 주 2회 언어치료를 받고 있음	자유놀이시간을 마치고 교사가 정리 시간임을 알림	교실의 의자를 모두 쓰러뜨리며 돌아다님	친구들이 "하지마"라고 소리치며 교사에게 이야기 함 교사가 손을 잡고 안 된다고 이야기하면 바닥에 침을 뱉고 손을 뿌리치며 웃으며 놀이하듯 도망감	지석이는 정리하는 시간을 싫어하며 회피하려는 행동으로 다른 사람들을 방해하며 다님 교사의 제지나 친구들의 부정적인 이야기도 자신에 대한 관심으로 여김

문제행동의 기능을 기술해 볼까? (문제행동 기능분석)		
문제가 되는 행동	**문제행동의 기능**	**기대행동**
• 교실을 돌아다니며 의자를 쓰러뜨리는 등 위험한 행동 • 침을 뱉는 등 부적절한 표현	• 과제회피 • 관심획득	• 유치원의 일과에 따라 자신의 욕구를 조절하여 행동하기 • 규칙수행 요구에 긍정적으로 반응하고 적절한 사회적 기술로 관심 표현하기

문제행동을 중재해 보자 (중재활동)		
배경/선행사건 중재	**대체기술 지도**	**문제행동 반응**
• **하루 일과 및 활동 소개하기** –하루 일과 순서를 벽면에 게시하고 지석이가 다음 활동을 예측할 수 있도록 함 • **전이 예고하기** –지석이가 좋아하는 활동을 마무리하기 전 두세 차례 미리 예고하여 마음의 준비를 할 수 있도록 함 • **정리시간을 놀이처럼 활용하기** –팀별 정리게임, 정리 대장 선발 등 정리활동도 지석이가 좋아하는 게임 활동이 될 수 있도록 함	• **대안이 되는 적절한 의사표현지도** – 더 놀고 싶을 땐 "조금 더 놀고 싶어요" "조금 있다 정리할게요" 등의 언어로 의사표현하고 의견 조율하기 • **긍정적인 표현지도** –상대방의 제안을 듣고 "네", "응" 등으로 긍정적 반응하기	• **원인–결과 인지하도록 이야기 나누기** –하기 싫다고 의자를 쓰러뜨리면: 지나가던 친구가 걸려 넘어지고 다칠 수 있다. –싫다고 침을 뱉으면: 친구들이 더럽다고 생각하고 함께 놀고 싶지 않을 수 있다. • **바람직한 행동 시 긍정적인 강화** –문제행동 발생하기 전 기대하는 긍정적인 행동을 명확히 설명하고 수행할 경우 즉각적인 칭찬하기 • **부적절한 관심끌기 행동 무시하기** –위험하거나, 타인을 방해하는 등의 상황이 아닌 경미한 관심끌기는 무시하기

중재과정 및 결과를 평가해 보자 (중재방법 평가하기)
– 대안이 되는 적절한 의사표현 증가에 따라 문제행동이 감소했는가? – 긍정적인 표현을 할 때 유아가 선호하는 활동을 일정 시간 지속시켜 주는 강화가 적절했는가? – 유아가 자신의 행동에 대한 결과에 대해 정확히 인지하게 되었는가? – 대안이 되는 표현을 수용해 주는 빈도를 점차 줄여 소거하고, 칭찬과 격려로 바람직한 행동 유지가 가능한가?

8장

교직원의 협력 및 가정연계

유아의 문제행동이 중재되어 긍정적인 행동이 지속적으로 유지되기 위해서는 유아를 둘러싸고 있는 인적 · 물리적 환경도 유아의 문제행동에 대해 일관되고 지속적인 반응을 보이는 것이 효과적이다. 그러기 위해서는 유아가 속한 기관과 가정의 협력이 매우 중요한 요소라고 볼 수 있다.

이 장에서는 유아들의 긍정적인 행동을 지원하기 위한 교직원의 협력체제와 가정의 협조를 구하는 구체적인 방법에 대해 살펴보고자 한다.

교육목표

1. 유아의 문제행동 지도에 있어 교직원 및 가정과의 협력관계 중요성을 이해할 수 있다.
2. 유아의 문제행동과 관련하여 가정의 협조를 구하는 구체적인 방법에 대해 알아볼 수 있다.

1. 교직원의 협력

유아교육기관 차원의 긍정적 행동지원(KWPBS)은 유아뿐만 아니라 교육기관에 속해 있는 교사까지도 긍정적인 행동의 변화를 주어 민주적이고 긍정적인 사회문화를 형성해가는 접근 방식이다(양명희, 2016 재인용). 따라서 문제행동을 보이는 유아뿐만 아니라 교사들에 대한 지원 시스템도 마련되어야 한다.

미국에서는 특수교육지원국 산하 긍정적 행동지원센터를 운영하며, 지구(district)나 주(state) 차원에서 체계적이고 전문적인 지원을 하고 있으나, 우리의 현실은 많은 부분이 아직 미흡하다. 지원이 된다하여도 대부분이 초등학교 이상의 학교급에만 편중되어 있어 유아교육기관은 자체적인 시스템을 마련해야 하는 실정이다. 따라서 유아교육기관이 할 수 있는 최선을 다해 개별 유아교육기관 안에서 교사들을 지원할 수 있는 방법들을 모색해야 한다.

유아교육기관 차원에서 긍정적 행동지원이 이루어지려면 함께 근무하고 있는 교직원들이 이에 대한 목표를 이해하고 함께 자료를 수집하며, 실행과 평가에 대한 의견을 정기적으로 나누어야 한다. 특히 개별적 지원을 받고 있는 유아에 대하여는 다른 사람들의 일관된 반응이 중재효과를 높일 수 있으므로 정보를 공유하고 일관성 있는 지도를 위한 협의체제가 반드시 필요하다.

문제행동지도를 위한 교직원 협의체가 중요한 또 다른 이유는 요즘 이슈가 되고 있는 아동학대와 관련해서이다. 아동학대란 아동을 신체적·정신적·성적으로 학대하거나 돌보지 않고 방치하는 것을 의미한다. 문제행동지도를 하다 보면 자칫 아동학대를 의심하게 하는 장면이 의도하지 않게 연출될 수도 있고, 지도의 선을 넘어 학대의 경계를 오고 갈 때가 있다. 따라서 교직원 협의체를 통해 계획한대로 문제행동지도가 잘 이루어지고 있는지 함께 점검해 보고 선후배 교사들에게 조언을 구하며, 교사와 유아 모두에게 긍정적인 지원이 될 수 있도록 해야 한다.

유아교육기관 차원의 긍정적 행동지원(KWPBS)을 위한 협의체 구성의 예는

그림 8-1과 같다.

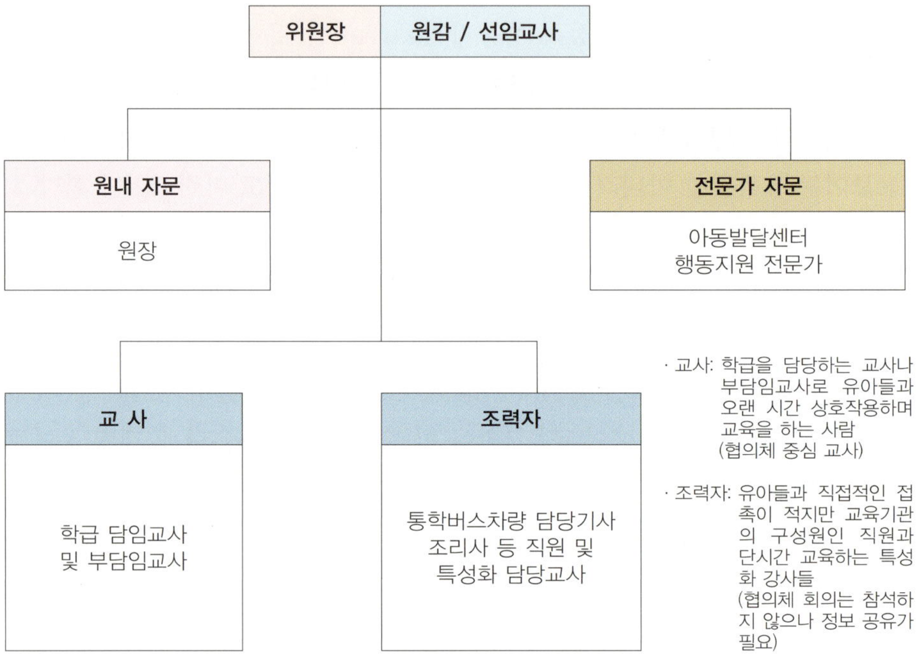

그림 8-1 유아교육기관 차원의 긍정적 행동지원을 위한 협의체 구성의 예

교사는 유아들과 긴 시간 상호작용하며 교육을 직접적으로 실행하는 사람이므로 협의를 통해 체계적이고 전문적인 조언과 의견 나눔이 필요하다. 이 시간을 통해 문제행동을 보이는 유아를 지도하는 교사의 어려움을 함께 공감하고 위로 받으며, 유아교육 전문가로서의 역할을 잘 수행해 갈 수 있도록 정서적·물리적 지원을 받을 수 있어야 한다. 그러나 단시간 유아들과 접촉하는 직원이나 특성화 강사들은 회의에 직접적인 참여까지는 필요하지 않다. 다만 문제행동을 보이는 유아들에게는 일관된 대응이 필요하므로 이를 위한 정보 공유 및 협조사항 등은 다음과 같은 문서를 통해 조력을 구할 수 있다.

표 8-1 유아의 문제행동지도를 위한 협조 사항 예시

○○반 유아의 문제행동지도를 위한 협력사항		
유아명	**문제행동**	**협력사항**
김진아	원하는 대로 되지 않으면 바닥에 누워 버리는 행동	문제행동을 보일 때 무시하기 바르게 서서 말로 표현할 때 반응해 주기
박미애	자주 교실 밖을 돌아다니는 행동	교실 밖에서 만나면 교실로 돌아가라고 말해 주기
최호영	매일 울면서 등원하는 행동	울지 않을 때 칭찬과 격려의 말 전하기

이때 유아의 민감한 개인정보가 밖으로 무분별하게 돌아다니거나 섣부른 판단에 '~그런 아이'로 선입견을 갖지 않도록 사전에 교직원에 대한 교육이 반드시 필요하다. 유아에 대한 정보를 공유하는 교육적 이유를 분명히 하고 사명감을 가지고 협조자, 조력자로서 역할을 다할 수 있도록 해야 한다. 아동학대와 관련 사항에 있어서도 다음의 아동학대 예방을 위한 자가 체크리스트를 주기적으로 활용해 보도록 한다.

■ 아동학대 예방을 위한 교사용 아동권리보호 자가 체크리스트

이 체크리스트는 유치원 교직원이 일과 중에서 아동의 권리를 보호하는지 그 민감도를 파악하기 위한 자가 체크리스트입니다. 해당하는 문항에 '예' 혹은 '아니오'로 응답해 보세요.

	아동권리보호 자가 체크리스트 문항	예	아니오
1	유아를 때리거나 신체에 고통을 가한 적이 있다.		
2	도구 등을 이용하여 유아를 억압하거나 위협한 적이 있다.		
3	유아가 한 행동을 그대로 하도록 하는 보복성 행동을 요구한 적이 있다.		
4	아동을 위협하는 언어를 사용하여 공포 분위기를 조성한 적이 있다.		
5	유아에게 비난, 원망, 거부, 우롱, 경멸적인 언어를 사용하여 공개적으로 창피를 준적이 있다.		
6	유아의 인격이나 감정/기분을 무시하거나 모욕하는 행위를 한 적이 있다.		
7	유아가 할 수 없거나 원하지 않는 활동을 강제적으로 시킨 적이 있다.		
8	수업시간이나 급 · 간식시간에 유아를 의도적으로 배제시킨 적이 있다.		
9	유아를 교실이나 특정 장소에 혼자 있게 하거나 움직일 수 없도록 강제한 적이 있다.		
10	유아의 신체부위를 만져 유아를 불쾌하게 만들거나 불편하게 한 적이 있다.		
11	교육과정과 무관하게 노골적이거나 자극적인 성적 표현을 하거나 관련 자료를 보여 준 적이 있다.		
12	유아의 요구에 대해 모른 척 하거나 아무런 반응을 보이지 않은 적이 있다.		
13	유아에 대한 기본적인 보호와 돌봄을 소홀히 한 적이 있다.		
14	교육활동 중에 유아와 직접 관련 없는 개인적인 행동을 하느라 유아를 방치한 적이 있다.		
15	유아가 한 수행결과에 대해서 공개적으로 비난하거나 창피를 준 적이 있다.		

〈자가 체크리스트 활용방법〉

교직원이 직접 활용: 주기적으로 자기 행동을 평가해 본다.
교직원 상호 모니터링을 위한 활용: 주기적으로 짝으로 정한 교직원의 행동을 평가하고 그 결과를 서로 나눈다.
원장의 교직원 관리를 위한 활용: 주기적으로 원장이 소속 교직원의 행동을 평가하고 그 결과를 교직원 컨설팅 자료로 활용한다.

구분	내용
아니오	당신은 아동의 권리보호를 위해 최선을 다하고 있습니다.
1개 이상 '예'에 체크한 경우	'예'에 해당하는 문항의 행동을 하지 않도록 주의가 필요합니다.

출처: 중앙아동보호전문기관.

2. 가정과의 연계

긍정적 행동지원에 있어서 가장 중요한 것 중 하나는 문제행동의 감소뿐만 아니라 문제행동을 가진 개인과 그 가족의 삶의 질을 향상시키는 것이다. 따라서 긍정적 행동지원은 유아 자신과 가족의 참여를 중요시 여기며, 가정을 포함한 주변 환경의 변화를 중요하게 여기므로 부모의 적극적인 참여가 유아의 문제행동지도 성공 여부에 중요한 지침이 된다(조윤경 외, 2017).

그런데 대부분의 경우 자신의 자녀들에 대한 문제행동을 부모들이 쉽게 받아들이지 못하거나 인정하기 싫어한다. 따라서 가정과의 원활한 협조와 소통을 위해서는 교사가 상담자적 역할을 잘 수행해야 한다. 무작정 유아의 문제행동을 학부모에게 전달했다가는 오히려 교사의 지도능력을 의심받거나, 유아가 가정에서 더 큰 어려움을 겪게 될 수도 있기 때문이다. 실제로 교사가 학급에서 공격적인 모습을 보이는 유아의 행동을 엄마에게 전달할 때마다 처벌로 부모에게 매를 맞고 등원하는 유아가 있었다. 이러한 협조는 유아의 문제행동을 긍정적으로 지원하는 데 아무런 도움이 되지 못한다.

따라서 교사는 가정과의 연계를 고려할 때, 유아의 다양한 가정환경을 이해하고 부모의 수준 및 상황 등을 총체적으로 점검하여 학부모상담의 내용과 전략을 수립한 체계적인 접근이 필요하다. 가정의 협조를 어떻게 구하면 좋을지 고민이 된다면 다음과 같은 사항을 살펴보도록 한다.

1) 유아가 보이는 문제행동이 꼭 부모와 공유해야 할 문제인지 점검해 보자

학급에서 보이는 유아의 문제행동이 꼭 가정과의 연계지도가 필요한 사항인지를 점검해 본다. 어린 유아들일수록 원에서 있었던 일들을 빠짐없이 가정과 소통하는 것이 부모의 불안을 줄이는 데 도움이 된다. 하지만 문제행동에 있어서는 자신이나 다른 친구를 위험하게 하는 사항이 아니라면 교사가 여유를 가지고 지도해 보고 개선이 안 될 때 가정에 협조를 구해 보도록 한다. 평상시 긍정적이거나 호의적이지 않은 부모는 아이들의 수업 방해나 산만한 행동들은 자칫 자녀의 문제라기보다 '교사의 지도능력에 대한 문제'로 볼 수 있기 때문이다. 가정협조 이전에 교직원 협의회를 통해 선배교사들의 자문을 구해 보고 교사가 지도할 수 있는 최선의 노력을 다 해 보는 것이 중요하다.

2) 상담내용 및 전략을 구성한다

유아가 보이는 문제행동이 부모와 공유해야 할 사항이고 가정의 협조가 필요하다면 상담의 내용과 전략을 구체적으로 작성해 보는 것이 좋다.

상담내용에 있어서는 유아의 문제행동 중에 어떤 내용을 공유하고 다룰 것인지를 고민해야 한다. 유아가 한 가지 이상의 문제행동을 가지고 있는 경우 모든 문제행동을 한 번에 가정과 공유하며 수정해 갈 수는 없다. 이 중 교사는 먼저 가정과 함께 협력해 갈 문제행동을 선정해야 하는데, 이때 학급에서 개별중재행동을 계획할 때와 달리 시급한 문제보다는 행동중재가 비교적 쉬운 것부터 가정과 협력해 나가는 것이 좋다. 단시간에 효과를 볼 수 있는 비교적 난이도가 낮은 행동중재에 부모가 함께 참여하여 가정과 협력하면 유아의 문제행동도 달라질 수 있다는 긍정적인 피드백을 받도록 한다. 이러한 성공적인 중재경험이 부모로 하여금 더 어려운 중재에도 적극적으로 협력하게 하는 원동력이 된다.

이와 함께 상담방법(전화상담, 방문상담 등)과 상담시간까지도 구체적으로 계획하여 유아 개인의 문제행동에 대한 상담이 원활히 이루어질 수 있도록 한다.

3) 부모와의 상담을 진행한다

구체적인 상담내용과 방법들이 정해졌다면 부모와의 상담을 진행하도록 한다. 다른 상담에서도 마찬가지겠지만, 특히 문제행동이 발생했을 때 부모와 긴밀한 유대감을 가지고 상호 협력적인 관계를 유지하는 것이 중요하므로, 교사는 부모와 신뢰감을 형성하는 데 많은 노력을 기울여야 한다. 신뢰는 하루아침에 쌓이는 것이 아니므로 평소에 유아를 잘 관찰하고 기록한 객관적 정보를 최대한 많이 확보하고, 부모와도 평상시 원활한 의사소통의 기회를 갖도록 한다.

신뢰가 형성되었다면 상담계획에 따라 유아의 문제행동을 공유하고 부모의 입장에서 부모의 이야기를 적극적으로 경청하며, 부모가 유아의 문제행동에 대해 갖고 있는 수용 정도를 파악하도록 한다.

4) 유아가 보이는 문제행동에 대해 부모의 수용 정도가 어떠한지 고려한다

상담과정에서 부모의 반응을 살펴보고 부모의 수준과 상황을 고려하여 유아의 문제행동지도에 대한 가정의 협조 한계를 결정해야 한다. 부모의 수준과 상황이라는 것은 지금 유아를 양육하고 있는 부모의 정서상태, 경제적·시간적 여유를 종합적으로 고려해야 한다는 것이다. 유아의 문제행동에 대해 공감하고 있더라도 지금 부모의 상황이 정서적 고갈 상태이거나 경제적·시간적인 여유가 없는 상태라면 아무리 자녀를 위한 교사의 조언이라 해도 양육 스트레스로 다가올 수 있기 때문이다. 따라서 교사는 상담 시 다음과 같은 부모의 반응을 살피고 다음 단계로의 지혜로운 접근이 필요하다.

① 유아의 문제행동에 대해 전혀 공감하지 않는 경우

- 유아의 문제행동을 지속적으로 관찰하고 자료를 수집하여 추후 학부모 상담 자료로 활용

② 유아의 문제행동에 대해 공감하나 부모가 지원해줄 여력이 없는 경우

- 유아의 문제행동에 대한 정보공유에 만족하고 최소한의 지원사항만 요청함

(예: 등원을 거부하는 유아의 경우 "울더라도 꼭 등원시켜 주세요.")

③ 유아의 문제행동에 대해 적극적인 지원이 가능한 경우

- 누구(교사, 원장, 전문가 등)와 앞으로 협력을 해나가면 좋을지를 결정
- 도움받을 만한 전문기관을 소개하거나 가정에서 함께 하면 좋을 지원 프로그램 소개

5) 부모의 실제적인 지원 요청하기

유아의 문제행동에 대한 부모의 수용 정도와 부모의 상황이 파악되었으면 이제 실제적으로 가정에서 협력해 주어야 할 사항을 요청한다. 이때 앞서 살펴본 바와 같이 부모의 정서적 · 경제적 · 시간적 상황을 고려하여 부모가 현재 상황에서 실천 가능한 최소한의 것부터 요청하는 것이 바람직하다. 또한 부모의 지원이 유아의 문제행동에 어떠한 도움이 될지를 구체적으로 설명해 주도록 한다. 부모가 지원 목적과 효과를 분명히 알도록 하는 것은 가정에서의 지원활동을 지속할 수 있도록 돕는다.

6) 중간 점검 및 피드백

가정의 지원 요청 후 일정 기간이 지난 후에 반드시 중간 점검을 위한 상담의 시간을 갖도록 한다. 가정과 상담한 유아의 문제행동에 대해 그동안 교육기관에서는 어떻게 지원을 해주고 있었는지, 가정과의 협력을 통해 좋아진 부분은 무엇인지를 점검하고 변화된 사항을 격려해주며, 부모로 하여금 유아의 긍정적인 변화를 기대하게 한다. 또한 마지막 단계를 통해 가정과의 협력 중재를 지속할지, 중단할지, 다른 문제행동 중재에 들어갈지 등을 협의하도록 한다.

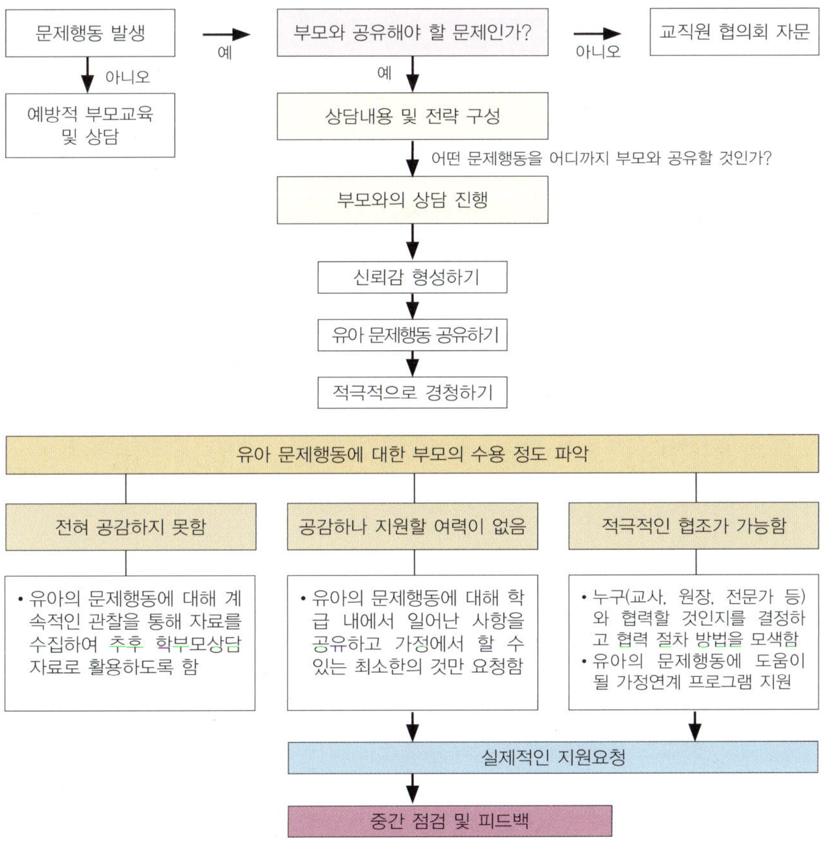

그림 8-2 가정과의 협력절차

그림 8-2와 같이 긍정적 행동을 지원하기 위한 가정과의 협력 절차에서도 보편적으로 그 연령에 예측 가능한 문제행동들에 관한 예방적 차원의 부모교육이나 상담을 진행하도록 한다.

개별적 행동중재가 필요한 유아 중 가정과의 협력이 필요한 경우는 그림 8-2에 제시된 가정과의 협력절차 과정을 충분히 숙지하고 진행해 보도록 한다.

7) 가정과의 협력 절차에 따른 상담사례

어떤 내용을 공유할 것인가?

갖고 싶은 물건이 있으면 강제로 뺏어버리는 행동

상담내용 및 전략 구성

친구의 물건을 뺏는 행동과 편식하는 문제 중 친구의 물건을 뺏는 행동에 대한 상담을 먼저 진행함
상담 전 OO이의 장점 및 교우관계 등에 대해 사전 정보를 수집함
맞벌이가정이므로 엄마가 퇴근하는 시간에 맞춰 20분 이내의 전화상담으로 진행하기로 함

부모와의 상담 진행

안녕하세요? 샛별반 윤이 담임입니다.
윤이가 부모님께 유치원에 생활에 대해 잘 이야기해주나요?
어제는 친척 언니, 오빠들이랑 캠핑도 다녀왔다고 집에서 있었던 일을 제게 잘 이야기해 주는데 집에서는 어떤지 궁금해서 연락드렸습니다.

(중략…)

윤이는 워낙 활달하고 적극적이어서 여러 친구들과도 잘 어울리는데 가끔 갖고 싶은 장난감이 있으면 친구가 갖고 있는 걸 그냥 뺏어버려서 좀 속상한 일이 일어나기도 해요. 집에서는 어떤가요?

(중략…)

대부분 다섯 살 아이들이 아직은 자기중심적이어서 그런 행동을 자주 보이기는 하는데 앞으로는 원하는 것을 어떻게 얻으면 좋을지 배우는 것도 필요할 때라 가정에서도 어머님께서 도와주시면 좋을 것 같아요.

부모의 실제적인 지원 요청하기

외동이라 대부분 윤이한테 모두 맞춰 주시겠지만 윤이가 원하는 것이 있을 때에는 말로 분명히 표현하도록 도와주세요. 또, 아빠나 엄마가 좋은 모델이 되어서 윤이한테 "윤이야, 이거 엄마가 좀 써도 될까?"하고 원하는 것을 얻을 때 필요한 긍정적인 언어표현을 의도적으로 많이 보여주시면 좋을 것 같아요.

중간 점검 및 피드백

(2주 후 상담전화)

어머니, 전에 협조 부탁드렸던 거 윤이랑 해보시니 어떠셨어요?
어머님께서 도와주셔서 그런지 원에서는 친구 물건 뺏는 행동이 많이 줄어들었어요. 가끔 친구한테 빌려달라고 요청했는데 거절당해서 속상해 하기도 했는데, 전처럼 바로 뺏거나 때리지 않고 저한테 도와달라고 해요.
어머님 덕분에 윤이가 원에서 친구들과 더 잘 어울려 지낼 수 있게 됐어요. 앞으로는 친구한테 부탁을 했는데 거절당했을 때는 스스로 어떻게 대처하면 좋을지도 지도해 보려고 합니다. 어머님께서도 우리 윤이 달라진 모습 많이 칭찬해 주시고 앞으로도 또래와 놀이할 때 어떻게 상호작용하는지 잘 지켜봐 주시면 좋겠습니다.

8) 부모상담기술

1. 자극과 반응의 양과 질 맞추기
   - 밝은 표정으로 눈 맞추기 / 전화상담 시 밝은 목소리 톤 조절하기
   - 받은 자극의 양과 질에 상응하는 반응 보이기
     (목소리 크기, 표정, 말의 양, 대화의 무게 등을 조절하기)

2. 공감하기
   - 부모의 마음과 입장 읽어주기
   - 거울반응 보이기
   - 경청의 표시 보내기

3. 메시지 해석하기
- 부모가 보내는 메시지의 핵심 파악하기
(친밀감 형성, 자녀를 위한 요청, 유아교육기관에 바라는 제안사항)
- 적절한 요약, 메모하며 반영적 경청하기
- 비언어적인 메시지를 적극 활용하기

4. 메시지 전달하기
- 반구조화된 상담자료와 내용을 중심으로 진행하기
- 상담의 목표를 기억하기(교육상담, 예방적 상담, 가정과의 협력을 위한 상담)
- 긍정·강점·잠재력 우선의 원칙을 기억하기

5. 부모와 문제에 대안 찾기
- 부모의 자녀에 대한 관심 지지, 격려하기
- 아동의 장점을 활용하고 단점을 장점으로 활용할 방안 찾기
- 문제해결의 목표 세우기(교사의 전략, 부모전략, 당면한 어려움 인식하기)
- 양육정보 제공하기
- 전문가와 연결시키기

출처: 강정원 외(2009).

제3부

영유아 문제행동지도의 실제

9장

불안한 유아의 이해 및 지도

영유아기에 나타나는 문제행동은 어쩌면 발달과정에서 나타나는 자연스러운 행동일 수 있다. 문제행동을 유발하는 선행사건을 관찰하여 예방하고, 이미 발생한 문제행동에 대해 정확한 이해를 바탕으로 문제행동을 중재하며, 재발 가능성을 낮추는 바람직한 방법을 익히는 것이 중요하다. 정형화된 규칙에 따라 유아의 행동을 맞추어 가며 훈육하던 방식에서 벗어나, 유아의 상황을 파악하고 그 행동을 이해하며 이를 기반으로 긍정적인 행동을 지원하는 교사와 부모의 역할이 필요하다.
이 장에서는 유아기에 자주 볼 수 있는 '불안한 유아'의 지도를 위한 교수 및 코칭, 지지적 환경조성방법 등의 긍정적인 개별중재 사례를 소개하였다.

교육목표

1. 영유아 문제행동지도의 실제를 위한 주요 개별적 행동지원의 절차로 '불안한 유아' 지도를 위한 문제행동 선정, 관찰, 기능분석, 중재활동, 결과 및 평가로 설명할 수 있다.
2. 유아교육기관 차원의 행동지원으로 '불안한 유아' 지도를 위한 교직원의 협력과 가족의 참여 절차로 가정과의 협력, 전문가의 개입으로 유아의 긍정적 행동지원 및 발달을 유도할 수 있다.

1. 개별적 문제행동의 긍정적 행동지원 절차

1) 문제행동 선정

세 살(만 1세, 남아) 지훈이는 등원할 때 어머니의 품에서 떨어지지 않으려 하고 교사가 안아보려 하지만 발로 차며 운다. 교사가 안아 달래 주어도 한참을 운다. 현관문을 바라보며 울음을 보인다. 오전 간식을 주자 머리를 흔들며 먹지 않으려 한다. 부모의 양육환경을 보면 엄마는 단호한 편이나 아버지는 무엇이든 받아주는 편이다. 아침 등원은 어머니가 주로 출근길에 영아를 맡기고 출근을 한다. 2개월 전에는 일찍 귀가하였으나 어머니의 근무지 변경으로 오후 7시에 하원을 하게 된 이후부터는 분리불안이 더 자주 나타나고 있다.

2) 문제행동 관찰

배경사건	선행사건	문제행동	후속결과	가설
• 어머니의 근무지 변경으로 3시간 더 늦게 귀가한다.	• 가정에서부터 심하게 울면서 등원함	• 울음을 그치지 않고 일상생활을 하지 못하며 선생님이 잠깐 보이지 않아도 운다.	• 교사가 손을 놓지 못하고 계속 데리고 있거나 안고 있어야 울음을 그친다. 소리 나는 장난감이나 흥미를 느낄만한 장난감으로 관심을 유도하나 교사가 보이지 않으면 또 다시 운다.	• 어머니의 퇴근시간 변동으로 종일반에 혼자 남아 엄마를 기다리는 것에 대해 정서적 불안감이 있다. • 새로운 사건이나 자극으로 심리적 안정감이 깨지기 쉽다.

3) 문제행동 기능분석

문제가 되는 행동	문제행동의 기능	기대행동
• 아침 등원시간마다 어머니와 떨어지지 않으려고 심하게 운다. • 어린이집에도 안 가겠다고 운다. • 자신이 원하는 것을 요구할 때 불안도가 높아지며 징징거리거나 울음으로 표현한다. • 어머니와의 애착관계가 불안정하며 무조건 수용해 주는 아버지의 양육방식 • 영아의 기분이 늘 불안한 상태이다.	• 관심 끌기 • 원하는 것 얻기	• 아침 등원 시 울지 않고 어머니와 떨어지고 원에서 불안해하지 않고 생활할 수 있다. • 지훈이는 필요한 것이 있을 때 울지 않고 교사나 엄마에게 말로 이야기할 수 있다.

• 기분이 좋지 않을 때는 징징거림과 울음으로 자신의 기분이나 생각을 표현한다. • 어머니와의 애착관계가 약하고 지훈이가 도움을 청했을 때 어머니가 즉시 반응하지 못한다.		

4) 중재활동		
배경/선행사건 중재	**대체기술 지도**	**문제행동 반응**
① 대상 영아에게 편안함을 제공하기 • 분리불안은 영아들이 성장하는 과정에서 보이는 정상적이 현상이라 볼 수 있다. 부모가 아닌 영아의 입장에서 생각하여 영아가 편안해하는 환경을 만들어 주는 것이 가장 중요하다. 상황보다는 영아를 편안하게 해주는 방법이 무엇인지 알고 실천해 주어야 한다. **② 영아가 등원하기 전날부터 가정에서 충분히 숙면을 취하고 기분 좋게 일어나 배불리 먹고 나서 편안할 때 등원을 시도하도록 독려하기** • 영아가 피곤하거나 배가 고플 때, 기분이 좋지 않을 때는 훨씬 더 부모와 분리되는 것에 예민하고 힘들어 한다. **③ 영아가 기관에 오게 되면 영아가 좋아하고 친숙하게 여기는 환경이 되도록 익숙한 것부터 출발하는 것이 도움이 됨.** • 영아와 떨어져야 할 때 처음에는 영아가 아주 친숙하게 생각하는 사람을 옆에 있게 한 후 영아 곁을 떠나는 것이 좋다. 이때 교사는 미리 영아가 좋아하는 물건이나 장난감을 준비하여 그것을 가지고 놀며 스스로 편안하게 지내도록 지원한다. **④ 영아와 헤어질 때 나누는 인사는 같은 형태로 의식화해서 시작해봄** • 영아와 어머니와의 약속된 인사말을 만들어서 영아와 헤어질 때마다 해 보는 것이 좋다. 이처럼 반복되는 헤어짐이지만 시간이 지나면 엄마를 만날 수 있다는 것을 알게 되면서 편안함을 찾을 수 있다.	**① 대안이 되는 적절한 의사표현지도** • 엄마가 보고 싶으면 울지 말고 “선생님, 안아주세요”라고 말하자. • 지훈이는 선생님이랑 놀고 엄마는 일하고 저녁에 만나자. **② 반복적이고 지속적인 설명해주기** • 놀이하고 코자고 일어나면 엄마가 오신데, “엄마, 빨리 오세요” 하자 라고 반복적으로 이야기한다.	**① 원인-결과 인지하도록 이야기나누기** • 등원 시간에 울면: 목이 아파 오늘 선생님이 준비한 재미있는 놀이를 하는데 힘들 수 있다고 놀이에 대한 기대감 주기 • 원하는 것을 얻고 싶을 때 울면: 무엇을 말하고 싶은지 알아들을 수 없으니 말로 하거나 손짓으로 표현해 주도록 지도하기 **② 바람직한 행동 시 긍정적인 강화** • 우는 행동이 발생하기 전에 원하는 것을 말로 표현하면 좋겠다고 설명하고 수행할 경우 즉각적으로 칭찬하기

⑤ '분리'라는 것은 살아가면서 어떤 방식으로든 경험하게 되는 것이다. • 자칫 영아를 편안하게 해 준다는 이유로 하루 종일 옆에 두고 있게 된다면, 편안해 보이더라도 근본적인 문제는 그대로 남아 있을 수 있으니 분리를 순차적으로 잘 이겨내고 해결하도록 도와주어야 한다. **⑥ 까꿍놀이를 즐겨해 보기** • 까꿍놀이의 특징은 분리놀이를 재미있고 자연스럽게 연습하도록 지원한다. 영아들은 눈에서 없어지면 이 세상에 존재하지 않는다고 생각하여 불안감이 높아질 수 있으니 "까꿍"하며 다시 눈에서 보이는 그때의 기쁨은 이루 말할 수 없을 만큼 크다고 할 수 있다. 이처럼 눈에 안 보이는 것에 대한 경험과 연습은 분리불안을 소진할 수 있는 즐거운 경험이다. **⑦ 울음이나 징징거리는 행동을 미리 예방하기** • 영아의 불안감, 징징거림, 우는 행동을 관찰하여 원인을 찾아 자극받지 않도록 주의하는 것이 효과적이다. • 대상 영아가 위험한 행동을 하는 경우에는 "안 돼, 위험해요"라는 말을 듣게 되면 울기 시작한다. 교실에서 유아가 지킬 수 있는 낮은 수준의 규칙을 정하도록 한다. 영아가 즐겁게 놀이에 참여하도록 하는 것이다. 즐거운 마음으로 놀이에 참여하여 긍정적인 감정을 유지하므로 놀이에 몰입하는 경험은 영아의 스트레스나 불안한 감정들을 해소시킬 수 있기 때문이다. 또한 놀이에 참여하느라 징징거림과 우는 행동을 하지 않는 것을 자랑스럽게 생각하도록 칭찬한다.	• 어머니와의 분리하는 이유와 어머니가 돌아오는 시간을 영아가 이해할 수 있는 하루의 일과 명칭을 넣어 반복하여 설명하게 되면 영아는 안정감을 찾게 된다.	

5) 결과 및 평가

- 대상 영아는 자신의 욕구나 감정 등을 울음이나 징징거림, 분리불안으로 표현하였다. 영아기부터 시작된 울음이나 징징거림으로 성인과 의사소통하고 자신의 감정을 표출하는 것이 습관화되어 있었다.
- 영아의 습관화된 분리불안과 징징거림의 사용방법을 몸짓이나 언어로 바꾸어 표현할 수 있을 때까지 교사는 부모와 긴밀히 협조하며 점차 변화를 가져오는 영아의 행동을 세심히 관찰하고 격려로 지원하며 가정과 소통할 수 있었다.
- 등원할 때 나타났던 불리불안이 이후에도 일시적으로 나타났지만 3개월 즈음에는 점차적으로 교사에게 바로 안기며 어머니와 분리가 자연스럽게 이루어졌다.
- 귀가 후에는 부모님의 역할 분담으로 원내 교사가 시행하는 훈육의 규칙과 양육을 일관성 있게 가정에서도 유지하였고 이러한 부모님의 협력과 지원이, 지훈이의 정서적인 안정을 가져오는 데 큰 도움이 되었다.

공감코너

영아 이해하기

- **친구들보다 어른이 더 좋아요.**
  어른들은 나를 맞춰주지만 친구들은 장난감을 빼앗거나 갈등상황이 많아 선생님과 노는 것을 더 좋아한다.

- **어린이집에서는 선생님이 엄마가 되어 주세요.**
  아직 어린이집에서 적응하지 못 했을 때 엄마와 함께 있고 싶은 마음으로 선생님을 엄마처럼 생각해서 선생님과 같이 있고 싶어 한다.

유아 이해하기

- **친구들은 나를 좋아하지 않아요.**
  놀이기술이 부족하거나 사회성발달이 늦은 유아는 또래들이 놀이 그룹에서 배제하거나 관심을 보여 주지 않을 수 있다. 이런 경우 유아는 친구들이 자신을 좋아하지 않는다고 생각하고 원에 오는 것을 싫어할 수 있다.

- **친구들과 노는 것이 재미없어요.**
  친구들과 노는 것이 피곤하고 힘들어서 놀이에 흥미를 갖지 못할 수 있다.
  놀이할 때 지켜야 할 규칙이나 놀이 중에는 양보도 해야 하고, 갈등도 일어나면 해결하는 것이 힘들어 친구와 노는 것을 회피할 수 있다. 가정에서 지나치게 유아 위주로 많이 놀아주는 경우 또래들과의 놀이발달에 오히려 저해가 될 수 있음에 유의할 필요가 있다.

교사 이해하기

- **'다른 아이들과 너무 달라 어떻게 도와주어야 할까?'**
- **'왜 아이들은 울기만 하지?'**
- **'낯선 상황에서 아이의 긴장을 덜어주면서 지원하는 방법에는 어떤 것이 있을까?'**

바람직한 상호작용으로 지원하기

(1) 신속하게 지원하기

- 등원하면서 엄마와 헤어지기 힘들어 하는 경우
  - 부적절한 상호작용: "이러면 안 되지? 씩씩하게 헤어져야 착한 친구지? 엄마 가시는데 속상해요. 울면 안 되지. 이렇게 울면 미운 사람 돼요."
  - 바람직한 상호작용: "사랑하는 우리 지훈아. 이리 오렴. 선생님이 안아 줄까? (유아를 안아준다). 우리 지훈이가 왜 울까? 엄마와 헤어지기가 힘드니? 선생님과 재미있게 놀고 있으면 엄마가 데리러 오실거야. 선생님과 어떤 놀이할까?". "(가족사진이나 애착 물건을 보여주며) 엄마가 어디 계실까? 엄마가 여기 있네. (새로운 놀잇감을 제공하며) 이건 뭐지? 소리가 나네."

(2) 예방적 지원하기

교사는 부모와 함께 있고 싶은 영아의 마음을 언어와 비언어로 표현해 주고, 따뜻하게 안아주는 등 다양한 유형의 정서적 지원을 통해 영아가 안정적인 애착을 형성해 가도록 도와야 한다. 특히 영아의 분리불안은 발달 특성상 자연스러운 것으로, 등원 시 영아가 양육자와 헤어지기 싫어하고 불안해할 수 있음을 이해한다. 영아가 양육자와 헤어진 후에도 계속 울거나 양육자를 찾는 경우, 영아의 관심을 끌만한 놀잇감을 제시하여 격려한다.

2. 교직원의 협력

지훈(만 1세) 영아의 문제행동지도를 위한 협력사항	
문제행동지원하기	협력사항
일과 중에 교사가 격려와 칭찬의 언어로 지원하기	• 영아의 행동과 언어, 정서를 관찰하여 그대로 반영해 주기 "괜찮아, 선생님 여기 있어!"라고 말해 주면 안심한다. • 울음을 그칠 때까지 안아주는 것이 이상적이다. • 스킨십을 충분히 하고, 자주 말을 걸어준다. • 이름을 자주 불러주어 존재감과 안정감을 갖게 한다.
실행 가능한 지도전략 수립하기	• 영아의 입장에서 영아의 마음을 편하게 해 주는 것이 중요하다. • 안정감을 느끼도록 언어적 · 비언어적(미소짓기, 고개를 끄덕이며 이야기 나누기, 안아주기, 손잡아 주기)으로 지원한다.

3. 가정과의 연계

어떤 내용을 공유할 것인가?

① 자신의 욕구나 감정 등을 울음이나 징징거림으로 표현하는 습관 및 등원 시 나타났던 분리불안이 성인과의 일상적인 의사소통으로 습관화되어 있음
② 귀가 후에는 부모님의 역할 분담으로 원내 교사가 시행하는 훈육의 규칙과 양육을 일관성 있게 가정에서도 유지하는 부모님의 협력과 지원이 무엇보다도 중요함

부모와 라포(rapport) 형성하기

(부모 대면상담)

• 영아의 애착 물건(늘 지니고 다니는 애착손수건 등)은 적응할 때까지 가지고 다니도록 주는 것도 하나의 방법이다. 또한 부모의 소지품이나 옷 중에 일부를 지니고 있도록 하여 부모와 떨어져 있는 동안 안정감을 유지하도록 지원하는 것도 좋다.
• 가정에서 부모님이 아이를 두고 외출할 때는 언제 어디로 외출할 것을 미리 알려주어 영아가 마음의 준비를 하게 한다. 그 대신 누구와 함께 지낼 것인지, 엄마 아빠가 돌아올 때까지의 일정을 미리 알려 주어 앞으로 벌어질 상황에 대해 마음의 준비를 하도록 도와준다.
• 절대로 체벌이나 벌을 주지 않는다. 부모와 떨어지는 것만으로도 느껴지는 불안감, 두려움, 불편한 감정은 아주 지극히 자연스러운 것이다. 불안감에서 오는 초조함이나 징징거리는 행동에 대해 야단을 치는 것은 상황을 더 악화시킬 뿐이다.

부모의 실제적인 지원 요청하기

- 지훈이의 애착 손수건을 당분간 지니고 다니도록 요청함
- 퇴근 후에는 어머니와의 긴밀하고 밀접한 관계 유지로 정서적인 욕구 충족이 되도록 충분히 시간 갖기
- 어머니와 아버지의 일관된 양육과 훈육이 되도록 협의하여 지훈이에게 지원하기
- 잠자기 전에 영아가 충분히 안정될 수 있도록 스킨십해 주기

중간 점검 및 피드백

(2주 후 대면상담)

지훈이 어머님!
아침마다 등원할 때 우는 아이를 달래시느라 힘드셨을 텐데, 항상 웃음으로 대해주시고, 부모님께 요청드렸던 지훈이의 불편한 감정과 불안의 원인을 찾아, 지훈이가 안정을 찾을 수 있도록 협력하여 주셔서 감사드립니다. 퇴근 후 어머니와 충분히 놀이시간을 보내며 기분 좋게 잠이 들고, 기분 좋게 등원하도록 긍정적인 상호작용으로 관계를 유지해 주시는 양육 환경을 조성해주신 덕분에 지훈이의 아침 등원거부 행동이 훨씬 완화된 상태입니다. 원에서도 마음의 안정감 유지를 위해 안아주며 불안요소를 해소하기 위해 지속적으로 지원하고 있습니다. 특히 징징거리고 우는 행동으로 원하는 것을 표현하는 모습이 보일때는 손짓이나 말로 표현하도록 알려주며 칭찬과 격려로 관심을 끌기 위한 욕구를 해소하도록 지도하고 있습니다. 부모님께서도 지훈이의 달라진 모습을 바로바로 알아봐주시고, 칭찬과 격려로 지원해 주시길 바랍니다.

(1) 엄마, 아빠! 나랑 함께 자라요

징징거림과 울음은 무시하되 감정을 표현하도록 알려주세요.

"지훈이가 울면서 이야기하니까 무슨 말인지 모르겠어. 울음을 그치고 이야기해 주면 알 수 있을 것 같단다"라고 이야기해 주고, 자신의 생각을 몸짓이나 언어로 표현하도록 알려준다.

"네가 가리키는 저기 인형을 가지고 싶다고? 그렇구나. 이렇게 울지 않고 말해 주니까 엄마가 금방 알아들을 수 있네"라고 격려해 주면 언어와 몸짓으로 의사소통을 하게 된다.

(2) 엄마, 아빠도 처음이란다

- **영아의 스트레스 원인을 찾아서 해결해 주세요.**

안정적이던 영아가 갑자기 분리불안을 보이며 징징거리고 울기 시작했다면 영아의

일상생활에서 변화된 것이 무엇인지 원인을 찾아 살펴야 한다. 앞서 본 대상 영아는 귀가 시간의 변동으로 인해 불안감이 높아진 것으로 판단된다. 따라서 교사와 상담하여 영아의 불안 요소를 알고 지원할 수 있는 합리적인 방안으로 협력하고 위로하며 안정감을 갖도록 한다.

• **징징거리고 우는 행동을 무시하고, 동시에 긍정적인 표현을 하도록 알려주세요.**
대상 영아의 경우는 다른 사람과의 의사소통을 징징거리거나 우는 방식을 통해 시도한다. 한편 이런 행동을 보일 때는 무시하는 것이 효과적이다. 이 영아는 상대방의 관심을 끌기 위한 행동으로 징징거림이나 울음을 활용하고 있는 상태이기 때문이다. 영아의 발달과정을 고려하여 징징거리거나 울음은 무시하되, 언어나 몸짓 등의 다른 방법으로 자신의 생각이나 감정을 표현하도록 알려주며 표현된 횟수를 점검하고 관찰해 구체적인 칭찬과 격려로 보상한다.

분리불안 체크리스트

□ 유아기관에 등원할 때 울음을 터트린다.
□ 엄마가 자신의 시야에서 사라지면 불안해한다.
□ 유아기관에 가기 싫다는 말을 자주한다.
□ 유아기관에서 있었던 일을 잘 이야기하지 않는다.
□ 유아기관에서 있었던 일 중 부정적인 일만 이야기한다.
□ 내일 유아기관에 가야 한다고 이야기하면 싫어한다.
□ 유아기관에 가기 싫다고 떼를 쓴다.
□ 유아기관에 갈 때 배가 아프다거나 머리가 아프다고 한다.
□ 유아기관에서 돌아오면 내일은 안 가겠다고 한다.
□ 유아기관보다 엄마와 있는 것이 좋다고 자주 이야기한다.

• 이 중 체크항목이 3개 이하이면 정상, 4~7개면 주의를 요하는 상황, 8개 이상이면 분리불안장애가 의심됨.

출처: 신의진(2011).

(3) 부모에게 드리는 메시지 카드

행복한 자녀를 만드는 격려와 칭찬의 말그릇

"네가 ~하는 것을 배웠구나."

"훌륭한 생각이네."

"~ 한 것은 정말 잘 한 일이야."

"○○이가 ~ 해서 ~ 발전된 것을 봐."

"넌, 정말 열심히 만들었어."

"와, ○○이가 해놓은 걸 봐봐."

"~ 을 하다니 그거 괜찮은 방법인데."

"○○가 ~해줘서 고마워."

4. 전문가의 조언

[점검해 보세요]

① 영아의 발달을 이해해야 한다.
영아가 새로운 환경과 낯선 사람에 대한 두려움이 있다는 것을 이해하고, 영아가 서서히 새로운 환경과 성인에게 다가올 수 있도록 영아가 원하는 수준에서 접근해야 하며 친밀감을 느낄 수 있는 상호작용을 조절해야 한다.

② 불안함에서 벗어나 영아에게 즐거움을 경험하도록 긴밀하고 자연스럽게 기회를 제공하여 흥미를 유발하도록 격려해야 한다.
영아가 무엇에 흥미를 갖고 있는지 개별적 음성화된 요구표현을 주의 깊게 듣고, 몸짓이나 표정으로 언어화하여 적절히 반응해주어야 한다.

③ 영아가 교사 옆에서 즐겨하는 놀잇감을 갖고 놀면서 마음의 안정을 취하게 한다.
평소 좋아하는 놀잇감이 무엇이며, 잘 가지고 노는 놀잇감이나 좋아하는 장난감 등을 준비해 둔다(안정을 찾을 때까지 애착 손수건을 가지고 등원한다).

④ 낯선 사람을 만날 때는 너무 가까이 있지 않도록 거리를 두고 영아가 지나치게 긴장

하지 않도록 배려한다.

낯선 사람과 너무 빨리 친해지게 하려고 하지 말아야 한다. 낯선 사람도 가능하면 너무 다가가지 말고, 기분 좋은 말을 몇 마디만 하는 것이 좋다.

⑤ 영아가 어렸을 때 많이 아팠거나 양육환경에 변동이 잦았을 경우에도 불안감을 느낀다.

주양육자가 바뀌었다거나, 양육환경에 변화가 있었거나, 안정감을 느끼기 어려운 상황에 오랜 시간 노출되었거나, 심하게 학대를 받았을 경우에도 영아는 다른 사람에 대한 불안감을 느낄 수 있다.

⑥ 영아가 기질적으로 예민하거나 까다로운 경우와 엄마의 과잉보호일 수 있다.

예민하거나 까다로운 영아는 외부로부터 오는 자극을 무척 불편하고 어렵게 여긴다. 또한 영아는 성장발달을 거치며 스스로 해보는 경험에서 능력을 키워야하는데, 이런 기회를 얻지 못하여 외부세계와 친밀하게 적응하지 못하게 된다.

10장

산만한 유아의 이해 및 지도

긍정적인 개별중재가 최대의 효과를 거두기 위해서는 영유아의 행동이해, 교사와 유아 간의 존중하는 교수 및 코칭방법이 중요하다. 또한 유아에게 명확한 기대행동을 제시하고 적절한 사회적 기술을 익힐 수 있도록 교사와 부모가 직접 가르치고 실행 가능한 지도전략을 수립할 필요가 있다. 이를 위해서는 무엇보다도 부모나 교사가 유아와의 긍정적 관계 형성 및 지지적인 환경을 조성해야 한다.

이 장에서는 유아기에 자주 볼 수 있는 '산만한 유아'의 지도를 위한 교수 및 코칭, 지지적 환경조성방법 등의 긍정적인 개별중재 사례를 소개하였다.

교육목표

1. 영유아 문제행동지도의 개별적 행동지원 절차로 '산만한 유아' 지도를 위한 문제행동 선정, 관찰, 기능분석, 중재활동, 결과 및 평가로 설명할 수 있다.
2. 유아교육기관 차원의 행동지원으로 '산만한 유아' 지도를 위한 교직원의 협력과 가족의 참여 절차로 가정과의 협력, 전문가의 개입으로 유아의 긍정적 행동지원 및 발달을 유도할 수 있다.

1. 개별적 문제행동의 긍정적 행동지원 절차

1) 문제행동 선정
다섯 살(만 3세, 남아) 민성이는 또래놀이에 대부분 참여하지 못한다. 교사가 제시하는 하루 일과 활동에 집중하지 못하고 자극되는 소리나 환경에 산만하게 간섭을 한다. 대집단활동시간에도 교사의 말에 집중하지 못하고 옆에 있는 또래에게 장난을 치거나 심할 때는 책상 위나 의자에 올라가고, 소리치며 교실을 돌아다니기도 한다. 놀이활동을 하는 또래들을 방해하거나 놀잇감을 던지며 뛰어다닌다. 의자에 잠깐을 앉아서도 손과 발을 계속 움직인다. 늦은 밤까지 스마트폰으로 게임하는 것을 너무 좋아하여 아침 등원 차량시각을 지키지 못해 종종 걸어서 등원한다.

2) 문제행동 관찰				
배경사건	선행사건	문제행동	후속결과	가설
• 스마트폰 게임을 하다 늦게 잠이 들어 지각을 자주한다. • 유아 자신의 휴대전화를 가지고 등원하기도 한다.	• 대집단활동시간에 돌아다닌다.	• 또래를 방해하며 책상 위에서 뛰어내린다. • 의자에 앉아도 손, 발을 계속 움직인다. • 학급활동에 일어나 교실을 뛰거나 돌아다닌다. • 게임하느라 늦게 잠이 들어 늦잠을 잔다.	• 교사가 이야기를 들어줄 것을 요구하지만 책상 위를 올라가 뛰어내린다. • 게임하느라 늦잠을 자서 지각한다.	• 민성이는 주의집중하는 것을 무척 어려워하고, 관심끌기행동으로 다른 친구를 방해하거나 위험한 행동을 한다.

3) 문제행동 기능분석		
문제가 되는 행동	문제행동의 기능	기대행동
• 또래를 밀거나 방해하며 자리를 이탈하여 책상 위나 높은 곳에 올라가 뛰어내린다. • 의자에 앉아 있어도 손과 발을 계속 움직인다. • 원하는 것이 되지 않을 때 소리를 지르며 바닥에 누워서 발을 동동 구르고 소리치는 행동을 한다.	• 관심획득 • 자기과시	• 저녁에 일찍 자고 일찍 일어나도록 규칙적인 일상 생활을 한다. • 학급의 규칙을 이해하고 원하는 생각을 언어와 몸짓으로 이야기한다. • 민성이의 생활연령과 행동 간의 불일치 여부를 체크하여 적절히 지원해 준다.

• 자신이 선호하는 장난감이나 물건을 계속 가지고 다니려 하여 바깥놀이나 실내 자유놀이시간에 또래와의 갈등 상황이 빈번히 발생한다. • 필요한 것은 무조건 가져야 하고 간혹 또래의 간식통에 있는 간식을 손으로 집어 먹기도 한다. • 가정에서 스마트폰 게임을 하며 시간을 보내다 늦게 잠을 잔다.		

4) 중재활동		
배경/선행사건 중재	대체기술 지도	문제행동 반응
① 또래를 밀거나 방해하며 자리를 이탈하여 책상 위나 높은 곳에 올라가 뛰어내리거나 서성이며 돌아다닌다. • 민성이의 내면이 불안하거나 분노, 스트레스가 많은 상태일 수도 있다. 유아의 흥분도가 높아져 뛰거나 서성일 수 있다. • 민성이의 이유 없이 뛰어다니는 행동은 성인의 관심을 끌기 위한 행동일 수 있고, 유아 내면의 스트레스나 부정적인 감정을 해소하기 위한 본능적인 행동으로 해석해 볼 수 있다. **② 원하는 것이 되지 않을 때 소리를 지르며 바닥에 누워서 발을 동동 구르는 행동을 한다.** • 민성이와 함께 상황에 적합한 사회적 행동을 정하고 그 행동에 대해 강화를 제공하여 성공을 경험하도록 수시로 기회를 준다. • 기본적인 사회적 기술을 훈련하는 소집단 활동을 촉진한다.	**① 사전 경험 제공하기** • 대집단활동의 활동내용을 사전에 미리 알려주어 사전경험을 하게 하여 활동에 관심을 가지도록 한다. **② 또래도움 제공하기** • 옆 자리에 좋아하는 친구 또는 친절한 친구를 앉히고 활동에 집중하도록 도움을 준다. (옆에 있는 친구가 "오늘은 선생님이 어떤 재미있는 얘기를 해 주실까? 같이 듣고 대답해 보자!"라고 참여돕기)	• **또래를 밀거나 방해하며 자리를 이탈하면:** 친구가 다칠 수 있고, 지나가는 친구와 부딪칠 수 있다. • **책상 위나 높은 곳에 올라가 뛰어내리거나 서성이며 돌아다니면:** 앉아서 놀고 있는 친구가 다칠 수 있다. • **소리를 지르며 바닥에 누워서 발을 동동 구르면:** 친구들이 깜짝 놀라 무서운 아이라고 생각하고 함께 놀고 싶지 않을 수 있다.

③ 교사의 말에 주의집중하지 않는다. • 이해의 정도를 확인하기 위해 유아의 중요한 정보를 자신의 말로 반복하게 한다. • 활동에 집중하기 어려워하거나 앉아서 아무것도 하지 않을 때 책상을 두드리거나 어깨를 토닥이는 등 교사의 말에 집중하도록 유아와의 약속된 신호를 주어 참여하도록 한다. **④ 수업시간에 무엇을 먼저 해야 하는지를 잘 알지 못한다.** • 일과에 따라 자신이 무엇을 해야 하는지 생각해 보도록 시간적 여유를 준다. • 이런 습관은 동기부여가 되고 주의집중을 할 수 있는 효과를 경험하게 된다. • 짝꿍에게 "민성이가 다른 곳을 보고 있을 때 말해 주면 민성이에게 도움이 될거야"라고 부탁하는 것도 좋은 방법이다. **⑤ 눈맞춤을 잘 못하고 일상생활에서 조금만 복잡해지면 생각하기를 싫어한다.** • 어떤 과제를 할 때 그 과정이 복잡하거나 깊게 생각해야 하면 갑자기 긴장하게 된다. • 차근차근 단계별로 꼼꼼하게 하는 것을 무척 어려워한다. 무언가 복잡한 과제를 처리해야 할 때는 시작하기 전에 민성이와 상의하고 마음의 준비가 되면 너무 어려운 것이 아님을 알려주고, 하기 싫어도 자신이 해야 하는 것을 알려주고 놀이에 참여시킨다. • 민성이가 과제를 잘 수행하고 규칙을 잘 지키면 좋아하는 놀이나 진심어린 칭찬으로 보상(토큰강화–민성이의 칭찬이야기 참고)을 하여 만족감과 성취감을 느끼도록 해준다.	**③ 또래 모델링하기** • 교사와의 대화에 관심을 가지고 흥미롭게 참여하고 바른 자세로 앉은 다른 친구를 칭찬하여 자연스럽게 그 모습을 보고 따라하도록 한다. ("옆에 있는 친구는 어떻게 하나 잘 보면서 해 보자.") **④ 활동 난이도를 다양하게 제공하기** • 발달수준 차이에 따른 관심과 흥미를 경험하기 위해 다양한 활동을 제공한다. 특히 인지능력이 높은 경우에는 별도의 추가 과제를 제공한다. ("여기 선생님이 조금 더 재미있는 책을(자료를/놀잇감을) 줄게. 한 번 해 보겠니?"). ("다 하고 나서 어떤 점이 더 재미있었는지 말해 주겠니?").	

5) 결과 및 평가

- 대상 유아는 불안과 분노 등의 부정적인 감정 등으로 이유 없이 뛰어다니는 행동이나 학급에서의 활동에 주의집중을 못하며, 교사의 지시사항이나 규칙을 지키는데 어려움이 있었다. 다양한 관찰 및 분석 결과를 토대로 유아 내면의 스트레스를 발산할 수 있는 기회를 제공하였을 때 유아는 심리적인 안정감을 찾을 수 있었다. 또한 부모님과의 긴밀한 상담을 통해 전문가의 도움을 받을 수 있도록 놀이치료를 시작하게 되었다. 가정과의 연계 측면에서는 어머니에게 대상 유아를 위한 학급차원의 사회적 상호작용 촉진 기술을 안내하고 가정에서도 일관성있게 지도함으로써 타인의 감정을 잘 인식할 수 있도록 협력해 지도하였다.
- 주말이 되면 아버지의 협력으로 대상 유아가 즐겨하고 좋아하는 야구 경기장에 다녀오는 것을 과제로서 수행하도록 하였다. 긍정적 행동에 대해 토큰을 주는 기준을 유아와 상의해 정하고 적용하도록 하였다. 한편 토큰 제공 시 유의할 점은 어떤 행동 때문에 토큰을 받게 되었는지를 유아가 알아야 한다는 점이다. 따라서 유아가 토큰을 받게 된 이유를 간단하게 설명하고 크게 칭찬하며 주도록 하였다. 차후에는 토큰과 칭찬을 짝짓기(pairing)하여 토큰을 줄여 궁극적으로 토큰 없이 칭찬만으로도 강화가 되게끔 하는데 목적을 두고 참여하도록 지원하였더니 유아가 자연스럽게 가정에서의 활동 및 학급에서의 긍정적 활동 참여 모습이 자주 관찰되었다.
- 11개월 이후부터는 아주 가끔 대집단활동에 흥미를 보이고, 멀리서 또래들이 대집단 놀이를 수행하는 모습을 방해하지 않고 지켜보는 행동이 점점 더 자주 관찰되었다.

[점검해 보아요]

- 현대사회에서는 활동에 집중하지 못하는 산만한 유아들이 점점 증가하고 있다. 또한 이들은 단순히 산만한 정도가 아닌, 충동적이고 행동이 과다한 경우도 있다. 이처럼 성장기 유아 중에서 주의력이 부족하고 산만하며 행동이 지나치게 활발하여 충동 조절과 행동 통제가 어려운 경우를 '주의력결핍 과잉행동장애(Attention Deficit/Hyperactivity Disorder(ADHD)'라고 한다.
- '주의력 결핍'은 집중 시간이 짧고, 한 가지 일을 온전히 마치지 못하며, 준비물을 잘 잊어버리거나, 뭔가를 생각하고 있는 것처럼 보이나 사실 멍하게 아무 생각 없이 공상에 빠져 있는 유아의 모습을 말한다. '충동성'은 생각이 떠오름과 동시에 행동이 시작되고, 질문이 끝나기도 전에 불쑥 대답하며, 감정 조절이 안 되어서 별것 아닌 것에도 심하게 화를 내고 상심해 울며 기분 나빠하고, 또 조금만 기분이 좋아도 방방 뛰고 지나치게 흥분하는 유아의 모습을 말한다. '과잉행동'의 경우는 잠시도 가만히 있지 못할 뿐만 아니라 위험한 행동을 자주하고, 자주 다치며, 행동반경도 커서 유아가 움직이면 주변의 물건들이 떨어지고 깨지고 망가지는 등 사고를 일으키는 아이의 모습을 말한다(오은영, 2019).

• 최근까지만 해도 부모들은 이런 행동을 하는 유아는 성격이 차분하지 못하고 성격이 급하여 일어나는 일이라고 여겼다. 이런 유형의 아이가 있다면 아이라서 그럴 수 있다며 무심하게 넘어갈 것이 아니라 적기에 치료해야 하고, 부모가 도와주어야 한다. ADHD 아이들은 정신을 똑바로 차리고 싶어도 정신 집중이 어렵고 움직이지 않으려 해도 움직일 수밖에 없는 것이 특징이다. 어린이집이나 유치원에서도 이런 유형의 유아들을 종종 만나게 된다. 따라서 부모나 선생님은 유아가 왜 이런 행동을 하는지에 충분한 이해와 정보가 우선시되어야 한다. 그런 다음 긍정적인 개선 의지를 가지고 도와주어야 한다.

표 10-1 주의력결핍 과잉행동장애(ADHD) 성향의 유아를 위한 물리적 환경 구성

구분	전략
교실공간	• ADHD 유아의 통행과 교사의 움직임에 불편함이 없도록 교실이 충분한 공간으로 구성되어야 한다. • 대소집단, 독립적인 활동을 위한 공간이 모두 갖추어져 있어 활동에 따라 ADHD 유아의 반응과 필요에 따라 적절한 형태로 활동이 이루어질 수 있도록 공간이 구성되어야 한다. • ADHD 유아는 복잡한 곳을 피해 있을 때 집중할 가능성이 높으므로 교실 내에 소음과 다른 사람의 통행을 감소시킨 장소가 필요하다.
자료보관	• ADHD 유아는 교실 내에 보관하고 있는 자료나 전시한 자료에 의해 산만해지기 쉬워 자료를 보이지 않는 곳에 보관해야 한다(선반을 커튼으로 가리거나 상자에 넣어 선반 위나 가구 안에 보관하기).
자료 및 작품 전시	• 교실 벽면이나 게시판에 작품을 부착하는 전시가 시각적인 자극이 되어 산만한 행동이 일어날 수 있으니 전시할 때 조화로운 색을 사용하되 자극이 되지 않도록 주의한다.
교사와의 거리	• ADHD 유아가 문제행동을 시작할 때 교사가 곁에 다가가는 것만으로 문제행동이나 산만함을 감소시키고, 유아의 주의집중을 이끌어낼 수 있다. • 이야기나누기 시간에 유아를 가만히 앉아 있게 하기보다는 발표하도록 격려하고 적극적으로 참여를 유도한다.
아동의 위치	• 또래와 상호작용의 기회를 권장하되 주의집중이 필요한 활동을 할 때는 지나가는 또래에 의해 산만해질 수 있으니 주변 또래들과 부딪히지 않는 곳에 앉히도록 한다.

출처: 조윤경 외(2017).

2. 교직원의 협력

민성(만 3세) 유아의 문제행동지도를 위한 협력사항	
문제행동과 지원하기	협력사항
원하는 대로 되지 않을 때 소리를 지르며, 바닥에 누워 발을 버둥거릴 때	• 아는 척하거나 말 걸지 않고 무시하기 • 말로 표현하면 이야기를 들어주기 • 바르게 서서 말로 표현할 때 반응해 주기
일과 중에 교사가 격려와 칭찬의 언어로 지원하기	• 토큰을 주는 목표행동 • 적당한 것을 요구하는 기술보다는 눈맞춤 시간 늘리기(선생님이 부르면 5초 이상 쳐다보기) • 선생님의 과제수행 10분 이상하기 (평소에 10분 이상 못하고 있다면) • 장난감 정리하기, 자기 물건 치우기

3. 가정과의 연계

어떤 내용을 공유할 것인가?

① 또래생활에 규칙이나 교사의 지시를 잘 따르지 못하고 자리를 이탈하여 또래의 놀이를 방해한다.
② 가정에서의 미디어 게임이 약속된 규칙이 없이 원하는 대로 사용하도록 허용하는 불규칙한 생활이다.
③ 휴대전화기를 가정에 두고 등원하기

부모와 라포(rapport) 형성하기

부모대면상담

① 또래 간의 놀이하는 방법과 규칙을 몰라 친구들과 놀이활동에 참여를 못하는 경우가 있다.
• 놀이의 즐거움을 경험하도록 부모님께서 먼저 유아가 좋아하고 흥미를 가질 만한 놀이로 경험하도록 요청

② 가정에서 컴퓨터 게임이나 스마트폰 사용을 규정된 규칙 없이 원하는 대로 사용하도록 허용하는 대신 합리적인 약속을 정하고, 일찍 자고 일찍 일어나도록 관심을 가지고 일상생활을 할 수 있도록 협조요청

- 좋아하는 일과 싫어하는 일에 대한 자신의 생각과 태도를 스스로 알게 해주기
- 유아에게 좋아하는 것을 할 때처럼 좋아하지 않은 것도 잘 하라고 유아에게 요구하는 것은 부담이 될 수 있다. "좋아하는 것도 열심히 하되, 좋아하지 않는 것도 조금은 해야 하지 않겠니? 네가 좋아하는 것 중에 중요한 것도 있지만 안 중요한 것도 있거든. 반면에 네가 열심히 하지 않는 것 중에는 안 해도 되는 것도 있지만, 정말로 꼭 해야 하는 것도 있단다. 엄마, 아빠가 도와 줄 테니 노력해보자"라고 격려하며 지원하도록 요청드림

부모의 실제적인 지원 요청하기

- 민성이의 부모는 유아에 대한 양육 스트레스가 많은 상태이다. 민성이와 동반하는 외출은 고려하지 않고 있다. 친교 모임에서 산만한 행동은 타인들에게 이해를 구하기 어려울 정도이기 때문이다. 오랜 시간 지속된 민성이의 문제행동으로 인해 현재 부모는 많이 지쳐있는 상태이다. 대상 유아에게 집중할 수 있는 에너지와 시간을 따로 계획하도록 요청드렸다. 따라서 교사와 유아교육기관은 부모가 현재 상황에서 최선을 다하고 있음을 지지하고 있다.
- 과제를 여러 번 짧게 나누어 하도록 알려준다.
- 부모와 놀이를 계획해 보고 함께 몸으로 놀아주는 경험을 하여 부모로부터 친밀감을 느끼도록 요청한다.

중간 점검 및 피드백

(2주 후 상담전화)

민성이 어머님!
상담을 통해 요청드렸던 내용을 민성이와 해 보시니 어떠셨어요?
아직은 자리를 이탈하는 모습이 간간이 보이나 친구를 건드리거나 물건을 말없이 뺏는 행동은 조금씩 줄어들고 있어요. 친구가 가지고 노는 장난감을 갖고 싶을 때는 "같이 놀자, 내가 그거 가져도 되니?"라는 두 가지 말을 연습시키며 놀이하도록 지원하였어요. 며칠은 말로 표현하는 것을 어려워하여 친절한 친구를 짝꿍으로 정해 주고 친구가 하는 것을 보고 따라 하도록 유도하며 칭찬해 주었어요. 그리고 민성이가 충분히 잠을 자고 등원을 하는 날은 짜증을 부리지 않고 친구들이 놀고 있는 모습을 쳐다보다가 "◯◯이랑 같이 놀고 싶구나"라고 물어보면 고개를 끄덕이거나 "네"라고 대답을 하였어요. 자기의 생각을 언어와 몸으로 표현할 때마다 친구들이 듣거나 볼 수 있도록 큰 소리로 칭찬해 주고 친구들이 박수도 쳐주며 협동놀이를 하도록 지원하고 있어요. 가정에서도 민성이의 달라지는 모습과 행동에 많이 칭찬해 주시고, 즉시 격려와 칭찬으로 함께 해 주세요.

(1) 엄마, 아빠! 나랑 함께 자라요

민성이의 칭찬이야기

1=보통 2=좋음 3=아주 좋음	 선생님 (부모님) 쳐다보기	 조용히 하기	 손 무릎에 내려놓기	 과제하기	 과제 완성하기	 자리에 잘 앉아있기
월	1 2 3	1 2 3	1 2 3	1 2 3	1 2 3	1 2 3
화	1 2 3	1 2 3	1 2 3	1 2 3	1 2 3	1 2 3
수	1 2 3	1 2 3	1 2 3	1 2 3	1 2 3	1 2 3
목	1 2 3	1 2 3	1 2 3	1 2 3	1 2 3	1 2 3
금	1 2 3	1 2 3	1 2 3	1 2 3	1 2 3	1 2 3
토	1 2 3	1 2 3	1 2 3	1 2 3	1 2 3	1 2 3
일	1 2 3	1 2 3	1 2 3	1 2 3	1 2 3	1 2 3
합산						

(2) 엄마, 아빠도 처음이란다

부적절한 상황 직면하기 대화법

자녀의 잘못을 비난한다	"엄마가 깨끗이 청소해 놓았는데 또 어질러 놓았구나."
	"너는 엄마가 얼마나 힘든지는 전혀 생각도 하지 않는구나."
자녀를 규정짓는다	"너는 세상에서 제일 게으른 아이야, 네 방 좀 봐라."
비교한다	"너는 왜 형/오빠만큼 뭐든지 열심히 하지 못하니?"
빈정댄다	"내일 아침에 일찍 일어나야 된다는 것은 알고 있니?"
	"하도 생각을 잘해서 오밤중까지 안 자고 있는거니?"

(3) 학부모에게 드리는 메시지 카드

건강한 훈육을 위한 유의사항

- 과잉행동을 하는 유아를 문제행동으로 보는 편향적 사고는 위험하다('너 참 특이한 아이야' 등). 훈육보다는 유아의 행동을 이해하고 비폭력대화로 표현해 주고 기다려주는 것이 중요하다.
- 안전한 방법으로 신체접촉을 하도록 기회를 제공한다.
- 자주 발생되는 공격적인 상황을 관찰하고 예방하도록 한다.
- 여러 가지 방법으로 자기의 감정을 표현하도록 격려한다.
- 아이의 발달과 기질에 맞는 대안을 함께 계획하여 지원한다.
- 훈육할 때는 음식을 보상이나 벌 또는 위협으로 사용하면 먹는 것에 대한 즐거움을 상실하게 될 수 있다.

4. 전문가의 조언

[점검해 보세요]

① 집중력을 키우기 위한 환경을 만들어 주도록 한다. 산만한 아이들은 기질적인 요인도 있지만 대부분 부모의 양육태도에 의해 산만한 성향이 굳어져 버리는 경우가 많기 때문이다.

② 부모의 간섭이 지나치게 많을 때도 산만해질 수 있으니, 아이가 집중하고 있을 때는 최대한 방해하지 말아야 한다.

③ 가정에서의 자녀 양육방식을 파악하고, 가정과 기관이 유아에게 일관성있게 지도할 수 있도록 함께 노력해야 한다.

④ 남의 말에 주의를 기울여 제대로 듣는 연습을 통한 경청능력을 기르는 것은 부모나 교사가 평소 유아가 이야기를 하거나 요청이 있을 때 진심으로 들어주는 경청의 모

습을 통해 길러질 수 있다. 따라서 평소 부모는 가정에서 자녀와 긍정적인 상호작용이 잘 이루어질 수 있도록 자녀의 이야기에 경청하는 태도를 갖도록 한다. 이는 자녀의 또래관계는 물론 교사의 말에 대한 집중력을 높이는 데도 매우 긍정적인 영향을 미친다.

11장

과잉행동 유아의 이해 및 지도

교실에서 과잉행동을 보이는 유아를 지도하는 것은 정말 쉽지 않은 일이다. 과잉행동 유아를 효과적으로 지도하기 위해서는 영유아가 보이는 문제행동 이해 및 해당 유아에게 적합한 효과적인 중재전략의 수립이 매우 중요하다. 또한 유아에게 명확한 기대행동을 제시하고 적절한 사회적 기술을 익힐 수 있도록 교사와 부모가 직접 가르치고 실행 가능한 지도전략을 수립할 필요가 있다. 이를 위해서는 무엇보다도 부모나 교사가 유아와의 긍정적 관계 형성 및 지지적인 환경을 조성해야 한다.

이 장에서는 유아기에 자주 볼 수 있는 '과잉행동 유아'의 지도를 위한 교수 및 코칭, 지지적 환경조성방법 등의 긍정적인 개별중재 사례를 소개하였다.

교육목표

1. 영유아 문제행동지도의 개별적 행동지원 절차로 '과잉행동 유아' 지도를 위한 문제행동 선정, 관찰, 기능분석, 중재활동, 결과 및 평가로 설명할 수 있다.
2. 유아교육기관 차원의 행동지원으로 '과잉행동 유아' 지도를 위한 교직원의 협력과 가족의 참여 절차로 가정과의 협력, 전문가의 개입으로 유아의 긍정적 행동지원 및 발달을 유도할 수 있다.

1. 개별적 문제행동의 긍정적 행동지원 절차

1) 문제행동 선정
네 살(만 2세, 여아) 예빈이는 기분이 좋지 않거나 배가 고플 때, 피곤할 때 고집을 부리거나 떼쓰는 행동을 한다. 3대가 함께 지내는 가족구성원으로 엄마의 지병으로 여러 날 입원을 하시게 되면, 유난히 떼쓰기와 고집을 부리는 행동을 자주 보게 된다. 특히 '아침밥을 먹지 않았고, 할머니에게 야단을 맞았다'는 이야기를 교사들에게 표현하는 아이이다. 아빠는 야간근무 형태여서 간혹 귀가 차량을 응대하지 못하여 예빈이가 원으로 되돌아오는 경우가 많다. 이럴 때는 차량 바닥에 드러누워 집에 간다며 소리를 지르고 떼를 쓰며 울기 시작한다. 등원 맞이를 할 때도 친구가 앞서서 계단에 올라가면 자신이 먼저 올라가야 하는데 친구가 먼저 지나가는 것을 이해하지 못하고 그 자리에서 주저앉아 떼쓰며 울기 시작한다.

2) 문제행동 관찰				
배경사건	선행사건	문제행동	후속결과	가설
• 아빠가 마중 나오지 않거나 엄마가 입원하여 없을 때	• 등원과 하원 차량 안에서 • 전이활동할 때	• 뒤로 넘어지며 심하게 떼쓰고 우는 행동	• 떼쓰고 울면 친구들이 시끄럽다고 이야기한다. • 교사가 다음 활동을 얘기해주면 휴식 영역의 매트에 누워 짜증이나 떼쓰기를 한다.	• 아침밥을 먹지 않고 오는 날은 자신의 욕구가 수용되지 않거나 자신이 불편한 상황이 되면 자신이 원하는 것이 관철될 때까지 떼쓰기를 지속하는 행동이 심하게 나타난다. • 가정에서 할머니가 예빈이의 짜증이나 떼쓰기를 받아주는 편이며, 평균 10분 정도 문제행동을 지속한다.

3) 문제행동 기능분석		
문제가 되는 행동	문제행동의 기능	기대행동
• 어머니의 지병으로 장기간 입원하여 집에 없을 때 떼쓰기	• 관심 끌기 • 원하는 것 얻기	• 불평하거나 속상한 것을 말로 표현하도록 한다.
• 아빠가 잠을 자느라 데리러 마중 나오지 않을 때 드러눕기 • 학급활동이 원하는 대로 되지 않을 때 울기 • 귀가 시간이 되면 집에 가기 싫다며 드러누워 울기.		

4) 중재활동		
배경/선행사건 중재	**대체기술 지도**	**문제행동 반응**
① 충분한 사랑과 관심 제공하기 • 어머니의 지병으로 인한 부족한 돌봄을 교사가 더욱 세심히 챙기고 사랑으로 채워주기 **② 불안, 두려움, 공포감을 줄일 수 있도록** 대상 영아에게 편안함 제공하기 **③ 과도하게 떼를 쓸 때는 단호하게 대하되 타당한 요구는 즉시 들어주어 욕구불만이 쌓이지 않게 지도하기**	**① 예빈이의 기분을 세심하게 살피고 고려해 하루 일과를 융통성 있게 운영** • 예빈이가 피곤한 모습으로 등원하면 휴식공간에서 충분히 잠을 자도록 한다. • 아침식사를 못하고 온 경우는 간식을 충분히 먹을 수 있게 한다. **② 정서적인 안정감 회복을 지원** • 팔딱팔딱 뛰고 바닥에 뒹굴고 원하는 것을 달라고 울 때는 예빈이를 안아주어 진정시키고 정서적으로 편안함을 회복하도록 돕는다. **③ 대체기술지도** • 싫을 때는 "싫다"고 울지 않고 말로 표현하기 • 더 먹고 싶을 때는 "간식 더 주세요"라고 선생님께 말하기	**• 차 안에서 뒤로 드러누워 울면:** 움직이는 차 안에서 드러누우면 아주 위험하니 등받이에 허리를 대고 안전벨트를 매라. **• 소리를 지르며 떼쓰고 울면:** 친구들이 예빈이는 놀이하는 것을 싫어하는 아이로 알 수 있다. **• 집에 가기 싫다고 바닥에 뒹굴고 울면:** 친구들과 재미나게 놀이를 할 수가 없다.

5) 결과 및 평가
• 예빈이의 떼쓰고 우는 행동을 긍정적으로 지원하기 위해서 아빠를 참여시켰다. 엄마의 빈자리를 아빠가 대신하여 행동수정에 함께 하시기로 하였다. 퇴근 후 놀이를 함께 할 때 시간을 충분히 주고 하원차량으로 귀가하는 시간을 지켜줄 것을 요청드렸다. 예빈이는 다른 아이들보다 급한 성격이고 화를 동반하여 떼를 쓰는 행동특성이 나타나고 있음에 대해 공유했다. • 우연성 있는 놀이(게임) 중심으로 아빠도 놀이에 참여하되 재촉하거나 성급한 결과를 얻기 위한 놀이보다는 놀이 중에 지지하는 칭찬언어 그리고 격려로 안정적인 마음을 느낄 수 있도록 요청드렸다. 또한 긴장도가 올라가지 않도록 기분 좋고 편안한 상태의 놀이와 대화로 이끌어 주도록 하였다. 이렇듯 아빠와 기관과의 긴밀하게 이루어진 긍정 행동지원으로 다른 사례보다 쉽게 부적응행동이 감소되었다. • 아빠가 근무형태를 바꾸어 유아를 일찍 재웠기에 등원할 때는 덜 피곤한 모습을 보였으며, 놀이에 참여하여 즐거운 경험이 많아지면서 떼쓰는 상황이 점차 감소되었다. • 주말에는 예빈이와 아빠가 집에서 편안히 휴식을 취한 후 등원해 월요일은 예빈이의 상태가 아주 안정적이었는데, 집안 행사 등으로 쉴 수 없었던 주말에는 예빈이가 다소 피곤해하는 모습을 보였다. • 간간히 예빈이가 아프거나 기분이 좋지 않은 상태로 등원하는 날에는 떼쓰기 행동이 나타났고, 10여 분이 지나면 감정을 조절하도록 반복적으로 지원하고 있다.

- 예빈이가 다른 또래들과 유사한 일과를 경험하며 함께 놀이하는 것에 흥미를 보이며 적극적으로 놀이에 참여하는 모습을 보였다. 따라서 3개월이 지난 시점에서는 예빈이의 일상생활이 눈에 띄게 달라졌다. 등원할 때도 제일 큰 목소리로 뛰어와 인사를 하곤 한다.
- 투병생활로 지친 어머니에게 정기적인 휴식시간을 갖도록 권유하였다. 긴 투병생활로 여전히 무기력해 보이는 어머니의 영향은 부정적인 정서를 많이 나타내는 예빈이에게 부적절하다. 따라서 주중 하루를 선택하여 어머니 자신을 위한 시간으로 충분히 활용하도록 권하여 드렸다. 어머니의 건강이 좋아지면 심리적으로 안정되고 건강해야 예빈이의 발달에 긍정적인 영향을 줄 수 있기 때문이다.

공감코너

영아 이해하기

- **놀이시간이 너무 짧아요.**
  더 놀고 싶은데 간식시간이어서 손을 씻어야 한다.
- **무엇이든 궁금해요.**
  발달과정에서 오는 지적 호기심이나 자율성을 무리하게 제재하지 않는다.
- **더 자고 싶어요.**
  영아는 충분한 수면이 이루어져야 다음 활동을 상쾌한 기분으로 이어갈 수 있다.

유아 이해하기

- **내 마음을 알아주세요.**
  기분이 나쁘고 예민해졌을 때, 스트레스가 쌓일 때, 관심 받고 싶을 때 떼를 쓴다.
- **놀이시간이 너무 짧아요.**
  놀이시간이 끝나는 것을 알리면 짜증이 나고 더 놀고 싶은 마음을 말하지 못한다.
- **화장실 가기, 식사시간에 해야 할 일보다 내 마음대로 더 놀고 싶어요.**
  영아기를 지나면서 유아는 서서히 자기주장을 하기 시작하며 원하는 것이나 요구가 이루어지지 않으면 심하게 떼를 쓴다.
- **짜증이 나거나 화가 나요.**
  짜증이 나거나 화가 나면 지속시간이 길고 격하게 화가 나면 공격적인 행동을 보인다.

교사 이해하기

- '떼쓰는 강도를 높이는 원인제공은 나로부터 시작되었나?'
- '또래와 바람직한 관계를 촉진하는 경험을 하도록 어떻게 도와줄까?'
- '격려하고 지지하는 쉬운 방법이 무엇이 있을까?'

바람직한 상호작용으로 지원하기

(1) 신속하게 지원하기

① 정서적 상태의 마음 읽어주기

- 영아의 언어적·비언어적인 표현을 수용하기
  - 영아의 흥분상태를 진정되도록 언어적으로 표현하여 알려주기

- 영아가 보이는 과잉행동의 원인을 영아 스스로 인지하도록 하고 마음 읽어주기
  - "예빈이가 많이 속상했나보구나."

② 상황을 이해하기와 대안으로 할 수 있는 행동 알려주기

- 떼쓰는 행동의 부정적 결과 알려주기
  - "그런데 이렇게 울고 소리 지르며 이야기를 하면 선생님이랑 친구들은 예빈이가 무슨 이야기를 하는지 알 수가 없어. 차분히 진정하고 천천히 이야기해 보자."
  - "울고 소리 지르니까 우리 모두 놀라고 속상하다."

- 영아가 친구에게 스스로 이야기할 수 있을 때까지 기다려주기
  - "예빈이가 하고 싶은 말이 떠오르면 그때 이야기하면 돼."
  - "선생님이 기다릴게. 우리 예빈이 마음이 편안히 진정되면 이야기해 줄래?"
  - "예빈이가 사랑이와 놀이하다가 어떤 일이 일어났어?"

- 대안행동으로 탐색하고 제시해 주기
  - "이럴 때는 어떻게 이야기하면 좋을까?"
  - "예빈가 무엇 때문에 속상했는지, 말로 해 주면 좋겠다. 말로 해 보면 예빈이의 마음을 선생님이 더 잘 알 수 있을 것 같아."

(2) 예방적 지원하기

① 하루 일과에서 영아가 자신의 감정을 폭발하지 않고 언어나 몸짓으로 표현하도록 돕기

- 영아의 감정이 올라왔을 때 영아가 떼를 쓰거나 우는 방법이 아닌 언어와 몸짓으로 표현할 수 있도록 알려주기
- 다양한 이유로 영아의 부정적인 감정을 표출할 수 있으나 의사소통이나 또래관계에서 이러한 부적절한 감정표출을 할 때 영아가 자신의 감정을 조절할 수 있도록 배려해야 함
- 영아를 충분히 공감해 주고 수용적이고 반응적인 상호작용이 필요함

2. 교직원의 협력

예빈이의 문제행동지도를 위한 협력사항	
문제행동 지원하기	**협력사항**
일과 중에 교사가 격려와 칭찬의 언어로 지원하기	**• 불편한 행동을 했다면 관찰한 대로 말해 주세요.** "이렇게 행동하면 친구들이 너랑 놀고 싶어하지 않게 돼." → "네가 방금 음식을 친구 몸에 던지는 것을 선생님은 봤단다." **• 영아에게 원하는 것을 부탁하며 잘못을 가르쳐 주세요.** "그러지 마. 친구를 밀친 것은 잘못된 행동이니 미안하다고 사과할까?" → "네가 친구 옷에 묻은 걸 닦아주고 미안하다고 말해 줄래? 선생님 생각에는 너무 마음이 불편할 것 같아. 선생님이 도와줄 수 있어. 같이 해 볼래?"
실행 가능한 지도 전략 수립하기	**• 영아와 규칙을 함께 정해요.** 자기 요구를 들어주던 교사가 갑자기 태도를 바꾸는 것에 대해 영아가 이해하지 못해 더 심하게 떼를 쓸 수 있다. 규칙을 함께 정하여 유아는 행동의 결과를 예측할 수 있고, 결과를 이해할 수 있다. – 공손하게 부탁을 해요. – 차례를 기다려서 이용해요.

3. 가정과의 연계

어떤 내용을 공유할 것인가?

- 예빈이의 기본적인 욕구가 충분히 충족되도록 양육환경이 조성되고 있는지 확인
- 예빈이의 문제행동이 사라질 수 있도록 부모가 실행할 수 있는 양육환경에는 어떤 것이 있는지 상의

부모와 라포(rapport) 형성하기

(부모 대면상담)

어머님! 떼쓰기는 자아형성 과정에서 나오는 아주 자연스러운 현상입니다. 자신의 생각을 말로 표현하지 못하기 때문에 자신이 하고 싶은 것을 부모나 교사가 막으면 떼를 쓰거나 우는 것으로 대신 표현하는 것입니다. 예빈이는 자기 마음에 들지 않은 것이 있을 때 그것을 해결하기 위해 울음이나 떼를 동원하는 경우가 많아요. 이런 행동을 보일 때 교사는 먼저 유아의 감정조절능력을 비롯한 여러 측면의 발달이 나이에 맞게 잘 이루어졌는지 관찰하게 됩니다. 이후에 가정과의 긴밀한 협조가 필요할 것 같습니다. 현재 예빈이가 보이는 모습은 발달 단계에서 흔히 나타나는 현상입니다. 그러나 이러한 표현방식이 습관화 되는 것은 바람직하지 않으므로 가정에서 평소에 바람직하지 않은 행동을 할 때 어떻게 훈육을 하셨는지 알아보고 효과적인 방법도 상의드리고 싶습니다.
가정과 기관에서 일관성 있게 훈육하는 것이 중요한데, 떼쓰기 행동을 보일 때 혼을 내기보다는 말이나 몸짓 등을 통해 원하는 것, 말하고 싶은 것을 표현하도록 격려해주시기 바랍니다.

부모의 실제적인 지원 요청하기

부모와의 면담을 통해 가정에서의 생활리듬을 정확히 분석하고 부모의 협조를 요청하여 예빈이의 욕구가 충족되도록 하는 것이 최우선이라 하겠다. 면담 시 부모의 모든 양육태도 및 생활패턴을 자녀중심으로 모색하여 지원하기로 하였다. 하루에 한 번씩 아이의 눈을 바라보며 안아주고 따뜻한 목소리로 "사랑한다", "엄마와 아빠는 네 생각(마음)을 이해했어", "엄마와 아빠는 너의 마음(생각)을 알 것 같아"라고 인정하는 말을 표현하며 체크해 보도록 요청한다.

중간 점검 및 피드백

(2주 후 전화상담)

아직 놀이할 때 좀 더 과하게 울거나 장난감을 던지는 행동을 보이기는 하지만, 그때마다 반드시 예빈이 스스로 정리할 수 있도록 지원하며 기다려주고 있습니다. 가정에서도 같은 방법으로 지도해 주시면 예빈이에게 더 좋은 결과가 있을 것 같습니다.

(1) 엄마, 아빠! 나랑 함께 자라요

만 1~만 2세의 아이들이 분노 발작을 할 때 부모들이 잘못 생각하는 것	아이들의 실제 생각
• 아이가 나를 싫어해요.	• 나 화났어요.
• 아이가 일부러 나를 화나게 하려고 그러는 것 같아요.	• 나 피곤해요.
• 부모를 바꾸고 싶어 하는 것 같아요.	• 나 지루해요.
• 부모를 아주 자기 뜻대로 가지고 놀려고 하는 것 같아요.	• 나도 내가 무엇을 원하는지 모르겠어요.
• 부모를 우습게 생각하는 것 같아요.	• 욕구불만이에요.

출처: 오은영(2019).

(2) 엄마, 아빠도 처음이란다

떼쓰는 아이를 변화시키는 다섯 가지 방법

- 위험하지 않은 요구는 적당히 들어주기
- 자리를 피해버리기
- 침착하게 타이르기
- 그 순간을 모면하기 위해 보상하지 않기
- 형제나 다른 아이와 비교하지 않기

출처: 오은영(2019).

(3) 학부모에게 보내는 메시지 카드

유능한 부모를 만드는 실천

- 유아에게 늘 친절해야 하고 혹시라도 화를 내면 좋은 부모가 아니라고 생각하는 것은 과연 옳은 것일까? 적절한 분노는 잘못을 바로잡는 에너지로 작용한다. 유아가 잘못을 하였는데도 부모가 계속 좋은 모습만 보인다면 상황은 더 악화될 것이다. 심하게 아이를 다루라는 것이 아니라, 부모도 화가 났다는 것을 알려줌으로써 유아가 자기 행동을 되돌아보고 반성할 기회를 갖게 하는 것이 필요하다.
- 유아의 떼쓰기가 지속된다면 그 상황에서 벗어나라.
  유아가 떼쓰기 행동을 하는 상황이 보기 힘들다면 그 상황에서 벗어나면 유아는 떼쓸 대상이 없어지게 되므로 문제행동을 멈출 것이다.
- 부모님에게 유아의 감정을 가능한 한 많이 이야기를 나누어주고, 하원 시 유아와 친밀하게 재회하도록 한다. 대상 유아는 어머니와의 관계 증진을 위해 새로운 특성을 발견하도록 교사가 안내한다. 하원 시에 유아의 장점과 하루 일과에서 나타난 유아의 발달 특성 등을 상세히 전달하여 어머니가 반갑게 맞이할 수 있도록 안내한다. 이런 경험이 반복되므로 유아의 욕구충족은 안정적으로 형성된다.
- 유아의 요구에 'Yes' 또는 'No' 선택하라.
  길을 가다 유아가 장난감을 사달라고 조른다면 그 상황을 벗어나기 위해 "나중에"라고 말하기보다는 시간이 걸리더라도 구체적으로 설명하는 것이 바람직하다.
  예) "나중에 사줄게." → "네 생일에, 약속된 과제를 하게 되면…."

4. 전문가의 조언

[점검해 보세요]

① 만 2세 미만의 일반적인 유아들의 경우는 아주 위험하거나 건강에 해가 되지 않는 경우라면 원하는 것을 가급적 들어주는 것이 바람직하다.
이 시기에는 조절과 규제, 통제를 하면 욕구가 채워지지 않아 심하게 떼를 쓰게 된다. 또한 이 시기에는 부모나 교사에게 사랑받고 받아들여지고 있다는 느낌을 충분히 알 수 있게 해 주는 것이 중요하다. 따라서 최대한 유아를 금지시킬 환경을 만들지 않는 것이 더 좋다.

② 성장과정에서 유아에게 어떤 정서적 문제가 있지는 않은지 살펴볼 필요가 있다.
부모의 양육에서 아이의 마음을 얼마나 알아주고, 정서적으로 사랑을 표현하며 지지해 주었는지를 살펴봐야 한다.

③ 유아가 규칙을 알고 있는 것과 규칙을 행동으로 옮기는 것은 아주 다른 문제라는 것을 부모는 알아야 한다.
유아는 자신의 행동을 약속된 규칙과 함께 동시에 옮기기란 아주 어려운 일이다. 더 놀고 싶은데 정리하는 시간을 알리거나 다음 활동 안내는 더 놀고 싶은 마음이 방해받는다고 생각한다. 따라서 유아들의 놀고 싶은 욕구가 지나치게 억제되지 않도록 놀 수 있는 시간을 충분히 확보해 주려 노력하는 것이 중요하다.

④ 마음대로 할 수 있기 때문에 짜증내는 것임을 알아야 한다.
유아가 짜증을 부린다고 받아주게 되면 교사와의 관계에서 유아는 자신을 받아주는 사람으로 인식하여 계속 이기려고 든다.

⑤ 유아가 떼쓰기를 할 때 교사는 어떻게 반응하는가?
떼쓰는 유아의 마음을 읽어준 후, 유아가 해야 할 행동에 대해 알려준다.

12장

관심 끌기 행동으로 수업을 방해하는 유아의 이해 및 지도

영유아기는 부모나 교사가 자신을 바라봐주고 자신을 중심으로 모든 것을 해 주기 바라는 경우가 많다. 이러한 욕구가 충족되지 않을 경우 다양한 형태로 문제행동을 보이는데, 흔히 관심을 끌기 위해 수업을 방해하는 경우가 있다. 이러한 유아를 효과적으로 지도하기 위해서는 유아 및 상황에 대한 이해를 기반으로 해당 유아에게 적합한 효과적인 중재전략의 수립이 매우 중요하다. 또한 유아에게 명확한 기대행동을 제시하고 적절한 사회적 기술을 익힐 수 있도록 교사와 부모가 직접 가르치고 실행 가능한 지도전략을 수립할 필요가 있다. 이를 위해서는 무엇보다도 부모나 교사가 유아와의 긍정적 관계 형성 및 지지적인 환경을 조성해야 한다.

이 장에서는 유아기에 자주 볼 수 있는 '관심 끌기 행동으로 수업을 방해하는 유아'의 지도를 위한 교수 및 코칭, 지지적 환경조성방법 등의 긍정적인 개별중재 사례를 소개한다.

교육목표

1. 영유아 문제행동지도의 실제를 위한 주요 개별적 행동지원의 절차로 '관심 끌기 행동으로 수업을 방해하는 유아'의 지도를 위한 문제행동 선정, 관찰, 기능분석, 중재활동, 결과 및 평가로 설명할 수 있다.
2. 유아교육기관 차원의 행동지원으로 '관심 끌기 행동으로 수업을 방해하는 유아'의 지도를 위한 교직원의 협력과 가족의 참여 절차로 가정과의 협력, 전문가의 개입으로 유아의 긍정적 행동지원 및 발달을 유도할 수 있다.

1. 개별적 문제행동의 긍정적 행동지원 절차

1) 문제행동 선정

대집단활동으로 주말 지낸 이야기를 하고 있다. 주말에 있었던 일을 한 친구가 나와 놀이공원에 다녀온 이야기를 소개한다. 여섯 살(만 4세, 남아) 다민이는 "아, 재미없어"라고 한다. 앞에 앉아 있는 여자 친구의 머리를 손으로 친다. 여자 친구가 고개를 돌려 다민이를 보며 "하지 마!"라고 이야기하자 다민이는 장난스러운 미소를 띤 채 종전보다 더 강하게 묶은 머리를 손으로 잡아 당기며 장난을 한다. 교사가 다민이의 행동을 무시하고 유아들과 활동을 지속하자 다민이는 바닥에 놓여 있는 교통표지판 위로 기어가 또래들이 활동을 할 수 없게 한다.

2) 문제행동 관찰

배경사건	선행사건	문제행동	후속결과	가설
• 부모의 이혼으로 어머니는 함께 생활하지 못하고 4주에 1회 정도 자녀를 만나며, 할머니에게 양육을 받고 있다. 어머니는 가능한 한 다민이가 어린이집에서 오랜 시간 지내기를 원한다. • 평소에도 어머니는 양육에는 관여하지 않으신다. 교사가 다민이의 문제행동에 대한 안내나 상담을 요구하면 방어적인 태도를 보인다.	• 대집단활동이나 줄을 서서 이동할 때	• 친구의 머리나 옷을 잡아당기는 행동 • 수업 도중에 불필요한 소리를 내거나 교사의 말에 끼어들어 수업을 방해하는 행동	• 잡아당기는 행동으로 인해 친구가 울고 화를 내게 됨 • 선생님이나 친구들이 수업에 몰입하지 못하게 됨 • 기분이 나빠짐	• 다민이가 또래의 놀이를 방해하는 행동, 또래를 놀리고 건드리는 것은 또래에 대한 관심의 표현으로 볼 수 있다. • 방해하거나 괴롭히는 방법으로 의사표현을 하는 이유는 또래들이 다민이를 거부하기 때문이며, 그러다 보니 또래들에게 더욱 관심과 사랑을 추구하게 되는 것이다.

				• 교사의 지도에 따라 정리정돈, 조용히 하기, 순서 지키기 등 공동체생활의 약속과 규칙을 알고 지키려 노력하나 대상과 상황에 따라 다르다. 방해행동을 보이는 것은 관심과 사랑받고 싶은 욕구를 채우기 위한 것으로, 주변의 많은 사람들이 자신에게 관심을 가져주기를 강력히 원하고 있다.

3) 문제행동 기능분석		
문제가 되는 행동	**문제행동의 기능**	**기대행동**
• 앞에 앉아 있는 친구나 자리를 이동하는 전이활동시간에 가까이에 있는 친구의 머리와 옷을 잡아당기는 행동 • 수업 도중에 불필요한 소리를 내거나 교사의 말에 끼어들어 수업을 방해하는 행동 • 교사가 다민이의 행동을 무시하고 유아들과 활동을 계속할 때 또래들의 활동을 방해하는 행동	• 관심끌기 • 원하는 것 얻기	• 수업시간이나 놀이시간에 흥미를 갖고 집중하여 참여한다. 다른 사람을 방해하지 않도록 손발을 가지런히 한다.

4) 중재활동		
배경/선행사건 중재	**대체기술 지도**	**문제행동 반응**
① **일과 중 수시로 다민이의 활동을 확인하고 점검한다.** 하루 일과 중 수시로 다민이와 눈을 맞추며 지지하고 격려하는 눈빛을 보낸다. 또한 순간순간 다민이에게 웃어주거나 미소를 보이지 않아도 교사가 유아를 지지하고 격려한다는 시선으로 바라봐 주는 것이 중요하다. ② **다민이의 작은 성취(성공경험)나 놀이행동을 지지하고 격려한다.** 수시로 다민이의 활동을 바라보기 때문에 자연스럽게 다민이의 성취나 바람직한 행동 등을 알 수 있게 된다. 이처럼 바람직한 행동이 나타나면 함께 기뻐해주고 격려하도록 한다. 이때 매번 다민이에게 일일이 알려주기보다는 스스로 자신의 성취와 행동을 자랑스러워하는 것에 더 초점을 두어 교사가 또래들에게 들리도록 격려하는 것이 더 효과적인데, 이는 또래에게 보여주기 위해 노력할 수 있기 때문이다.	① **눈을 마주보며(최소 6초 이상) 자연스럽고 부드러운 억양과 어조, 쉽고 간단명료한 문장으로 다민이에게 원하는 행동을 제시한다.** ② **친구에게 말을 걸고 싶거나 친구가 다민이를 바라봐줬으면 할 때는 친구의 어깨를 톡톡 부드럽게 두드리거나 친구의 이름을 부르도록 지도한다.**	• **자신의 행동으로 인해 벌어지는 결과를 인식하게 한다.** • **친구의 머리를 잡아당기면:** 친구가 뒤로 넘어지거나 머리를 다칠 수 있고 깜짝 놀라서 울 수도 있다. • **자리를 이동할 때 차례를 지키지 않으면:** 앞에 가는 친구가 화가 날 수 있다. (다민이가 친구 자리를 빼앗아서) • **선생님이 말씀하실 때 끼어들면:** 선생님이 하려던 이야기를 들을 수 없게 된다.
③ **다민이와 새로운 신뢰 관계를 형성한다.** 다민이의 개인적인 상황과 특성을 세심히 관찰하고 지속적인 지지를 보내며, 교사와 좀 더 친밀한 관계가 형성되고 다민이가 교사를 신뢰할 수 있도록 한다.	③ **대상 유아가 잘못된 행동을 하거나 고집을 부리는 경우** 짧지만 단호하게 대처하고 바로 다른 활동으로 유아의 관심을 안내하는 장면전환기법을 활용하여 교사와 긍정적인 경험을 할 수 있도록 한다. 「단호한 훈육이란 유아의 행동이 잘못되었다는 것을 알리고 요구를 수용할 수 없다는 교사의 의견만을 분명히 전달하는 것이다. 이 과정에서 유아에게 교사의 '분노'가 전달되지 않도록 주의해야 하고, 유아가 선생님이 자신을 싫어하거나 미워한다고 생각하지 않도록 주의해야 한다.」	

5) 결과 및 평가

- 본 사례의 유아는 가정연계나 어머니의 협조가 미흡한 상태에서 담임교사가 주도하는 중재 프로그램에 의해 지도되었다. 가족구성원이 일반적이지 않고 주양육자인 할머니의 도움을 받아 간간히 프로그램을 적용하였으나, 대상 유아의 문제행동이 바로 잡히기까지는 다소 오랜 시간이 소요되었다.
- 유아가 담임교사와 신뢰감이 형성되기까지 꽤 오랜 시간이 필요하였다. 이처럼 끊임없는 긍정적인 상호작용과 관심으로 지원하면서부터 교사를 좋아하고 스킨십으로 관계를 형성해 갔지만 교사에게 매달리고 심한 장난을 하기도 하였다. 과한 행동을 보일 때 훈육을 하면 교사에게 반항하거나 떼를 부리는 등 교사가 자신의 모든 것을 수용해 주기를 지속적으로 요구하였다. 이런 과정에서 교사가 다소 지치고 어려운 상황이 있을 때마다 동료 교사와 협력하면서 일관성 있는 관심주기, 사랑주기, 감정 읽어주기와 훈육을 5개월 이상 지속하였다. 그 결과 유아는 선생님이 자신을 사랑하지만 잘못된 행동은 수용하지 않는다는 것을 인식하게 되었고, 반항하거나 짜증을 내며 또래를 괴롭히는 잘못된 행동이 점차로 감소하였고, 또래의 이야기를 주의 깊게 들어주는 모습이 조금씩 증가되기 시작하였다.

공감코너

영아 이해하기

- **가정과 다른 환경임을 이해하지 못해 보이는 행동이에요.**

  가정환경에서 주양육자에 관심을 받고 자라던 영아가 또래들과 선생님의 사랑을 나눠야 하는 상황이 되므로 또래를 경쟁상대로 여길 수 있다.

- **선생님이 나만 보고 있으면 좋겠어요.**

  애착을 형성하는 초기 단계의 영아는 선생님을 독차지하려는 본능을 보인다. 선생님의 관심을 받기 위해 비참여하거나 방해하는 행동을 반복적으로 한다.

- **선생님과 친구의 이야기가 무슨 말인지 잘 몰라 재미없어요.**

  영아는 개인별로 언어표현이나 이해능력의 차이가 있어 발달이 지연된 영아는 일과 수업을 이해하고 따라하기 어렵다보니 프로그램을 이탈하기도 한다.

유아 이해하기

- **내가 하는 행동으로 친구들이 웃으면 나도 기분이 좋아요.**
  또래들이 자신을 보고 웃고 즐거워한다면 유아는 좋은 행동이라 여기고 뿌듯함을 느낄 수 있다.

- **나는 특별히 얘기할 주말 이야기가 없어서 심심해요.**
  주말에 엄마 아빠와 지낸 특별한 이야기가 없는 아이들은 이야기 나누기 시간이 흥미롭지 않을 수 있다. 친구들만 행복한 것 같아 보여 속상하기도 하다. 자연히 흥미를 잃게 되어 관심끌기 목적으로 문제행동을 표출할 수 있다.

- **나는 춤을 재미있게 출 수 있어요.**
  발표하는 친구들의 이야기를 들으며 재미있는 반응과 주위 집중해주는 또래가 부럽거나 관심을 돌리기 위해 자신도 잘하는 무언가로 관심 받고 싶어한다.

교사 이해하기

- **'겨우 집중시켰는데, 수업을 방해받는 것 같아 힘들어요.'**
- **'친구를 잘 사귀지 못하는 것 같은데 원인이 무엇일까?'**
- **'반복되는 다민이의 행동을 어떻게 하면 좋을까?'**

바람직한 상호작용으로 지원하기

(1) 신속하게 지원하기

① 감정 읽어주기

- 유아의 행동이 자신과 다른 또래에게 어떤 영향을 주는지 알려주기
  - "다민이가 친구의 이야기를 듣지 않고 노래를 부르니 친구들이 다민이에게 조용히 해달라고 이야기하는 거야."

- "다민이는 친구 이야기에 관심이 없나보네. 지금 노래를 부르고 싶구나?"

• 유아의 행동에 대해 다른 또래들이 어떻게 생각할 수 있는지 알려주기
- "다민이가 친구 이야기를 듣지 않고 노래를 부르니까 친구들은 다민이가 이야기를 듣고 싶지 않다고 생각할거야."

② 용납되지 않는 행동 알려주기

• 특정 행동 제안하기
- "다민아, 친구들이 어떤 이야기를 하는지 귀기울여 들어보자."
- "노래를 부르고 싶구나, 그렇지만 친구가 이야기할 때는 노래를 부르지 않았으면 좋겠어."

③ 적절하게 해볼 수 있는 대안 행동 알려주기

• 행동의 방향을 바꾸어주기
- "다민아, 친구의 이야기를 듣고 다민이도 주말에 무엇을 했는지 이야기 해 보자."

• 기준을 충족시키는 방법을 조언해 주기
- "다민아, 이야기 나누기 시간이 끝난 다음에 노래를 부르면 어떨까?"

(2) 예방적 지원하기

① 유아가 다른 친구의 입장을 생각해 볼 수 있는 능력 기르기

• 다른 친구의 감정이나 기분을 생각해 볼 수 있도록 바람직한 상호작용하기
- "다민이가 그렇게 행동하면 다른 친구들의 기분은 어떨까?"

- "다민이가 이야기하고 있는데 다른 친구들이 다민이 이야기를 듣지 않거나 노래를 부르면 다민이 기분이 어떨 것 같아?"

② 허용되는 행동과 허용되지 않는 행동의 기준을 알려주고 교사와의 긍정적인 관계를 통해 자기조절력을 기를 수 있도록 지원하기

- 유아에게 무엇이 옳고 잘못되었는지를 스스로 생각해 보도록 알려주기
  - "다민아, 친구들이 왜 그렇게 이야기할까?"

- 유아에게 기대되는 기준 알려주기
  - "다민아 친구들의 이야기를 들을 때는 어떻게 하면 좋을까?"

2. 교직원의 협력

다민(만 4세) 유아의 문제행동지도를 위한 협력사항	
문제행동 지원하기	협력사항
일과 중에 교사가 격려와 칭찬의 언어로 지원하기	• 유아의 이름을 불러주어 행동을 멈추도록 해 주세요. • 필요한 말을 할 수 있도록 알려주세요(또래가 원치 않음을 알려주기). "친구는 네가 머리를 빗어주는 것이 싫은 것 같아." • 바로 교사가 대안이 된다. "선생님이 머리를 빗고 싶어요. 선생님 머리를 빗겨 주겠니?"
실행 가능한 지도 전략 수립하기	• 유아가 바람직하지 않은 행동을 하면 상대방의 입장을 알려주고 대안이 되는 언어를 사용하도록 알려주기 "나 화났어"라고 알려주는 적절한 언어, "하지마"라고 요구를 표현하는 언어를 사용하도록 한다. • 나 자신과 다른 사람을 위한 약속이 필요하다는 것을 가르치기 [자기 순서를 안다. → 순서를 기다린다. → 간단한 약속을 지킨다.]

3. 가정과의 연계

어떤 내용을 공유할 것인가?

- 불규칙하게 만나는 어머니와의 친밀한 관계를 위해 즐거운 시간을 계획하여 규칙적으로 함께 하도록 한다.
- 가정의 협조가 현실적으로 많이 어려우므로 최소한의 지원을 기대한다.

부모와 라포(rapport) 형성하기

(부모 전화상담)

다민이의 경우 발달단계에서 요구되는 관심과 사랑에 대한 욕구충족이 충분히 이루어지기 어려운 가정 환경이 문제행동을 유발하는 주요 원인이라고 볼 수 있습니다. 어머니와 할머니, 가족의 따뜻한 관심과 사랑이 유아의 문제행동을 중재하는데 가장 근본적인 방법임을 말씀드립니다. 원내에서도 최대한 다민이가 관심과 사랑을 받을 수 있도록 세심하게 아이의 마음을 읽어주고 지지해주며 사랑으로 격려할 계획입니다.
한편 다민이는 개별적으로 다양한 흥미를 가지고 있어 새로운 놀잇감이나 교사가 관심을 보여 주면 집중하는 시간이 더 길어집니다. 이처럼 바람직한 행동이 나타나면 가정에서도 함께 기뻐해 주시고 격려해 주세요.

부모의 실제적인 지원 요청하기

어머니와 자주 못만나더라도 화상통화와 같이 다양한 매체를 이용하여 어머니와의 친밀한 정서적 유대 관계를 유지하며, 다민이가 가족으로부터 소중한 존재임을 인식하고 가족의 사랑을 확인하는 경험을 반복하는 것이 문제행동을 감소하는데 효과가 있으므로 최대한 함께 노력해 주시기 부탁드린다.

중간 점검 및 피드백

(2주 후 전화상담)

다민이 어머님!
하루 일과 중에 다민이의 집중을 방해하는 요소가 있는지 사전에 확인하며 일과를 시작합니다. 또래들이 모여 있는 장소나 다민이의 손이 닿을 만한 곳에 놀잇감이 놓여 있다면 다민이의 시선은 분산되기 때문에 교실 환경을 바꾸었습니다. 또한 교실 밖의 외부 자극에 의해 방해요소가 있는지 확인하였습니다. 대소집단활동을 할 때는 가급적이면 맨 앞줄에서 친절한 친구 옆에 앉도록 자리를 정하였더니 친구의 머리를 만지는 행동이 감소되고 있습니다. 가끔 "다민이가 원에서 선생님 말씀 잘 듣고 있다고 선생님이 칭찬해 주라고 전화해 주셨어"라고 격려해 주세요.

(1) 엄마, 아빠! 나랑 함께 자라요

- 가정에서 유아의 욕구가 충분히 수용되고 있는가?
- 가정에서 양육자 교체, 분리, 이사, 부모별거 등 특별한 상황이 있었는가?
- 가정에서 훈육할 때 사용하는 방법은 무엇인가?(예, 체벌)
- 가정에서 유아-부모 간의 상호작용 수준은 어떠한가?

(2) 엄마, 아빠도 처음이란다

×	○
• "공을 던지지 말자."	• "공을 바닥으로 굴려 보내자."
• "동생을 때리지 말자."	• "동생하고 있을 때는 '예쁜 손' 하자."
• "어쩔 수 없는 건데 왜 이러니?"	• "기대했을텐데 못하게 되어 정말 미안해."
• "거실에서 뛰지 말자."	• "거실에서는 걸어 다니자. 뛰면 아래층에서 시끄럽단다."
• "다음에 가면 되지."	• "지금 할 수 있는 다른 놀이를 생각해 보자."

(3) 학부모에게 드리는 메시지 카드

① 유아 마음속에 있는 화를 잘 해결해 주지 않으면 이는 점점 더 큰 문제로 확대될 수 있으므로 부모는 유아의 화를 이해하고 적절하게 다뤄주도록 노력한다.

② 다른 사람이 무슨 생각을 하는지, 어떻게 느끼는지 알고 다른 사람과의 원만한 관계 유지를 위한 필수적인 기술을 최우선 순위로 지도한다.

③ 다른 사람을 존중하려면 먼저 자신을 존중하고 사랑할 수 있어야 한다. 따라서 유아가 자신에 대해 자부심을 가지도록 칭찬과 격려를 한다.

④ 유아가 꼭 알았으면 하는 일을 가르쳐줄 때는 다음의 순서대로 대화한다.

- 간단하고 명료하게 중요한 것임을 알려주기
  - "이건 아주 중요한거야. 그러니 잘 들어봐."

- 하던 일을 멈추고 아이와 눈을 마주보며 부드럽게 말해 주기
  - "엄마 눈을 봐, 사람들이 있는 곳에서는 작은 소리로 말하고 뛰지 않고 걸어 다니는 거야."
- 유아 입으로 반복할 수 있도록 되물어주기
  - "방금 엄마가 한 말을 들은 대로 얘기해 볼래?"

4. 전문가의 조언

[점검해 보세요]

- 자유놀이시간과 놀잇감이 충분한가?
  유아들이 자유롭게 주도적으로 놀이를 하고 싶은데 놀이할 시간의 양이 부족하면 초조한 마음에 규칙과 약속을 지키기 어렵게 된다.
- 유아의 의사소통과 지원하는 기술이 또래에 비해 미숙한가?
  이런 갈등상황에서는 자기표현과 대안 제시의 협상기술이 필요하다. 그러나 유아들은 아직도 타인의 입장을 이해하고 공감하는 의사소통기술이 익숙하지 않고, 상대의 입장을 배려하는 대안 제시를 하지 못하기 때문에 힘으로 상대를 제압하려 한다.
- 교실에서 약속과 규칙의 필요성 및 내용을 유아가 숙지하고 있는가?
  또래 간의 활동에 필요한 약속과 규칙을 유아와 함께 정하고, 안전하고 즐겁게 생활하도록 자율적으로 이끌어준다.
- 힘이 센 유아들이 기회를 더 많이 누리는가?
  유아의 공격행동을 웃어넘기거나 어리광으로 생각하여 묵인하면 유아는 자신의 행동에 대해 분별할 수 있는 기회를 잃게 되어 지속적인 행동을 할 수 있다.

13장

공격성, 과격한 유아의 이해 및 지도

유아교실에서 다른 유아를 해롭게 하는 공격적인 행동 혹은 과격한 행동은 유아들의 안전에 큰 위험요소가 된다. 공격성, 과격한 행동을 보이는 유아를 효과적으로 지도하기 위해서는 영유아가 보이는 문제행동의 이해 및 해당 유아에게 적합한 효과적인 중재전략의 수립이 매우 중요하다. 또한 유아에게 명확한 기대행동을 제시하고 적절한 사회적 기술을 익힐 수 있도록 교사와 부모가 직접 가르치고 실행 가능한 지도전략을 수립할 필요가 있다. 이를 위해서는 무엇보다도 부모나 교사가 유아와의 긍정적 관계 형성 및 지지적인 환경을 조성해야 한다.

이 장에서는 유아기에 자주 볼 수 있는 '공격성, 과격한 유아'의 지도를 위한 교수 및 코칭, 지지적 환경조성 방법 등의 긍정적인 개별중재 사례를 소개하였다.

교육목표

1. 영유아 문제행동지도의 개별적 행동지원 절차로 '공격성, 과격한 유아'의 지도를 위한 문제행동 선정, 관찰, 기능분석, 중재활동, 결과 및 평가로 설명할 수 있다.
2. 유아교육기관 차원의 행동지원으로 '공격성, 과격한 유아'의 지도를 위한 교직원의 협력과 가족의 참여 절차로 가정과의 협력, 전문가의 개입으로 유아의 긍정적 행동지원 및 발달을 유도할 수 있다.

1. 개별적 문제행동의 긍정적 행동지원 절차

1) 문제행동 선정

일곱 살(만 5세, 남아) 성준이는 블록 쌓기놀이를 하고 있는 친구의 옆으로 다가간다. 높이 쌓아 올린 블럭을 밀친다. 성준이는 장난감을 가지고 놀다가도 인형의 머리카락을 뜯기도 하고, 친구들을 때리고 발로 차는 등 공격적인 행동을 한다. 전이활동이나 대집단활동 시 갑자기 친구에게 주먹으로 툭툭치거나 몸을 밀어 다치게 하고, 화가 많이 났을 때는 주변의 물건을 들고 때리기도 한다. 또래들이 놀이하고 있으면 갑자기 놀이 상황에 끼어들어 또래의 놀잇감을 뺏거나 지시한다. 가정의 양육환경은 부모의 늦은 퇴근으로 시간보내기 위한 방과 후 활동중심이다. 따라서 현재 방과 후 활동이 과다하고 스트레스도 높은 상태이나 이에 대해 조절해 줄 수 있는 가정환경 여건은 아니다. 학급생활에서 또래들은 민준이와 노는 것을 거부하고 있다.

2) 문제행동 관찰

배경사건	선행사건	문제행동	후속결과	가설
• 늦은 등원으로 오전 놀이시간에 참여하지 못함(과다한 방과 후 활동중심 일과)	• 전이활동이나 자유놀이 활동을 알림	• 자신의 욕구가 수용되지 않는 상황이 발생되면 공격적인 행동이 나타난다. • 자신의 요구가 거절되었을 때 분노의 감정을 바로 표현한다. • 또래의 놀이에 함께 참여하고 싶을 때 의견을 묻기보다는 일방적으로 참여하고 자기 생각을 또래들에게 강요하는 행동을 한다. • 전이활동이나 대집단활동 시 갑자기 친구에게 매달리는 동작으로 다치기도 하고, 화가 많이 났을 때는 주변의 물건을 들고 때리며 발로 차기도 한다.	• 주요 교육활동이 오전에 진행되는데 성준이는 점심 무렵 등원으로 다른 또래들이 경험한 교육활동에 대한 정보와 경험이 없어 놀이 참여가 힘들 수 있다. • 부모에게 오전 시간의 등원을 부탁드렸으나 부모님의 일정에 맞추어 생활하는 구조로 자녀보다는 성인 중심적인 가정생활의 특성을 엿볼 수 있다.	• 성준이는 과다한 방과후 활동으로 인해 충분히 휴식하지 못한다. 따라서 그 스트레스로 인해 공격적인 행동을 보인다.

3) 문제행동 기능분석		
문제가 되는 행동	**문제행동의 기능**	**기대행동**
• 자신의 욕구가 충족되지 않을 때 보이는 공격적인 행동 • 놀이하는 친구를 방해하거나 때리고 발로 차는 행동 및 주먹으로 툭툭치거나 몸을 미는 행동 • 화가 나면 주변의 물건을 던지거나 들고 때리는 행동	• 관심끌기 • 회피하기	• 화가날 땐 감정을 상대방에게 말로 표현하기

4) 중재활동		
배경/선행사건 중재	**대체기술 지도**	**문제행동 반응**
① 화가 나면 충동조절이 안되고 다른 사람을 때리거나 괴롭힘.	**① 성준이가 화가 나거나 기분이 나빠지면 화를 내지 않고 좀 더 바람직한 행동을 하도록 가르쳐 준다.** • 화가 날 때는 친구를 때리거나 괴롭히지 말고 공책을 꺼내어 마음대로 낙서하거나 종이 찢기 등을 할 수 있다. • 에너지를 긍정적으로 충분히 발산할 수 있도록 놀이기구가 있는 공원 산책하기, 자전거 타기, 달리기, 점프하기 등의 신체활동을 하게 한다.	• **화가 나서 장난감을 던지면:** 친구들이 다칠 수 있다. • **발로 차거나 몸을 밀면:** 친구가 넘어질 수 있다. • **긍정적인 표현을 해 보자** – 뭔가 마음이 불편하고 화가 나면 선생님을 찾아서 도움을 청하도록 강조해서 알려주고, 도움을 청할 때 충분한 관심을 기울여서 안정감을 갖게 한 후 지도한다. "친구를 때리면 친구가 다칠 수 있단다."
	• **함께 쓰기:** "우리 함께 가지고 놀자." • **번갈아하기:** "네가 다 놀고 나한테 줘~" • **긍정적인 상호작용** "선생님과 약속대로 장난감을 친구에게 같이 놀자 말한 것은 아주 책임있는 행동이야." "친구에게 블록을 양보했으니 정말 친절하구나." "선생님의 말에 주의집중을 잘 했구나. 나를 존중해 주어서 고마워." "앉아서 친구와 블록놀이를 하다니, 정말 대단하구나."	

5) 결과 및 평가

- **또래 간의 갈등상황에서 교사가 친구를 때렸다는 결과에만 집중하여 일방적인 피해자-가해자를 판결해 주는 방식으로 개입하지 않고 서로의 감정을 존중하며 대처하도록 하였다.**
  - 갈등상황을 교육적 경험의 기회로 활용하여 갈등해결 능력을 키워주었다.
  - 갈등상황에서 유아들에게 타인을 존중하며 자율적이고 주도적으로 해결책을 찾게 하는 것은 친사회적 행동을 지도하는 가장 좋은 기회로 보고 반복적으로 이야기하며 지원하였다.

- **긍정적인 표현이 증가할수록 유아가 좋아하는 활동중심으로 제안하였다.**
  기관과 가정에서 유아가 좋아하는 친구와 놀이할 수 있는 경험을 가능한 한 많이 주었고 놀이하는 시간을 늘려주었으며, 놀이과정에서 자신의 행동을 조절해야 한다는 것을 느끼고 경험하도록 독려하였다.

- **유아가 선호하는 활동을 일정 시간 지속시켜 주거나 편성할 수 있는지 확인하였다.**
  유아가 선호하는 자유놀이시간을 늦은 등원 이후에도 할 수 있도록 시간을 배려하였다.

- **자신의 행동에 대한 원인과 결과에 대해 유아가 인지하고 있는지 질문하여 확인하였다.**
  친구와 놀고 싶거나 원하는 놀잇감을 갖기 위해서 필요한 의사표현에 대해 사회적 상황의 이야기 자료를 활용하였고, 문제상황에서 친구에게 사과할 수 있는 말을 이해하기 시작했으나, 6개월이 지난 이후에도 교실을 뛰어다니는 행동은 여전히 지속되고 있다.

- **칭찬과 격려로 약속이행 행동을 유지하도록 독려하며, 약속 및 규칙을 준수하는 빈도가 점차 증가하였다.**
  원하는 것을 얻기 위해 또래에게 제안할 때 적절한 언어로 "나도 하고 싶어"로 이야기하기, 또는 성인에게 도움을 얻어 요청하는 방법을 알려주었다. 놀이를 할 때 규칙을 정하여 주고받는 놀이를 하면서 또래가 가지고 있는 놀잇감을 무조건 가지고 오는 것이 아니라 필요한 의사를 적절한 언어로 표현하고 건네 줄 때까지 기다릴 수 있도록 지도하였다.

공감코너

영아 이해하기

■ **신체기능을 사용하는 호기심 때문에**

만 18개월에서 3세 사이의 아이들은 자신의 신체기능을 사용하는 것에 대한 호기심 때문에 때리는 행동을 반복적으로 하기도 한다.

■ **블록을 혼자 가지고 노니까 미워!**

영아는 자기중심적인 사고와 행동이 강하여 또래의 기분을 고려하기 어렵다. 자신의 욕구 충족을 친구가 방해한다고 생각한다.

■ **나는 말로 했는데 친구는 때렸어요.**

영아는 '전능한 자아'를 가지고 있다. 무엇이든지 자기 마음대로 주장하고 요구하면 자기 뜻대로 될 것 같은 생각을 가지고 있기 때문에 원하는 것을 얻기 위해 거침없이 행동하기도 한다.

■ **때렸는데도 잘못했다는 생각을 하지 못해요.**

영아는 아직 규칙과 약속에 대해 이해가 부족하여 친구를 때릴 때도 그리 죄책감을 느끼지 않는다.

유아 이해하기

■ **갑자가 화가 나서 마음이 힘들거나 고통스러운 것들을 조절하지 못해요.**

유아는 또래의 행동이 싫을 때 적절하게 행동하는 방법을 모르기 때문에 자주 일어나는 실수 행동이 있다(예, 때리기, 물기, 던지기 등). 원하는 것을 얻지 못했을 때 그 상황을 충분히 제어하고 이해할 수 있을 만큼 미성숙하여 속상하게 생각한다. 유아의 화난 마음을 이해하고 있다는 것을 보여 주는 동시에 그 행동이 잘못된 것임을 분명하고 단호하게 알려주어야 한다.

■ **자기중심적 사고 때문에 '난 항상 이기고 싶어요. 지기 싫어요!'**

유아는 자신이 세상의 중심이라고 생각하기 때문에 상대의 기분을 이해하지 못한다. 감정분화가 아직 충분히 이루어지지 않은 상태라 다른 상대를 자신이 노는데 필요한 장난감 정도로 생각하여 아무렇지도 않게 때리기도 한다. 유아들은 기회를 얻지 못하는 것은 친구에게 지는 것이라 생각한다. 지는 것이 싫어 순간적으로 분노를 느끼고, 이 분노는 공격행동으로 나타난다.

■ **대물다툼 상황을 해결하기 위한 지식과 기술의 부족**

자신이 알고 있는 사회적 기술을 다 사용하고도 원하는 것을 얻지 못했을 때 신체적인 공격성이 보이게 된다. 갈등상황에서 대안적인 해결책을 찾지 못하는 유아는 공격성에 의지하는 경우가 많다.

교사 이해하기

- '기질에서 오는 어려움인가?'
- '교사인 내가 원인을 제공했나?'
- '유아가 왜 때리는 행동을 할까? 어떻게 도와줘야 할까?'
- '환경에는 문제가 없나? 어떻게 환경을 바꿔주면 문제행동 감소에 도움이 될까?
- '유아가 때리지 않고도 자신의 감정을 표현하는 방법을 어떻게 가르쳐 주어야 할까?'

바람직한 상호작용으로 지원하기

(1) 신속하게 지원하기

① 유아의 감정 인정하기

- 맞고 밀쳐진 유아를 먼저 안아주고 마음 읽어주기
  - "블록놀이 하고 있는데 친구가 밀쳐서 아프겠네."

- 갈등상황에 대해 말하도록 도움주기
  - 일반적으로 유아들은 상황을 자기관점에서 생각하며 자기는 잘못이 없고 친구에게 잘못이 있다고 생각함
  - 무슨 일이 일어났는지를 밀친 유아에게 말하도록 요청하고 기다려주기
  - "성준아 무슨 일이 일어난 거니?"

- 꾸짖거나 다급하게 말하여 유아가 긴장하는 일이 없도록 하고 유아의 말을 수용하기
  - 비난하거나 창피를 주지 않고 유아가 말한 것을 수용하기
  - 누가 옳고 그른지 보다 유아들이 느끼는 감정을 그대로 표현해 부정적인 감정을 해소시킬 수 있는 기회 제공하기

– "그래. 블록놀이를 하고 싶다고 얘기했는데 친구가 비켜주지 않아 답답했나보네."

② 친구 입장 이해하기

- 상대방에 감정을 이해하기
  - 다른 친구의 감정이 어떠할지 유아 스스로가 말해 보도록 요청하기
  - "그런데 친구 기분이 어떨 것 같아, 한 번 말해 보렴."

③ 공격적 행동에 대해서는 간결하고 명료하게 지도하기

- 행동제지나 통제 시 단호하며 명료하게 하되 짧게 현재 상황과 유아가 할 수 있는 구체적인 행동을 제시하기
  - "아무리 화가 나도 말로 해야 돼."

④ 친구와 화해하는 방법을 이야기하도록 돕기

- 서로 더 나은 감정이 될 수 있는 방법을 찾도록 도움주기
  - "성준이도 화가 났겠지만, ○○이도 기분이 나빴을거야, 어떻게 하면 우리 성준이와 ○○이 둘 다 기분이 좋아질까?

(2) 예방적 접근

① 도구를 활용하여 공격적 행동 대안 가르치기

- 계획된 활동을 통해 유아가 부적절한 행동에 적절한 대안을 찾아보고, 말하고, 제시하는 방법을 가르치기
  - 손인형, 이야기책, 화이트보드, 개방형으로 끝나는 짧은 이야기를 통해 유아에게 자기 주장과 협상에 관련된 기술을 가르침
  - "(개방형으로 끝나는 이야기를 들은 후) 너라면 어떻게 해보겠니?"

② 대물다툼 상황을 예방하기: '차례 정하기' 규칙

- 차례 지키기를 통해 유아는 자신의 행동을 조절할 수 있고 대물다툼으로 인한 갈등상황을 줄일 수 있으며 교사의 신뢰를 느끼게 할 수 있음
- 차례 정하기를 통해 사회적 기술 및 문제해결력을 배울 수 있으며 차례 정하는 과정을 놀이보다 더 즐길 수도 있음

③ 차례 정하기 방법

- 모자에서 친구의 이름표 꺼내기(모든 유아의 참여를 가능하게 함)
- 번호표(원하는 친구만 참여하게 함)
- 시간을 제한하는 알림종이나 시계 비치

2. 교직원의 협력

성준(만 5세) 유아의 문제행동지도를 위한 협력사항	
문제행동 지원하기	**협력사항**
일과 중에 교사가 격려와 칭찬의 언어로 지원하기	• 유아의 이름을 불러주어 행동을 멈추도록 해 주세요. • 필요한 말을 할 수 있도록 알려주세요. (예, "같이 놀자", "나도 하고 싶어", "나 필요해" 등) • 언어적인 방법으로 해결이 안 될 경우나 행동이 3회 이상 반복되면 활동을 5분 이내로 중단하고, 교사의 손을 잡고 교사와 함께 있는다.
실행 가능한 지도 전략 수립하기	• **놀이를 통해 긴장 해소하기** 욕구가 충분히 충족되도록 가능한 한 많은 기회 제공하기 • **발달에 적절한 방안 제시하기** 유아가 자신이 수용받고 있다고 인식할 수 있도록 지원하기 • **감정 반영하기** 반복적으로 공격적인 행동을 보이는 경우 단계적인 접근의 순서를 바꾸어 먼저 제지를 한 후 감정을 읽어주는 것이 필요 • **'긍정적 행동문' 놀이에 참여하기** 집단생활을 하고 있지만, 발달적으로 아직 타인과 함께 생활하는 것이 불편할 수 있어 적절히 지원하고 있음

표 13-1 약속장

<table>
<tr><th colspan="6">성준의 약속장(긍정적 행동 계약서의 예)</th></tr>
<tr><th colspan="3">성준이가 지킬 약속</th><th colspan="3">○○ 선생님이 지킬 약속</th></tr>
<tr><td colspan="3">• 누가: 0성준(만 5세)
• 무엇을:
1. 줄을 설 때 친구 앞으로 끼어들지 않고 제자리에 섭니다.
2. 줄을 서서 갈 때 다른 곳으로 가거나 움직일 때 차례로 걸어갑니다.
3. 줄을 서서 갈 때 친구를 밀거나 때리지 않고 친구 손을 잡고 갑니다.
• 언제: 산책활동, 자유놀이할 때</td><td colspan="3">• 누가: 최○○ 선생님이
• 무엇을:
1. 친구가 약속을 지킨 √가 5개보다 많으면 스티커를 줍니다.
2. 스티커 개수에 따라 선물을 줍니다.
3. 먼저 스티커를 채우는 친구가 갖고 싶은 선물을 선택할 수 있습니다.
• 언제:
1. 활동이 끝나고 나서 바로 스티커 주기
2. 스티커 10개 모으면 선물 우선 선택권 사용하기</td></tr>
<tr><td colspan="3">서명: 날짜:</td><td colspan="3">서명: 날짜:</td></tr>
<tr><td>1</td><td>2</td><td>3</td><td>4</td><td>5</td><td>6</td></tr>
<tr><td>7</td><td>8</td><td>9</td><td>10</td><td colspan="2">선 물</td></tr>
</table>

3. 가정과의 연계

어떤 내용을 공유할 것인가?

- 성준이는 자신의 욕구가 수용되지 않는 상황이 발생하면 공격적인 행동이 나타나므로 자신의 욕구를 조절할 수 있는 조절력과 조절경험을 기르는 것이 중요한 것 같다.
  ① 가족들과 함께 놀이시간을 정하여 함께 놀이하기
  ② 부모의 늦은 퇴근으로 인해 과도하게 많이 수행하고 있는 방과 후 활동은 성준이의 스트레스를 고려하여 조절하기
- 놀이하는 친구를 방해하거나 때리고 발로 차는 행동은 위험한 행동임을 인지할 수 있도록 가르쳐주고, 친구에게 다가가 "함께 놀자"고 제안하는 것을 연습해 보면 좋을 것 같다.

부모와 라포(rapport) 형성하기

(부모 대면상담)

성준이에게 기본적인 사회적 질서와 규칙, 해야 할 일과 하지 말아야 할 일을 가르쳐 주고 있어요. 문제행동에 대해 그렇게 하면 안 된다는 것을 가르쳐 주고 한두 번의 설명으로 성준이가 모든 것을 이해했다고 생각할 수 있습니다. 하지만 성준이는 약속된 규칙이나 질서들을 내재화하기까지는 반복되는 경험과 시간이 상당히 많이 필요하므로 인내심을 가지고 지속적인 지원을 해 주시면 좋을 것 같습니다.

부모의 실제적인 지원 요청하기

- 방과 후 활동을 성준이가 흥미를 보이는 활동 중심으로 축소할 것을 요청드림
- 성준이는 좌절과 스트레스를 받을 때, 야단을 많이 들었거나 지켜야 할 규칙이 지나치게 많을 때, 할 일이 많을 때 과격한 행동을 보이고 있었다. 따라서 부모의 양육태도에서 지나치게 엄격하거나 과도한 규칙과 정해놓은 양육방식은 폭력성을 유발할 수 있으니 마음을 안정시킬 수 있는 놀이방법과 상호작용을 요청드림
- 성준이의 분노욕구는 부모와의 관계욕구(가르침–아이가 균형있게 경험하고 생활하도록 다양하게 지도하기)에서 찾을 수 있다. 부모는 '누구 때문에?' → '무엇 때문에!'로 관계욕구표현이 시작되어야 한다.

중간 점검 및 피드백

(2주 후 전화상담)

성준 어머님!
요즘 성준이가 기분 좋게 등원하는 모습을 보게 됩니다. 방과 후 활동을 성준이가 좋아하는 과목으로 축소한 후부터 공격적인 행동의 빈도가 많이 줄어들었고, 친사회적인 행동도 훨씬 증가하였습니다.
친구들과 놀이 할 때 지키는 약속을 가정에서도 일관성 있게 알려주고 계셔서 더 많은 효과를 가져올 수 있었던 것 같아요. 친구가 놀고 있던 장난감을 가지고 싶을 때는 요청하기로 "내가 그거 가지고 놀아도 되니?"라고 물어보는 습관을 시작하면서 친구들이 친절하게 양보하는 경험을 하고 있거든요. 원에서도 상호놀이(다른 사람과 장난감을 주고받으며, 자기 차례를 기다린다)를 반복적으로 지도하고 있으니 가정에서도 부모님과 함께 긍정적인 관계욕구해소를 경험하도록 도와주세요.

(1) 엄마, 아빠! 나랑 함께 자라요

- 유아는 본능적으로 부모의 관심을 끌기 위해 노력한다. 본능적인 욕구가 채워지지 못하면 부정적인 관심을 받으려 하는 욕구가 쌓이게 되고, 불만과 공격성으로 때리거나 과격한 행동으로 나타난다.
- 유아가 문제행동을 스스로 고치기를 바란다면 부모가 문제상황을 어떻게 해결하는지 보여주는 것이 가장 바람직하다. 부모가 문제를 해결하는 모습을 자주 보고 경험한 유아는 각각의 상황에서 자신이 어떻게 하는가를 배울 수 있다.
- 유아가 부모는 늘 자기를 혼내는 사람으로 생각하고 있다면 부모는 그동안 유아를 대할 때의 태도에서 실수한 점이 있었음을 분명하게 인정하고 사과부터 해야 한다. 이때 너를 사랑해서 그랬다는 것을 다시 말해주고 유아가 수용할 수 있는 방법으로 부모의 태도를 바꾸어 관계를 개선하는 것이 우선이다.

(2) 엄마, 아빠도 처음이란다

"동생 물건 뺏지마."

→ 부정적인 의미를 내포한다.

- "너 또 동생을 때리니? 다시는 때리지 않기로 했지?"라고 소리를 지르면서 혼내지 말자.

"~하면 좋겠다." 사용해보기

→ 누군가에게 부탁할 때 꼭 필요한 기술은 긍정적인 단어를 사용하기

→ 먼저 엄마의 마음을 표현하세요.

"지금까지는 네가 동생을 때리면 엄마는 화를 냈지만 이제는 화내고 소리 지르지 않을게. 그런데 엄마가 참 속상하구나. 동생을 때리지 않으면 좋겠구나."

(3) 학부모에게 드리는 메시지 카드

문제행동 감소를 위한 상황별 지도전략

- 등원하기 전에 부모와 의미 있는 상호작용, 스킨십 등을 충분히 경험하도록 한다.
- 가정에서 혼자놀이를 가급적이면 줄이고 부모와 놀잇감을 가지고 상호작용의 즐거움을 느낄 수 있도록 충분히 놀아준다.
- 가정에서 물리적인 공격행동을 할 때 유아의 이름을 불러 행동을 멈출 수 있도록 하고, 하면 안 되는 이유와 행동을 계속하였을 때 나타나는 결과를 눈을 마주보며 알려준다.
- 유아의 긍정적인 행동에는 칭찬과 함께 상을 준다. 만일 유아가 관심을 받고 싶어 다른 사람을 때리는 경우였다면 더 큰 도움이 될 수 있다.
- 거부의사표현에도 반복된 행동이 3회 이상 나타나면 하던 활동을 멈춰야 한다는 약속을 정하고 상황마다 일관되게 지도해 준다.
- 유아가 다른 사람을 공격할 때 과잉반응하지 말고, 유아가 누구를 공격하는지, 주로 언제, 어디서, 어떻게, 왜 하는지 그 후에 어떤 일이 일어나는지 등을 알아야 한다. 그래야 다른 친구를 공격할 때 그 행동의 원인을 알고 대처할 수 있다.
- 유아가 다른 친구나 형제를 공격할 때 반응하지 않는다. 문제행동을 할 때 그 행동을 봐주는 사람이 없고, 반응하지 않으면 아이의 문제행동은 감소한다.

4. 전문가의 조언

[점검해 보세요]

① 유아의 의사소통과 사회적 기술이 또래에 비해 미숙하지 않은지 점검하기
이런 갈등상황에서는 자기표현과 대안제시의 협상기술이 필요하다. 그러나 유아들은 아직도 타인의 입장을 이해하고 공감하는 의사소통기술이 익숙하지 않고, 상대의 입장을 배려하는 대안 제시를 하지 못해 힘으로 상대를 제압하려 한다.

② 미디어 매체의 영향을 받아 발생하는 문제행동일 수 있다.

가정환경에서 노출되기 쉬운 미디어 매체를 통해 폭력적이고 선정적인 내용 및 서로를 놀리고 괴롭히면서 재미있어 하는 장면이 많은 만화, 컴퓨터 게임, 드라마 등을 접할 수 있다. 한편 이러한 자극들은 판단능력이 부족한 유아에게 자신이 하고 싶은 대로 행동하게 만들고 정서발달에도 부정적인 영향을 미칠 수 있다.

14장

실습활동-잘 먹지 않는 유아의 이해 및 지도

유아기의 식습관지도는 건강한 신체적 성장을 위해 중요한 밑거름이 된다. 한편 잘 먹지 않는 유아를 효과적으로 지도하기 위해서는 영유아가 보이는 문제행동의 이해 및 해당 유아에게 적합한 효과적인 중재전략의 수립이 매우 중요하다. 또한 유아에게 명확한 기대행동을 제시하고 바람직한 식습관을 형성할 수 있도록 교사와 부모가 직접 가르치고 실행 가능한 지도전략을 수립할 필요가 있다. 이를 위해서는 무엇보다도 부모와 교사가 유아와의 긍정적 관계 형성 및 지지적인 환경을 조성해야 한다.

이 장에서는 유아기에 자주 볼 수 있는 '잘 먹지 않는 유아'의 지도를 위한 교수 및 코칭, 지지적 환경조성 방법 등의 긍정적인 개별중재방법을 직접 설계해 보는 실습활동을 제시한다. 이전에 다루었던 다양한 중재 사례를 토대로 터득한 전문성을 발휘해 직접 중재전략을 수립해 봄으로써 실천적인 실무역량 강화를 도모하기 위함이다.

교육목표

1. 영유아 문제행동지도의 개별적 행동지원 절차로 '잘 먹지 않는 유아'의 지도를 위한 문제행동 선정, 관찰, 기능분석, 중재활동, 결과 및 평가방법을 수립할 수 있다.
2. 유아교육기관 차원의 행동지원으로 '잘 먹지 않는 유아'의 지도를 위한 교직원의 협력과 가족의 참여 절차로 가정과의 협력, 전문가의 개입으로 유아의 긍정적 행동지원 및 발달을 유도할 수 있다.

1. 개별적 문제행동의 긍정적 행동지원 절차

사례 참여하기: 빈 칸을 기록해 보세요

1) 문제행동 선정
세 살(만 1세, 여아) 미루는 무엇이든 잘 먹지 않는다. 처음 본 음식에는 전혀 반응을 보이지 않고 채소는 더욱 관심을 보이지 않는다. 아침마다 무엇이라도 먹이려는 엄마와 씨름을 하는 모습을 보이기도 한다. 간식, 점심시간에는 좋아하는 메뉴가 나오면 적은 양이라도 먹지만, 싫어하는 음식이 나오면 먹고 싶지 않아하고, 밥 먹는 시간이 오래 걸린다. 그러다 보니 입에 음식을 그냥 물고 있는 경우가 많고, 적은 양도 교사가 먹여주면 억지로 먹는 경우가 대부분이다. 평소 먹는 양이 적다보니 또래에 비해 키도 작고 체구도 외소하며, 감기가 잦은 편이다.

2) 문제행동 관찰				
배경사건	선행사건	문제행동	후속결과	가설
• 미루의 성장에 대한 부모의 과잉염려로 먹는 것을 지나치게 강요함	• 간식시간이나 점심시간을 알림	• 무엇이든 잘 먹지 않는다. • 음식을 입에 긴 시간 동안 물고 있다. • 부모가 따라다니며 먹인다.	• 급, 간식시간에 먹기 싫은 음식은 거부하고, 자주 음식을 입에 물고 다닌다. • 편식으로 인해 체구가 외소하다. • 감기에 잘 걸린다.	• 미루는 이유기에 경험했던 불편함으로 음식에 대한 거부감이 생겨 먹는 것을 싫어한다. 이로 인해 체력 및 면역력이 약하다.

3) 문제행동 기능분석		
문제가 되는 행동	문제행동의 기능	기대행동

4) 중재활동		
배경/선행사건 중재	대체기술 지도	문제행동 반응

5) 결과 및 평가

2. 교직원의 협력

미루(만 1세) 유아의 문제행동지도를 위한 협력사항	
문제행동지원하기	협력사항
일과 중에 교사가 격려와 칭찬의 언어로 지원하기	
실행 가능한 지도 전략 수립하기	

3. 가정과의 연계

어떤 내용을 공유할 것인가?

부모와 라포(rapport) 형성하기

(부모 전화상담)

부모의 실제적인 지원 요청하기

중간 점검 및 피드백

(2주 후 전화상담)

참고해 보세요

음식은 먹는 장난감이란다.

△ 알록달록 음식의 색:

음식의 빨간색은 맛있게 먹을 수 있도록 도와주는 색이다. 오렌지색도 빨간색과 함께 맛있게 먹고 싶도록 도와주는 색이다. 반면 녹색은 안정적인 느낌을 주나 보라색과 함께 제공하면 식욕을 떨어뜨리기도 한다. 따라서 빨간색과 녹색, 오렌지색의 조화는 맛을 즐기고 식욕을 돋우는데 아주 효과적인 배합이다.

△ 주변의 색상:

식탁보는 흰색과 빨강색의 큰 체크무늬가 효과가 좋으며, 냅킨이나 식탁 위의 장식품도 빨간색이나 오렌지색으로 선택하는 것이 좋다.

출처: 이영 외(2011).

지도 방법

- 먹는 것으로 인해 유아와 갈등하는 것을 멈추고, 유아에게 먹는 것에 대한 결정권을 온전히 맡기며 먹고 싶지 않다는 유아의 몸의 느낌을 인정해 준다. 또한 식사시간에 대한 물리적인 환경(식기, 주방의 분위기 등)을 기대심을 유발하도록 바꾸어 본다.
- 유아가 직접 사용할 용기를 고르게 하거나 간단한 요리에 참여하게 하는 등 식사준비를 함께 하며 유아의 감정을 이야기 나누어 본다.
- 식기의 크기를 큰 것으로 하여 유아가 음식에 대한 심리적 부담감을 덜 느끼도록 한다.
- 식사시간이 즐겁게 느껴지도록 식사시간에 가족 간 즐거운 대화를 나누며 부모가 유아에게 관심을 가져주는 시간이 되도록 한다.

푸드브릿지(Food Bridge) 기법 사용하기

푸드브릿지 기법이란 같은 재료를 이용해 단계별로 다양한 음식을 제공하여 싫어하는 음식을 친숙하게 만드는 방법, 싫어하는 음식을 유아가 좋아하는 데는 최소 8번 이상의 노출이 필요하다.

바람직한 상호작용

“오늘은 미루가 다 먹을 수 있을 만큼 한 번 담아볼까? 밥은 얼마나 담으면 좋을까?”
“미루가 깨끗하게 다 먹었네. 다 먹고 나니 기분도 좋아 보이는구나.”
“여기 여러 가지 채소들이 있네. 주황색도 있고 초록색도 있고 색깔도 아주 여러 가지네. 손으로 한 번 만져볼까? 선생님은 냄새도 맡아봐야겠네. 먹으면 어떤 맛이 날까? 먹을 때 아삭아삭 재미있는 소리가 나는구나.”

참고문헌

국립정신건강센터(2018). 발달장애 아동청소년 문제 행동 치료 가이드라인. 세종: 보건복지부.

강순희, 손수민, 윤매자, 한서연, 황현숙(2018). **영유아발달**. 서울: 창지사.

강유정, 박진희, 정동희(2017). **영유아교사 인성교육의 이론과 실제**. 서울: 동문사.

강정원, 홍기묵, 안지영(2009). **영유아교사를 위한 아동상담**. 경기 파주: 정민사.

강혜원, 홍성호, 정기섭(2018). 어린이집에서 긍정적 행동지원(Class-Wide PBS)이 일반유아와 장애위험유아의 문제행동, 사회·정서적 유능감에 미치는 효과. **학습자중심교과교육연구,** 18(1), 439-467.

강희경(1999). 3세 이하 자녀를 둔 전문·사무직 취업모의 양육스트레스: 어머니 역할관과 지원체계를 중심으로. 경희대학교 대학원 박사학위논문.

고인숙(2008). **아동문제행동 및 관찰**. 서울: 교육아카데미.

고재곤(1992). 취학전 아동의 신체활동을 통한 사회성 발달에 관한 연구. 한양대학교 교육대학원 석사학위논문.

고혜진(2009). 부모-교사 협력행동과 부모-교사 신뢰관계가 영유아의 문제행동에 미치는 영향. 경희대학교 대학원 석사학위논문.

과학기술정보통신부(2018). 2018 스마트폰 과의존 실태조사.

곽소현(2005). 어머니의 아동기 애착, 정서, 양육행동과 아동의 문제행동의 경로 모형 분석. 성균관대학교 대학원 박사학위논문.

교육과학기술부. 보건복지부(2013). 3~5세 연령별 누리과정 지침서.

교육부 고시 제2019-189호. 유치원 교육과정.

교육부(2000). **총론, 유치원 교육활동자료 1**. 서울: 대한교과서주식회사

국립특수교육원(2018). **특수교육학 용어사전 개정판**. 서울: 도서출판하우.

권유경, 정소희(2010). 지역사회SES, 부모양육태도, 아동의 학교적응과 공격성. **사회복지연구, 41**(3), 379-402.

권정윤, 윤주희, 김소희(2012). 예비유아교사가 경험한 유아문제행동 지도에 대한 어려움 및 요구. **유아교육학논집, 16**(2), 265-288.

권정윤, 이승숙, 송나리(2013). 유아교육기관에서의 문제행동 지도에 대한 어머니의 담론 분석. **한국영유아보육학, 제83집**. 125-151.

권혜진(2017). 교사의 정서지능과 문제해결능력이 영유아 문제행동지도전략에 미치는 영향. 숙명여자대학교 대학원 석사학위논문.

김경혜, 김진숙, 박진옥(2009). **아동발달**. 서울: 동문사.

김관비(2010). 교사의 직무스트레스에 따른 유아문제행동 지도전략: 구조모형을 중심으로. 배재대학교 대학원 석사학위논문.

김동일, 손승현, 전병운, 한경근(2011). **특수교육학개론 : 장애 · 영재아동의 이해**. 서울: 학지사.

김동일(1999). **학습부진 영재아동**. 서울: 원미사.

김매희, 유은정(2017). **영유아발달**. 경기 고양: 공동체.

김미영(2014). **유아발달**. 경기 파주: 정민사.

김민숙(2016). 유아교사의 정서지능, 문제행동 관리능력과 문제행동지도 효능감의 관계. 이화여자대학교 대학원 석사학위논문.

김상림, 김송이, 양성은, 이윤선, 한준아, 김지현(2014). **유아발달**. 경기 파주: 양서원.

김상희, 김지신, 박웅임, 한세영(2014). **유아발달**. 경기 고양: 파워북.

김성원, 박영신, 석은조, 오성숙, 최효정(2017). **아동생활지도**. 경기 파주: 양성원.

김숙경(2015). 교사의 유아문제행동 지도전략에 따른 유아의 자기조절능력.

경기대학교 대학원 석사학위논문.

김숙희(2017). **ABA 홈스쿨: 우리 아이 행동중재**. 경기 파주: 에이스북.

김연, 한태숙, 정인희, 박연경, 구현아(2006). 유아의 문제행동에 영향을 미치는 양육태도, 기질, 인지능력, 사회적 능력 간의 구조모형 분석. **열린유아교육연구, 11**(2), 229-250.

김연(2007). 유아 기질 및 심리적 가정환경변인과 유아의 문제행동과의 관계. 경기대학교 대학원 박사학위논문.

김영아(2018). 유아교육기관에서의 긍정적 행동지원 운영실태 및 문제행동 지도 관련 요구도 조사. **유아특수교육연구, 18**(1), 55-76.

김옥희(2018). 유아발달과 문제행동간의 관계에서 자기조절력의 매개효과. **학습자중심교과교육연구. 18**(9). 517-538.

김용순(2019). **어린이집 평가제 보육과정 및 상호작용**. 경기: 한국인성플러스연구소.

김윤옥, 황선희(2017). **영유아문제행동의 지도 및 상담**. 경기 파주: 양서원.

김재은, 김태련 편저(2009). **유아교육보육용어사전**. 경기 파주: 교육과학사.

김지혜, 유미현, 전유영(2015). 유아교육기관에서 관찰한 유아영재 특성 및 유아교사 인식 사례연구. **유아교육 · 보육복지연구, 19**(1), 27-61.

김춘경, 이수연, 이윤주, 정종진, 최웅용(2016). **상담학사전**. 서울: 학지사.

김현주, 김정희, 송현숙, 최애경, 박선미(2019). **영유아발달**. 서울: 동문사.

김희진, 김은영, 성민주, 송정아, 안정원, 윤진주, 이세영, 이주은, 이초원, 최혜원(2018). **영유아교육기관에서의 행동지도 바로 알기**. 서울: 창지사.

나연희(2016). 유아 문제행동에 대한 보육교사의 인식과 실태 비교. 중앙대학교 대학원 석사학위논문.

노진아, 김연하(2012). **프로그램, 학교 차원의 긍정적 행동 지원 시스템을 실행하기**. 서울: 시그마프레스.

도남희, 이정원, 김지현, 조혜주, 박은영, 김희수(2018). **한국아동 성장발달 종**

단연구 2018(한국아동패널II). 서울: 육아정책연구소.

문혁준, 서소정, 이주연, 정지나, 하지영, 김민희(2013). **아동생활지도**. 경기 파주: 창지사.

민현숙, 문영경(2009). 유아의 기질과 어머니의 심리적 특성이 유아의 문제행동에 미치는 영향. **육아정책연구, 3**(1), 137-158.

박성분(2012). 교사가 인식하는 유아 문제행동 유형 연구. 숭실대학교 대학원 석사학위논문.

박성연, 이숙(1988). 자녀가 지각한 부모의 양육태도 및 이에 영향을 주는 요인. **아동학회지, 9**(2), 61-94.

박성연(2006). **아동발달**. 경기 파주: 교문사.

박인숙(2008). K-CBCL 1.5-5의 변별타당도: K-BASC를 기준으로. 숙명여자대학교 대학원 석사학위논문.

박재연(2019). **엄마의 말하기 연습: 화내지 않고 상처 주지 않고 진심을 전하는**. 서울: 한빛라이프.

박지연, 김지수(2019). **개별 학생을 위한 긍정적 행동지원-심각한 문제행동을 보이는 학생을 위한 개별 중재**. 서울: 학지사.

박지혜(2009). 유아교육기관의 특성이 교사의 이직의도와 이직인식에 미치는 영향. 경남대학교 교육대학원 석사학위논문.

박찬선, 장세희(2018). **경계선 지능을 가진 아이들**. 경기 파주: 한국학술정보(주).

박찬옥, 구순옥, 이옥임(2011). **영아-교사 상호작용의 이론과 실제**. 경기 파주: 정민사

박화윤, 안라리, 하양승(1998). 종일제와 반일제 유치원 프로그램의 유아스트레스 행동. **유아교육연구, 18**(2), 135-155.

변호걸, 남경욱, 김응범, 이병혁, 권미은(2016). **특수교육의 이해**. 서울: 동문사.

보건복지부(2013). 영유아 문제행동지도 프로그램 개발 – 영유아 문제행동지도를 위한 어린이집 보육교사 지침서.

보건복지부(2018). 2018년 전국보육실태조사.

보건복지부(2018). 보육통계(2018. 12월말 기준).

보건복지부(2019). **2019 개정 누리과정 해설서**.

보건복지부, 육아정책연구소(2013). **영유아 문제행동 지도를 위한 어린이집 보육교사 지침서1**. 서울: 한학문화.

보건복지부, 한국보육진흥원(2019). 2019 어린이집 평가 매뉴얼.

부산광역시교육청(2014). 장애학생의 문제행동 중재 매뉴얼–장애유형별 문제행동 중재지침 개발연구.

서울시 육아종합지원센터(2015). **선생님, 아이 엄마, 아빠 함께 배워요–영유아를 존중하는 훈육 실천하기**. 서울: 디자인 나무.

서현아, 좌승화, 엄세진, 안영해, 허수윤, 박소윤(2016). **영유아생활지도**. 경기 고양: 공동체.

성다겸(2018). 유아의 내재화 및 외현화 문제행동 간의 상호인과관계와 예측요인. 경북대학교 대학원 박사학위논문.

송경하(2017). 양육스트레스, 양육효능감, 모–아 상호작용이 영아의 언어발달에 미치는 영향. 강남대학교 대학원 박사학위논문.

송규운(2008). 유아영재를 위한 통합교육의 실현성 진단. **영재와 영재교육, 7**(2), 179–199.

송나리(2012). 유아 문제행동 지도에 대한 초임교사들의 인식과 어려움. 성신여자대학교 대학원 석사학위논문.

송요현(2009). 결혼이민자가정 유아의 언어능력과 유아–어머니 간 놀이상호작용. 인하대학교 대학원 박사학위논문.

송은경(2012). 원장의 감성리더십, 유아교사의 역할갈등, 교사효능감과 조직몰입 간의 인과적 관계. 대구대학교 대학원 박사학위논문.

송의열(1999). 유아 문제 행동의 유형과 평가. **공주영상정보대학 논문집, 6**, 137-157.

송진숙(2003). 유아의 문제행동에 영향을 미치는 유아의 기질, 사회적 능력, 정서지능 및 부모의 양육태도. **한국영유아보육학회, 제35집**, 143-161.

송진숙, 권희경(2003). 유아교육기관에서의 유아의 적응과 유아의 사회적 능력 및 문제행동에 대한 연구. **열린유아교육연구, 8**(3), 207-225.

신수경, 신리행(2018). 교사의 사회인구학적 변인에 따른 교사의 인간애와 유아 문제행동 지도전략 차이분석. **학습자중심교과교육연구, 18**(22), 1064-1092.

신은영(2017). **영유아발달**. 서울: 동문사.

신은혜(1984). 가정의 심리적 환경과 아동의 행동장애에 관한 상관연구. 이화여자대학교 대학원 석사학위논문.

신의진(2011). **신의진의 아이심리백과 0~2세편**. 서울: 걷는 나무.

신의진(2019). **신의진의 아이심리백과 0~2세편**. 서울: 웅진 씽크빅.

신의진(2019). **신의진의 아이심리백과 3~4세편**. 서울: 웅진 씽크빅.

신혜원, 김송이, 이윤선(2019). **영유아 생활지도**. 경기 고양: 파워북

신혜원(2018). **영유아교사를 위한 부적응 행동지도**. 경기 파주: 양서원.

심성경, 김경의, 이효숙, 변길희, 박유미, 박주희(2010). **아동발달**. 서울: 학지사.

심숙영(2018). **영유아 사회정서 개별화지도**. 경기 파주: 교육과학사.

안경숙, 유수정, 정영실, 신애선, 유지은(2017). **영유아발달**. 경기 고양: 공동체.

안지령, 김민정, 박영주, 이승하, 이은희, 최효정(2018). **부모교육론**. 서울: 동문사.

양명희(2016). **행동수정 이론에 기초한 행동지원(2판)**. 서울 : 학지사.

여성가족부(2015). 가족실태조사.

여성가족부(2018). 어깨동무 교사교실 프로그램 매뉴얼.

여성가족부(2019). 2018년 전국다문화가족실태조사 연구. 서울: 한학문화.

오은영(2019). **오은영의 마음처방전: 감정, 행동, 성장**. 경기 파주: 웅진 리빙하우스.

우수경, 정원주, 박숙희, 신혜경, 이정미, 김호, 서윤희, 김기예(2013). **영아발달**. 경기 고양: 공동체.

우수경(2017). 유아 문제행동의 변화 양상 및 영향 요인 분석. **열린유아교육연구, 22**(5), 381-400.

유수옥(2013). 연령 증가에 따른 영유아 문제행동 발생률 군집화 연구. **아동학회지, 34**(6), 57-75.

유재경 (2013). 유아교사의 직무스트레스와 교사-유아 상호작용이 유아의 친사회적 행동에 미치는 영향. 경희대학교 교육대학원 석사학위논문.

유효순, 원혜경, 김정희, 문명희(2014). **유아발달**. 서울: 창지사.

육아정책연구소(2018). 2017 유아교육보육 주요 통계.

육아정책연구소(2019). 2018년도 KICCE 연차보고서.

윤경미, 한세영(2017). 유아의 부정적 정서에 대한 어머니의 지지적 반응과 비지지적 반응이 유아의 내면화 및 외현화 문제행동에 미치는 영향. **한국보육지원학회지, 13**(3), 83-102.

윤복희, 김은영, 박혜경, 최일선(2013). **영유아언어교육**. 경기 고양: 공동체.

윤혜경(2017). **보육학개론**. 서울: 동문사.

이영, 강민주, 우현경(2011). **좋은 부모 되기 첫걸음: 기초부터 튼튼하게 잡아주는 영아기 부모 역할, 0~3세 미만 영아기편**. 서울: 굿네이버스.

이경숙, 정석진(2015). 유아 문제행동에 관한 부모와 보육교사의 인식 비교. 한국심리학회 학술대회 자료집, 369.

이경숙, 신의진, 전연진, 박진아(2004). 한국 유아 행동문제의 경향과 특성 : 서울지역을 중심으로. **한국발달심리학회, 17**(4), 53-73.

이경화. 고진영(2006). **자아개념검사 실시요강**. 서울: 학지사 심리검사연구소.

이명조(2006). **영유아발달과 교육**. 경기 고양: 양서원.

이명희(1998). 또래관계가 어려운 아동의 놀이치료. **놀이치료연구, 3**(1), 111-127.

이미화(2005). 보육시설 운영 및 이용 현황과 과제. 보건보지포럼, 107호, 19-31. 서울: 한국보건사회연구원.

이봉선, 이숙재(2008). **영유아의 발달과 교육**. 서울: 창지사.

이상균, 강상경, 정익중(2010). 문제행동아동 조기개입서비스 매뉴얼 개발. 서울: 보건복지부.

이선경, 이재연(1998). 아동의 문제행동에 영향을 미치는 위기요인과 보호요인의 이론적 과정모델. **한국아동학회, 19**(2), 49-64.

이석재, 장유경, 이헌남, 박광엽(2003). 생애능력 측정도구 개발 연구: 의사소통 능력, 문제해결능력, 자기주도적 학습능력을 중심으로. 한국교육개발원 연구 보고, 15(3).

이소영(2018). 2018년 전국 출산력 및 가족보건 복지 실태조사. 서울: 한국보건사회연구원.

이소은, 이완정(2019). **아동생활지도와 상담**. 경기 파주: 양서원.

이순자, 유수옥(2012). 유아 문제행동에 대한 연구 동향 및 유아 문제행동 관련 변인 분석. **유아교육학논집, 16**(6), 127-156.

이승희(2017). **정서행동장애개론**. 서울: 학지사.

이영, 이미란, 홍미영, 한성희, 민성혜, 박신진, 유영미, 신혜원, 민현숙, 정지나, 문영경(2015). **영아발달**. 서울: 학지사.

이영환, 김현지(2001). 아동이 지각한 어머니-자녀간의 의사소통 및 신뢰감이 아동의 정서지능에 미치는 효과. **미래유아교육학회지, 8**(1), 10-119.

이영훈, 주연희, 김성수(2007). **유아문제 행동의 이해 및 지도**. 서울: 태영출판사.

이윤옥(1997). 유아의 사회적 부적응 행동에 대한 어머니의 귀인과 유아의 또래수용간에 관계. **유아교육학논집, 1**(1), 289-204.

이윤지(2017). 유아의 정서성과 내재화, 외현화 문제행동의 관계 : 부모 양육행동의 조절효과. 숙명여자대학교 대학원 석사학위논문.

이윤진, 장희선, 박은영(2018). 영유아 보육 · 교육기관 아동학대 대응 매뉴얼. 서울: 육아정책연구소.

이은경(2013). **유아교육개론**. 서울: 동문사.

이정화(2012). 또래간의 협동적 신체발달이 만 3세 유아의 사회성 발달과 또래 유능성에 미치는 영향. 계명대학교 교육대학원 석사학위논문.

이지예, 신경순, 김영희(2017). 아버지의 심리적 스트레스와 양육스트레스 및 양육행동이 유아의 문제행동에 미치는 영향. **영유아아동정신건강연구, 10**(1), 59-81.

이찬숙(2008). 유아의 문제행동에 영향을 미치는 유아개인, 가정 환경 및 지역사회 변인분석. 성균관대학교 대학원 박사학위논문.

이치균(2017). **예비유아교사를 위한 행동척도 핸드북(개인편)**. 경기 파주: 양성원.

이태순(2015). 사회성측정 유형과 유아의 사회성 발달간의 관계. 부산교육대학교 대학원 석사학위논문.

임종렬(2013). **모신**. 서울: 한국가족복지연구소.

임주희, 최연실(2006). 아동의 스트레스 대처행동에 미치는 부모갈등, 부모관련 스트레스, 부모자녀 간 의사소통의 영향. **아동학회지, 27**(4), 233-246.

장선철(2010). **인간의 이해 : 인간 행동의 심리학**. 서울: 태영출판사.

장선철(2010). **특수아동의 이해**. 서울: 동문사.

장주연(2019). 영유아교사의 자기성찰지능 및 정서소진이 영유아 문제행동지도전략에 미치는 영향. 한양대학교 대학원 석사학위논문.

전익수(2001). 탈북청소년 초기정착 지원방안에 관한 연구. 경남대학교 대학원 석사학위논문.

전정민, 진경희, 강순미, 이찬숙, 공수연(2017). **영유아 발달**. 서울: 학지사.

전진석(2005). 유아들의 체력수준에 따른 사회성발달차이에 관한 연구. 용인대학교 대학원 석사학위논문.

정다정(2014). 유아기 자녀를 둔 어머니의 교육신념과 교사와의 협력이 어머니의 양육행동에 미치는 영향. 경희대학교 대학원 석사학위논문.

정옥분(2006). **사회정서발달**. 서울: 학지사.

정영혜(2018). **(자립을 통한) 영유아 일상생활 교육의 이론과 실제.** 서울: 동문사.

정은(2003). 발달정신병리학적 관점에서 '문제행동' 혹은 '행동장애'에 대한 이해 재구성. **특수교육저널: 이론과 실천,** 4(4), 41~55.

정지현(2017). **예비유아교사를 위한 행동척도 핸드북(개인편)**. 경기 파주: 양성원.

정현희(2003). 유아의 개인내적 · 외적 변인과 문제행동과의 관계. **생활과학논집, 제8권**(2003.12), 29-41.

정희영, 이성복, 김성원, 윤선화, 김정희, 김선아, 방승미(2014). **유아발달**. 경기 고양: 파워북.

조복희(1999). 한국 부모의 자녀 양육방식에서의 차원과 평가. **대한가정학회, 140**(99.10), 123-133.

조복희(2008). **아동발달**. 경기 파주: 교육과학사.

조복희, 곽혜경, 김혜순, 연미희, 이영환, 장혜자(2014). **유아발달**. 경기 파주: 교육과학사.

조성연, 이정희, 천희영, 심미영, 황혜정, 나종혜(2005). **아동발달의 이해**. 서울: 신정.

조운주, 최일선(2004). **유아교육기관에서의 유아생활지도**. 서울: 창지사.

조윤경, 김형미, 유연주, 장지윤(2017). **특수아 행동지도-유아교사를 위한 장**

애아동 문제행동에 대한 긍정적 행동지원. 경기: 공동체.

조주희, 박혜준(2018). 사회적 지지와 교사효능감이 영유아 문제행동 지도전략에 미치는 영향. **유아특수교육연구, 18**(1), 77-98.

조형숙, 박은주, 강현경, 김태인, 배정호(2013). **유아발달**. 서울: 학지사.

조희숙, 공숙자, 김선옥(2003). Darla Ferris Miller저. **아동생활지도**. 서울: 창지사.

지성애, 김미경(2003). **유아사회교육의 이론과 실제**. 서울: 학지사.

지성애, 홍혜경(2003). **영 · 유아 생활지도**. 경기 파주: 양서원.

차어진, 권연희(2013). 유아교사의 전문성발달 수준에 따른 유아의 문제행동 인식 및 문제행동지도전략. **수산해양교육연구, 25**(1), 53-64.

차인영, 최미미, 서영숙(2016). 교사-유아 상호작용 및 교실환경과 유아의 또래 상호작용이 유아의 언어 · 인지발달에 미치는 영향 : 한국아동패널 5차년도 자료를 중심으로. **육아정책연구, 10**(1), 95-117.

천은영, 안라리, 이연희(2013). **영유아발달**. 서울: 동문사.

최광희(2004). 부모-교사의 동반자적 협력관계로서의 부모 참여에 대한 교사의 인식. 경성대학교 대학원 석사학위논문.

최수연, 홍기경(2018). **영유아발달**. 경기 파주: 어가.

최영민(2010). **쉽게 쓴 정신분석 이론**. 서울: 학지사.

최영옥 (2011). 교사의 다차원적 완벽주의 성향에 따른 사회적 문제해결능력, 직무스트레스 및 행복 간의 관계분석. 경성대학교 대학원 박사학위논문.

태진미(2018). **놀이지도**. 경기 파주: 정민사.

태진미(2019). 유아교육기관에서의 영재아 통합교육 실행을 위한 요소 탐색. **통합교육과정연구, 13**(4), 99-124.

통계청 e-나라지표. 자녀 연령별 보육시설이용 및 가정양육 아동수. http://kostat.go.kr.(최근 갱신일 : 2019.05.17.)

한국교육심리학회(2000). 교육심리학용어사전. 서울: 학지사.

한국보건사회연구원(2018). 2018년 전국 출산력 및 가족보건 · 복지실태조사.

한국사전연구사(1997). 유아교육사전. 서울: 한국사전연구사.

한기순, 박인호, 태진미, 양태연, 문윤희, 김기중(2005). **유아영재의 판별, 교육, 운영 방안 연구**. 서울: 한국과학재단.

한기순(2006). 델파이 조사를 통한 유아영재교육의 방향 탐색. **미래유아교육학회지, 13**(3), 59-87.

한태숙, 김연, 황혜정(2005). 유아교육연구의 연구동향분석: 1994-2004. **유아교육연구, 25**(3), 219-239.

한태숙, 황혜정(2010). 어머니의 인구학적 특성, 정서성, 부부갈등 및 양육관련 변인이 유아의 애착에 미치는 영향. **유아교육연구, 30**(5), 99-119.

홍강의(2014). **(DSM-5에 준하여 새롭게 쓴) 소아정신의학**. 서울: 학지사.

홍성호, 강혜원, 정기섭(2016). 보육교사의 영유아문제행동 인식 및 지원전략과 실행수준. **교육문화연구, 22**(1), 173-201.

황정숙, 김옥분 (2016). **영유아발달**. 서울: 창지사.

황혜정(2005). 유아의 문제행동 진단을 위한 부모용 · 교사용 검사 개발 연구. **유아교육연구, 25**(2), 235-257.

황혜정(2019). 유아기 문제행동의 발달과정 탐색 연구. **학습자중심교과교육연구, 19**(8), 199-218.

황혜정, 김연, 한태숙, 정인희, 박연경(2012). **인간행동과 사회환경**. 경기 고양: 공동체.

황혜정, 윤명희, 강성빈, 성낙운, 황혜신 (2002). 유아용 문제행동 진단검사의 개발 연구. **유아교육연구, 22**(1), 73-88.

EBS 생방송 60분 부모제작팀(2012). **EBS 60분 부모 문제행동과의 한판승 편**. 서울: 지식채널시공사.

EBS 생방송 60분 부모제작팀(2017). EBS **생방송 60분 부모-문제행동과의 한판승 편**. 서울: 지시너머.

Ainsworth, M.., Blehar, M. C., Waters, E., & Walls, S. (1978). *Pattern of Attachment*. Hillsdale, NJ: Erlbaum.

Aleinikov, A. G., Kackmeister, S., & Koenig, R. (2000 Eds.). *101 definitions: creativity*. Midl and Michigan: Alden B. Dow Creativity Center Press.

Allen, K. E., & Schwartz, I. S. (2003). *The exceptional child: Inclusion in early childhood education*(4th ed.). Clifton Park, NY: Delmar Thomson Learning.

Auyeung, A., Wheelwright, S., Allison, C., Atkinson, M., samarawickrema, N., & Baron-Cohes, S. (2009). The Children/s Empathy Quotient and Systemizing Quotient: Sex differences in typical development and in autism spectrum conditions. *Journal of Autism and Development Disorders, 39*, 1509-1521.

Bambara, L. M., Knoster, T. (1998). Designing Positive Behavior Support Plan. Washington DC: "Innvation" Research to Practice Series, *American Association on Mental Retardation. 13*(1), 1-43.

Bates, J. E. (1987). Temparament in infancy. In J. D. Osofsky(Ed.), *Handbook of infant development(2nd. Ed.)*. Wiley, pp. 1101-1149.

Baumrind, D. (1978). Parental Disciplinary Patterns and social competence in children. *Youth and Society*, 9, 239-276.

Becker, W. C. (1964). Consequences of different kinds of parental discipline. *Review of child development research, 1*, 169-208.

Berk, L. E. (2000). *Child Development (5th ed.)*. Messachusetts. Allyn & acon.

Berk, L. E. (2009). **생애발달 I (4판); 영유아기에서 아동기까지**. 이옥경, 박영신, 이현진, 김혜리, 정윤경, 김민희 역. 서울: 시그마프레스(원저 2007년 출간).

Bowlby, J. (1969). *Attachment and loss(Vol.1): Attachment*. NY: Basic Books.

Bowlby, J. (2009). **애착**. 김창대 역. 서울: 나남(원저 1982년 출간).

Bronfenbrenner, U.(1979). *the ecology of human development*. Cambridge: Harvard University Press.

Burchill, S. A., J. C., Coyne, J, C., & Stiles W. B. (1991). Interactional Perspective on Depression. In: C.R. Snyder and D.R. Forshyth, Editors, *Handbook of social and clinical psychology*, 327–349. Pergamon, Elmsford, NY.

Burts, C., Schmidt, M., Duham, R. S., Charlesworth, R., & Hart, H., Craig. (2007). Impact of the Developmental Appropriateness of Teacher Guidance Strategies on Kindergarten Children's Interpersonal Relation. *Journal of Research in Childhood Education , 21*(3), 290–335.

Campbell, S. B. (1995). Behavior problems in preschool children : A review of recent research. *Journal of Child Psychology and Psychiatry, 36*(1), 113–149.

Campbell, S. B. (2002). *Behavior Problems in Preschool children, Second Edition clinical and Developmental Issues 0002/E New*, NY; Guilford Publications.

Cambell, S. B., Shaw, D. S., & Gilliom, M. (2000). Early externalizing behavior problems : Toddlers and preschoolers at risk for later maladjustment. *Development and Psychopathology, 12*(3), 457–488.

Campbell, S. B., Spieker, S., Burchinal, M., & Poe, M. D. (2006). Trajectories of aggression from toddlerhood to age 9 predict academic and social functioning through age 12. *Journal of child Psychology and Psychiatry, 47*(8), 791–800.

Campbell, S. B. (2007). Behavior Problems in Preschool Children : Clinical and Developmental Issues. **유아의 문제행동**. 민성혜 역. 서울: 시그마프레스(원저 2002년 출간).

Compani, M. L., Lang, P.(2013). **아이를 새롭게 바라보는 교육 – 발도르프 유아교육**. 이정희, 이소윤, 장영심, 오윤선, 김현경, 남현미, 박주미 역. 서울: 행동하는 정신(원저 2011년 출간).

Cooper, J. O., Heron, T. E., & Heward, W. L(2010). **응용행동분석(상)**. 정경미,

김혜진, 양유진, 양소정, 장현숙 역. 서울: 시그마프레스(원저 2007년 출간).

Crinic, K. A., Gaze, C., & Hoffman, C.(2005). Cumulative parenting stress across the preschool period: Relations to maternal parentiong and child behavior at age 5. *infant and child Development, 14*, 117-132.

Denno, D. M., Carr, V., & Bell, S. H. (2015). **영유아 문제행동 지도 교사용 지침서**. 이순자, 손영수 역. 서울: 학지사(원저 2010년 출간).

Emst, J. V. (2013). Social adjustment of at-risk education students. *Journal of Technology Education , 24*(2), 2-13.

Essa. E. (2010). What to do when: practical guidance strategies for hallenging behaviors in the preschool (6th ed). 나를 좀 도와주세요!: 유아 행동과 그 지도. 정갑순, 김현경, 김성원 역(2010). 서울: 창지사(원저 2007년 출간).

Evangeline Munns (2009). *Applications of family and group theraplay*. N.Y.: Jason Aronson.

Fenson, L., Dale, P. S., Reznick, J. S., Bates, E., Thai, D. J., & Pethick, S. J. (1984). Variability in early communicative development. *Monographs of the Society for Research in Child Development, 59*, 145-179.

Fields, M. V., Fields. D. (2006). **아동생활지도-구성주의적 접근**. 이희영, 허승희 역. 경기 파주: 21세기사(원저 2006년 출간).

Fonagy P. (2005). **애착이론과 정신분석**. 반건호 역. 경기 파주: 빈센트(원저 2001년 출간).

Gardner, H. (1983). *Frames of mind : the theory of multiple intelligence*. NY: Basic Books.

Garrison, W., Earls F. J. & Kindel, D. (1984). Temperament characteristics in the third year of life and behavior adjustment at school entry. *Journal of Clinical Child Psychology 13*, 298-303.

Gibson, S., & Dembo, M. H. (1984). Teacher efficacy: A construct validation.

Journal of Education Research, 76(4), 569–582.

Harter. S. (2012). *The construction of the selt: Developmental and sociocultural foundations*. NY: The Guilford Press.

Hartup, W. W. (1974). Aggression in childhood : developmental perspectives. *American psychologist, 29*(3), 336–341.

Holmes.(2005). **존볼비와 애착이론**. 이경숙 역. 서울: 학지사(원저 1993년 출간).

Howes, C., & Matheson, C. C. (1992). Sequences in the development of competent Play with peers Social and Pretend Play. *Developmental psychology, 28*, 961–974.

Kaiser, B., Rasminsky, J. S. (2013). **유아동기 문제행동 예방 및 지도**. 이병인, 윤미경, 이지예, 강성리 역. 서울: 시스마프레스(원저 2006년 출간).

Kail, R. V. (2001). *Children and heir development*. Upper Saddle River, NJ: Prentice–Hall.

Kauffman, J. M. (1993). *Characteristics of emotional and behavioral disorder of children and youth*(5th ed.). NY: Macmillan.

Klass, C. S., Guskin, K. A., & Thomas. M.(1995). The Early childhood program :Promoting children's development through and within relationships. *Zero to Three, 16(2)*,9–17.

Leitch, R., & Day, C. (2001). Reflective Processes in Action: Mapping personal and professional contexts for learning and change. *Journal of In–service Education, 27*(2), 237–260.

Lindaman, S. (2019). 통합적 부모–자녀모델, 치료놀이; 각성조절, 안정감형성을 중심으로. 한국치료놀이협회 창립 10주년 기념 초청 강좌. 서울: 한국치료놀이협회.

Mathiesen, K. S., & Sanson, A. (2000). Dimensions of early childhood behavior problems: Stability and predictors of change from 18 to 30 months. *Journal of*

Abnormal child Psychology, 28(1), 15-31.

Mccabe, L. A., & Frede, E.C. (2007). Challenging behavior and the role of pre-school education. National Institute for Early Education Research Pre-school policy Brief, 16. Retrieved November 24,2009, from http;//nieer.org/resour-sces/policybreifs/16.pdf.

McLoyd, V. C. (1990). The Impact of economic hardship on black families and children psychological distress, parenting, and sociomotional development. *Child Development, 61,* 311-346.

Nelson, R. W., Israel, A. C. (2015). **아동 · 청소년 이상심리학(8판)**. 정명숙, 박영신, 정현희 역. 서울: 시그마프레스(원저 2015년 출간).

Olson, D. H., Sprenkle, D., & Russell, C. (1979). Circum plex Model of marital and family systems I: Cohesion and adaptability dimensions, family types, and clinical applications. *Family Progress, 18*, 3-18.

Pinker, S. (1994). *The Language Instinct*. William Morrow and Company.

Riffel, L. A., Mitchiner, M. (2019). **표적 집단을 위한 긍정적 행동지원**. 박지연, 김예리 역. 서울: 학지사(원저 2014년 출간).

Rosenberg, M. B. (2017). **비폭력대화**. 캐서린 한 역. 서울: 한국NVC센터(원저 2004년 출간).

Ruth, P. Newton, P. (2008). *The Attachment Connection*. New Harbinger Publications. Caqnada by Raincoast Books.

Rutter, M., Caspi, A., & Moffitt, T. E. (2003). Using sex differences in psychopathology to study causal mechanisms Unifying issues and research strategies. *Journal of child Psychology and Psychiatry, 44,* 1092-1115.

Scheuermann, B. K., Hall, J. A. (2017). Positive behavioral supports for the classroom (3rd ed). **긍정적 행동중재와 지원 ; 행동중재를 위한 최신 이론과 실제**. 김진호, 김미선, 김은경, 박지연 역. 서울: 시그마프레스(원저 2017년

출간).

Schwarzer, R., & Nina, K. (2007). Functional roles of social support within the stress and coping process: A theoretical and empirical overview. *International Journal of Psychology, 42*(4), 243-252.

Segal, H. (1999). 멜라니 클라인. 이재훈 역. 서울: 한국심리치료연구소(원저 1988년 출간)

Shaffer, D. R. (2005). Developmental psychology : childhood and adolescence 6th ed. Australia; Belmont, CA : Wadsworth Thomson Learning, **발달심리학**. 송길련, 장유경, 이지연, 정윤경 역. 서울: 시그마프레스(원저 2002년 출간).

Shepard, S. A., & Dickstein, S. (2009). Preventive intervention for early childhood behavioral problems: An ecological perspective. *Child & Adolescent Psychiatric Clinics of North America, 18*(3), 687-706.

Sternberg, R. J.(Ed). (1999). *Handbook of Creativity*. N.Y: Cambridge University Press

Smith, C. L., Calkins, S. D., Keane, S. P., Anastopoulos, A. D., & Shelton, T. L. (2004). Predicting Stability and change in toddler behavior problems : Contributions of maternal behavior and child gender. *Developmental Psychology, 40*(1), 29-41.

Taffel, R. & Israeloff, R. (2002). *When Parents Disagree and What You Can Do about It*. NY: The Guilford Press.

Thomas, A. & Chess, S. (1977). *Temperament and development*. NY: Brunner/Mazel.

Tremblay, R. E. (2000). The development of aggressive behavior during child hood : what have we learned in the past century? *International Journal of Behavioral Development, 24*(2), 129-141.

Wikipedia:https://en.wikipedia.org/wiki/Ecological_systems_theory, Wikipedia-online

찾아보기

ㅇ

ㅈ

저자소개

태진미

현: 숭실대학교 교육대학원 교수, 테리앤제니 유아리더스쿨 원장

학력: 중앙대학교 교육대학원(교육학석사, 유아교육전공)
Russian State Pedagogical University(교육학 철학박사, 유아교육이론 및 교수법전공)

경력: 교육부, 한국교육개발원, 유아교육진흥원, 서울시교육청, 한국과학창의재단 정책연구 및 프로그램 개발 과제 연구책임자, EBS, SBS 교육 콘텐츠 개발 자문위원, 보건복지부, 여성가족부, 유아교육진흥원 교사, 원장 직무연수강사

저/역서: 놀이지도(2018, 정민사), 영재상담 이론과 적용(2016, 학지사), 교실에서의 창의성 교육(역서. 2014, 학지사)

이혜경

현: 안산대학교 유아교육과 겸임교수, 군자유치원 원장

학력: 숭실대학교 교육대학원(교육학석사, 유아교육전공)

이숙영

현: 이숙영심리상담센터장, 연성대학교 사회복지학과 겸임교수

학력: 숙명여자대학교 일반대학원(문학박사, 아동심리치료전공)

경력: 법원가사상담위원(가사상담, 가사조정, 친권자지정자문, 아동보호사건)
안양아동보호기관 상담사, 안산시 청소년통합지원체계운영위원회 위원

저서: 우리아이를 위한 현명한 선택(2010, 안산지원), 이혼법정이야기. 가사상담의 실제(2011, 신정출판사), 가사상담 길라잡이(2012, 신정출판사)

홍인혜

현: 도화어린이집 원장

학력: 성신여자대학교 일반대학원(교육학박사, 교육행정전공)

경력: 세명대학교, 서경대학교 교육학 강사 역임

저서: 유아교사론(2009, 청목출판사), 아동권리와 복지(2018, 동문사)

신은숙

현: 경인여자대학교 아동건강보육과 겸임교수
 교육연구소 공감과 융합 / 한국미디어과몰입예방협회 대표
 보건복지부, 여성가족부 교사, 원장 직무연수강사

학력: 숭실대학교 교육대학원(교육학석사, 유아교육전공)
 ACADC(The Association of Christian Alcohol & Drug Counselors) 대학원(중독상담학박사, 중독상담전공)

경력: 민간어린이집 원장 20년

양현숙

현: 사계절 힐링심리센터장, 어린이집 원장

학력: 협성대학교 일반대학원(박사수료, 아동보육전공)

경력: 서울현대전문학교 실습지도 겸임교수, 어린이집 평가인증 컨설턴트

2019 개정 누리과정
영유아 문제행동의 이해와 지도

초판 1쇄 인쇄 / 2020년 2월 20일
초판 1쇄 발행 / 2020년 2월 25일

공저자 / 태진미·이혜경·이숙영·홍인혜·신은숙·양현숙
발행인 / 이 중 수
발행처 / 동 문 사

서울특별시 서대문구 홍제원 1길 12(홍제동 137-8)
Tel : 02)736-3718(대), 736-3710, 3720
Fax : 02)736-3719
등록번호 : 1974.04.27. 제9-17호
가격 : 22,000원

ISBN : 979-11-6328-144-3 (93370)
E-mail : dong736@naver.com
www.dongmunsa.com